PALÄSTINA
Teilung laut Beschluss der UN-Vollversammlung von 1947
Damaskus
SYRIEN
Safed
Haifa
Tiberias
See Genezareth
MITTELMEER
Dschenin
Jordan
Tel Aviv
Jaffa
Amman
Jerusalem
Totes Meer
Gaza
KGR. JORDANIEN
ÄGYPTEN
Jüdischer Staat
Arabischer Staat
UN-Verwaltung

AVI PRIMOR

Weit war der Himmel über Palästina

Weitere Titel des Autors:

Süß und ehrenvoll
Nichts ist jemals vollendet

AVI PRIMOR

Weit war der Himmel über Palästina

ROMAN

LÜBBE

Dieser Titel ist auch als E-Book erschienen.

MIX
Papier aus verantwortungsvollen Quellen
FSC® C014496
FSC www.fsc.org

Originalausgabe

Dieser Vertrag entstand durch die Vermittlung
der Verlagsagentur Lianne Kolf.

Unter Mitarbeit von: Dr. Ulrike Brandt-Schwarze, Bonn
Lektorat: Dr. Stefanie Heinen
Textredaktion: Dr. Lutz-W. Wolff, Berlin
Vorsatzkarten: Dr. Helmut Pesch, Köln
Umschlaggestaltung: fuxbux, Berlin unter Verwendung
eines Motivs von Interfoto/Austrian National Library
Satz: fuxbux, Berlin
Gesetzt aus der Documenta und der Winslow
Druck und Einband: GGP Media GmbH, Pößneck

Printed in Germany
ISBN 978-3-7857-2676-1

1 3 5 4 2

Sie finden uns im Internet unter www.luebbe.de
Bitte beachten Sie auch: www.lesejury.de

Meiner Frau
Ziona Primor
gewidmet

1

Jerusalem

– 1869 –

Ein heller Schrei riss Nadja aus dem Schlaf. Rachel stand im Hemdchen am Fenster zur Straße. Es hörte sich an, als würde die Kinderstimme gleich die Scheibe zerbersten lassen und die Splitter auf die Gasse hinausschleudern. Nadja sprang aus dem Bett und eilte zu ihrer Tochter. Mit einem erleichterten Seufzer stellte sie fest, dass Rachel keine Schreckensschreie, sondern Freudenrufe ausgestoßen hatte. Das Kind hatte eine Kolonne türkischer Reiter entdeckt, die rote Feze und Paradeuniformen trugen. Durch die Gassen der Stadt, die sich als den Mittelpunkt der Welt betrachtete, ritten sie zu der Zitadelle hinauf, deren hoch aufragendes Minarett von den Juden *Davidsturm* genannt wurde.

Inzwischen war auch Dimitrij aufgewacht. Schlaftrunken rieb er sich die Augen, als er zu ihnen trat. Er öffnete das Fenster, und laute Stimmen und Rufe drangen zu ihnen. Das Schauspiel, das seine Tochter entzückte, schien ihn nicht sehr zu überraschen.

»Weißt du, was heute los ist?«, fragte Nadja. »Ihr in der Redaktion erfahrt doch immer alles.«

Dimitrij brummte und strich sich das verstrubbelte Haar zurück. Zu Nadjas Freude hatte er nicht lange nach ihrer Ankunft aus Odessa eine Anstellung bei einer hebräischen Wochenzeitung gefunden, mit der er die Familie einigermaßen ernähren konnte. Dem Herausgeber der Zeitung, Pinchas Goren, einem der wenigen reichen Juden in Jerusalem, lag es am Herzen, Hebräisch als Umgangssprache seiner Glaubensgenossen zu etablieren. Bisher war die Sprache der Thora wie das Latein in der katholischen Kirche nur noch im Gottesdienst benutzt worden.

Goren war einige Jahre vor Dimitrij und Nadja aus Odessa nach Jerusalem gekommen. In verhältnismäßig kurzer Zeit war es dem geschickten Geschäftsmann gelungen, als Importeur von Nahrungsmitteln unter anderem aus Ägypten zu einigem Vermögen zu gelangen. Der fünfzigjährige Witwer hatte keine Kinder und lebte relativ bescheiden in einem Haus im jüdischen Viertel. Eine Zugehfrau besorgte ihm den Haushalt.

Unter großen Mühen war es Goren gelungen, eine kleine Druckerei zu gründen. Dort wurden nun die *Chadschot Ha'jischuw* gedruckt, die *Nachrichten für die jüdische Gemeinschaft*, und meist gratis in einigen Hundert Exemplaren unter den gebildeten Juden in Jerusalem verteilt. Dimitrij hat ihm gleich gefallen. Er war zwar nicht fromm, hatte aber in Russland eine religiöse Erziehung genossen und gehörte zu den wenigen jungen Leuten in der Stadt, die über eine solide jüdische Bildung verfügten. Goren hatte ihn zum Redakteur seiner zweiseitigen Wochenzeitung ernannt und zahlte ihm ein kleines Gehalt.

Dimitrij gähnte und streckte seine lange, schlaksige Gestalt. »Es gibt da ein Gerücht«, sagte er. »Der Gouverneur von Jaffa soll sich mit seinem Kollegen hier zu einem wichtigen Gespräch treffen.« Er strich sich die dunklen Locken hinter die Ohren, die ein wenig vom Kopf abstanden, als wollten sie beständig lauschen.

Wie die anderen Einwohner Jerusalems ahnte er nicht, dass diesem *wichtigen Gespräch* weitere Ereignisse folgen sollten, die alle nur der Vorbereitung eines Staatsbesuchs dienten, wie man ihn seit der Eroberung Jerusalems durch die Türken oder gar seit der Zerstörung der Stadt vor fast zweitausend Jahren nicht gesehen hatte.

»Vielleicht weiß ich heute Abend mehr«, sagte er, als er sein Frühstück beendet hatte. Er zog die dunkelblaue Jacke über und griff nach seiner Tasche. Das braune Rindsleder war vom vielen Tragen ein wenig speckig geworden, aber er hing an dieser Tasche – sie war ein Geschenk seiner Eltern, und er hatte sie aus der Heimat mit hierhergebracht.

Er musste sich leicht bücken, um seiner zierlichen Frau einen Abschiedskuss geben zu können. Rachel auf Nadjas Arm spitzte das breiverschmierte Mündchen.

»Ja, du natürlich auch«, sagte Dimitrij und küsste sie auf die Wange. Dann warf er seiner Frau einen besorgten Blick zu. »Ist etwas, Nadja?«

»Nein, nein.« Nadja senkte den Blick und schob ihn mit der freien Hand aus der Tür. Sie wusste selbst, dass ihre früher strahlend blauen Augen von ihrem Glanz eingebüßt hatten.

Sie sah ihm nach, bis er um die Straßenecke verschwunden war. Rachel schmiegte ihr Köpfchen an ihren Hals, und ein tiefes Glücksgefühl durchströmte die junge Frau. Die Kleine war ihr einziges Kind und ihr größtes Glück in diesem gottverlassenen Jerusalem, einer verarmten, verwahrlosten Stadt mit zehntausend Einwohnern, deren enge, verwinkelte Gassen fast achthundert Meter über dem Meer lagen und nur auf Maultierpfaden erreicht werden konnten. An dieser Stadt konnten nur Verrückte oder unentdeckte Genies wie Dimitrij Gefallen finden. Nur aus Liebe zu ihm hatte Nadja das schöne Odessa verlassen und sich auf diese Reise ins Ungewisse begeben. Drei Jahre waren seit ihrer Ankunft in Jerusalem vergangen, und seither hatte sich ihr ganzes Leben um ihre Schwangerschaft und ihre Tochter gedreht. Kontakte hatte Nadja hier nur wenige, und sie vermisste ihre Freunde in Russland.

Nach ihrer Ankunft im November 1866 waren sie zunächst in eine winzige Behausung im jüdischen Viertel gezogen, die entfernten Verwandten gehörte, die vor der winterlichen Kälte ins 70 Kilometer entfernte Jaffa geflohen waren, ans Mittelmeer, wo ein milderes Klima herrschte. Danach hatten sie in einer

Seitenstraße des Hurva-Platzes eine Einzimmerwohnung von zehn Quadratmetern angemietet. Sie war klein, schäbig und ärmlich möbliert und lag in einem lang gestreckten Gebäude, in dem sich noch mehrere Wohnungen dieser Art befanden. Die einzige Tür ging auf den Hof hinaus, der von allen Mietern gemeinsam benutzt wurde. Ein stinkender Petroleumofen diente zum Kochen und Heizen. Um dem Geruch zu entgehen, musste man die Tür aufreißen, da das einzige Fenster zum Lüften nicht reichte. Nachts schlief die kleine Familie ohne Heizung, weil es zu gefährlich war, die Tür zum Hof offen zu lassen.

Eines der Probleme, mit denen sie jahrelang zu kämpfen hatten, war der Wassermangel. Da es in der Umgebung keine Flüsse oder Seen gab, war Jerusalem auf Brunnen und Zisternen angewiesen. Die Brunnen lagen außerhalb der Stadt, und in Dürrejahren reichte das Wasser, das von dort geholt wurde, kaum für den minimalen häuslichen Bedarf. Dennoch kam die neue Wohnung dem jungen Paar im Vergleich zu ihrer ersten Behausung wie ein Palast vor.

»Das erinnert mich an eine Geschichte, die meine Eltern in Russland erzählten«, hatte Nadja nach dem Umzug zu ihrem Mann gesagt. »Ein armer Jude hauste mit seiner Frau und seinen vier Kindern in einem winzigen Stübchen. Als er die drangvolle Enge und die stickige Luft nicht mehr ertragen konnte, bat er den Rabbiner der Gemeinde um Rat. Der weise Mann dachte ein wenig nach und fragte: ›Habt ihr eine Ziege?‹ ›Ja‹, entgegnete der Jude. ›Und wo wohnt die Ziege?‹, erkundigte sich der Rabbiner. ›Im Hof‹, erwiderte der geplagte Familienvater. ›Dann nehmt die Ziege mit in eure Stube‹, entschied der Rabbiner. Der Mann sah ihn erschrocken und verwirrt an, aber das Wort des Rabbiners war ihm Befehl. Es dauerte nicht lange, bis der Jude weinend vor dem Rabbiner stand. ›Die Ziege nimmt uns das letzte bisschen Luft weg‹, jammerte er. ›Sie stinkt und macht überall hin. Wir halten das nicht mehr aus!‹ ›Gut‹, sagte der

Geistliche, ›jetzt könnt ihr die Ziege wieder in den Hof bringen.‹ Am nächsten Schabbat trat der Jude nach dem Gottesdienst zum Rabbiner und hatte Freudentränen in den Augen. ›Rabbi, ich kann Euch nicht genug für Euren Rat danken! Seit wir die Ziege los sind, geht es uns viel besser. Wir fühlen uns wie im Paradies!‹«

Nadja seufzte. Irgendwann würde sie akzeptieren müssen, dass sie ihr Leben in Palästina verbringen würde – an der Seite der beiden Menschen, die ihr das Liebste auf der Welt waren. Sie lächelte ihr Töchterchen an und machte sich an die Hausarbeit.

Gedankenverloren schritt Dimitrij durch die Gassen. Es nieselte leicht, und er beschloss, einen kleinen Umweg über den Suk zu machen. Dort waren viele Straßen überdacht, und so blieb er wenigstens trocken.

Die Metzger, Bäcker und die Obst- und Gemüsehändler waren noch dabei, ihre Stände zu öffnen. Rufe und Gelächter schallten hin und her, während die Waren ihren Platz fanden.

»*Marhaba*«, grüßte Dimitrij den Gewürzhändler, an dessen Stand er immer kurz innehielt, wenn er hier entlangkam.

Das Gesicht des alten Arabers unter dem ausgeblichenen Turban verzog sich mit unzähligen Runzeln zu einem Lächeln, und er nickte zum Gruß. Dimitrij ließ den Blick über die farbenprächtige Auslage gleiten und sog tief den Duft ein, den Kardamom, Kreuzkümmel, Paprika, Zimt, Anis und andere farbenprächtige Gewürze verströmten.

Er nickte freundlich zum Abschied und ging weiter.

Als er wieder aus dem Suk heraustrat, regnete es stärker. Er hielt sich die Tasche über den Kopf und eilte durch die engen Gassen die letzten Meter zur Redaktion.

Diese befand sich im muslimischen Viertel in der El-Wad-Straße. Das lang gestreckte Gebäude und der dahinter liegende Garten waren von einer Mauer umgeben. Dort hatte Pinchas

Goren unter seinem Büro auch ein Zimmerchen für die Redaktion der *Chadschot Ha'jischuw* angemietet.

Der Staub, den Füße, Hufe und Karrenräder tagsüber auf der Straße aufwirbelten, hatte sich gelegt, als Dimitrij am Abend den Heimweg antrat. Seit Wochen trug er ein Problem mit sich herum, über das er mit Nadja noch nicht zu sprechen gewagt hatte. Er sollte seinen Namen ändern! Das war der Wunsch seines Chefs. »Ich bitte dich um eines«, hatte Pinchas Goren zu ihm gesagt. »Als stellvertretender Chefredakteur der *Chadschot Ha'jischuw* solltest du deinen Namen hebraisieren. Ich habe das auch gemacht. Mein früherer Name war Gornstein. Wie sollen wir unsere Gemeinde von der Schönheit der hebräischen Sprache überzeugen, wenn wir noch diese Namen aus der Diaspora führen?«

Dimitrij wich zwei griechischen Mönchen aus, die ins Gespräch vertieft waren. Sie trugen steife schwarze Hüte und wallende schwarze Gewänder.

Er hatte sich bisher nicht überwinden können, mit Nadja darüber zu sprechen. Er wusste, dass sie sich noch immer nicht recht in dieser Stadt eingelebt hatte. Doch heute hatte sein Arbeitgeber die Bitte wiederholt, und Dimitrij beschloss, das Thema anzuschneiden, sobald ihre Tochter schlief.

Das Kind stürzte freudestrahlend auf ihn zu, als er in die kleine Wohnung trat. Ihre wenigen Habseligkeiten verwahrten Nadja und Dimitrij in den Koffern, die hochgestellt als Schränke dienten. Eine kleine Kommode und zwei Schemel vervollständigten die Einrichtung. Auf dem Boden ausgebreitete Matten dienten als Schlafstätte. Der von allen Mietern gemeinsam benutzte Waschraum und die Toilette befanden sich draußen im Hof. Als Nadja schwanger geworden war, gelang es ihnen, zusätzlich die Nachbarwohnung anzumieten. Obwohl sie die Wand zwischen beiden Räumen nicht durchbrechen durften und deshalb ins Freie treten mussten, wenn sie von einem Zimmer ins andere gehen wollten, fanden sie ihr neues Domizil beinahe luxuriös. Mit ihrem letzten Geld hatten sie einen Klapptisch und einen Schrank gekauft.

»Pinchas hat mich gebeten, unsere Namen zu ändern«, begann Dimitrij, als sie am Abend beisammensaßen, jeder einen Becher Minztee in den Händen. »Er findet, wir sollten hebräische Namen haben.«

Nadja runzelte die Stirn und schwieg.

»Dann wären wir eine der ersten Familien im Land, die sich einen hebräischen Namen zulegt«, fuhr Dimitrij fort. »Damit würden wir den Jerusalemer Juden mit ihren sephardischen, russischen und deutschen Namen als Beispiel vorangehen.«

Nadja blieb stumm, und Dimitrij befürchtete schon das Schlimmste. Doch dann schmiegte sie sich an ihn.

»Ich weiß, diese Stadt ist nun unsere Heimat.« Sie holte tief Luft. »Wir haben eine hebräische Zeitung«, fuhr sie dann entschlossen fort, »und das Hebräische wird eines Tages zur Umgangssprache bei uns werden. Ja, wir sollten hebräische Namen annehmen.« Sie hielt einen Augenblick inne. »Wie wäre es, wenn wir nicht nur unseren Nachnamen, sondern auch unsere Vornamen ändern würden?«

Auf ihrer Schlafmatte fing Rachel an zu weinen. Nadja ging hinüber und beruhigte das Kind. Als sie nach einer Weile zurückkam, hatte Dimitrij die hebräische Familienbibel auf dem Schoß und blätterte darin.

»Es sollte ein Name sein, der einen Bezug zu deinem Familiennamen hat«, schlug Nadja vor, »sonst machen wir deinen Eltern in Odessa viel Kummer. Für sie wäre es bestimmt eine Art Verrat, wenn du ihren Namen ganz ablegst. Bei mir ist das egal«, fügte sie lachend hinzu, »ich habe meinen Namen schon aufgegeben, als ich dich geheiratet habe.«

»Was willst du denn aus *Baum* machen?«, fragte Dimitrij.

Nach einer längeren Diskussion einigten sie sich auf *Zemach*, das hebräische Wort für Pflanze.

Dimitrij atmete erleichtert auf. »Endlich!«, rief er. »Ich dachte schon, wir würden nie etwas finden, das uns beiden gefällt. Jetzt müssen wir nur noch unsere Vornamen ändern.«

»Kein Problem«, sagte Nadja, »mir ist schon einer eingefallen – was hältst du von Neta? Das klingt so ähnlich wie Nadja und passt zu Zemach.« Neta hieß »junge Pflanze« oder »Spross«.

»Also gut«, sagte Dimitrij, »aber was ist mit mir? Ich hab keine Idee.«

Neta legte den Kopf schief und überlegte. »Wie wäre es mit David? Das ist ein schöner Name und klingt ein bisschen so wie dein alter.«

»Nicht schlecht«, erwiderte Dimitrij, »aber bis ich mich daran gewöhnt habe …«

Neta lachte. »Das wird schon! Sei froh, dass wir den Namen unserer Tochter nicht ändern müssen. Und jetzt«, sagte sie mit einem Lächeln, »komm schnell ins Bett. Ich habe das Gefühl, dass unsere Liebe auch einen neuen Namen bekommen wird!«

Damit nahm sie ihn bei der Hand und zog ihn in die Schlafkammer.

Später, als er schon fast eingeschlafen war, fiel Dimitrij ein, dass er ganz vergessen hatte, seiner Frau von dem Treffen der Gouverneure in der Zitadelle neben dem Jaffator zu erzählen. Dabei wusste er nun zumindest eines darüber: Es war auf Befehl des Sultans erfolgt, der in Istanbul residierte, und sollte der Vorbereitung eines hohen Besuchs dienen, der strengster Geheimhaltung unterlag.

In Jerusalem selbst waren dafür keine Vorbereitungen erforderlich, die der Gouverneur und seine Mitarbeiter nicht aus eigener Kraft würden bewältigen können, zumal sie aufgrund der Vorwarnung aus Istanbul über zwei Jahre Zeit dafür hatten. Dennoch standen die beiden hohen Beamten sehr unter Druck.

Der Befehl aus der Hauptstadt des Reiches war beispiellos: Die beiden Gouverneure sollten eine Straße von Jaffa nach Jerusalem bauen. Dabei hatte es seit den Zeiten König Salomos und der römischen Herrschaft keine ausgebauten Straßen mehr in Palästina gegeben. Man konnte nur reiten oder zu Fuß gehen. Aber jetzt verlangte der Sultan, dass eine Straße gebaut wurde, auf der die Besucher *mit Kutschen* von Jaffa hinauf nach Jerusalem fahren konnten.

Die Gouverneure waren in begreiflicher Aufregung. Die Entfernung von Jaffa nach Jerusalem betrug zwar *bloß ein paar Dutzend Meilen*, wie der aus Istanbul entsandte Beamte betonte, der an den Beratungen teilnahm, doch diese Entfernung war nur die Luftlinie. Der gewundene Weg über Hügel und Berge war nicht nur wesentlich länger, sondern auch streckenweise so steil, dass er nur von Lasttieren wie Eseln und Maultieren begangen werden konnte, während die Reiter absteigen und zu Fuß gehen mussten.

Es war eine technische Herausforderung, die den Gouverneuren kalte Schauer über den Rücken jagte. »Wir müssen die steilsten Bergkuppen abtragen, um den Weg gangbar zu machen, wie sollen wir das in zwei Jahren schaffen?«, fragten die bestürzten Männer den Sonderbeauftragten.

»Es ist der Wille und Beschluss der Hohen Pforte«, war die Antwort. »Der hohe Gast und sein Gefolge sollen in Kutschen nach Jerusalem fahren.«

Wie zu erwarten gewesen war, kam es in der Folge zu heftigen Diskussionen zwischen den Gouverneuren und den nachgeordneten Behörden in beiden Städten. Doch die Männer hatten keine Wahl. Wer bei der Ausführung solcher Befehle versagte, musste mit empfindlichen Strafen rechnen.

Ingenieure und Straßenbauexperten aus dem ganzen Osmanischen Reich wurden nach Jaffa geholt. Beduinen, Bauern und Handwerker wurden zu den Straßenbauarbeiten herangezogen.

Nicht alle hielten die harte Arbeit aus, die zudem noch unter Zeitdruck geleistet werden musste. Nicht wenige starben in den felsigen Hügeln Judäas, doch die Landstraße zwischen Jaffa und Jerusalem wurde rechtzeitig fertig.

Kaiser Franz Joseph I. von Österreich – um ihn handelte es sich bei dem hohen Gast – sollte mit der Yacht *SMS Greif*, begleitet von der Korvette *Helgoland* und großem Gefolge, in Jaffa anlanden. Nach einem Besuch in Jerusalem würde er nach Ägypten weiterreisen, um dort an der Eröffnung des Suezkanals teilzunehmen.

An Bord der *Greif* wurde Kaiser Franz Joseph am frühen Morgen des 9. November 1869 von einem lauten Klopfen an seiner Kabinentür geweckt.

»Eure Majestät«, sagte sein Leibdiener, »wir sind in Jaffa …«

»Wer redet von Jaffa?«, unterbrach ihn der Kaiser. »Wir sind im Heiligen Land, im Land der Bibel. Dies ist ein historischer Tag!«, rief er und schwang die Beine aus dem Bett.

Als er sich mit Hilfe des Dieners angekleidet hatte, trat er hinaus an die Reling. Es versprach ein sonniger Tag zu werden, und es war angenehm warm. Franz Joseph hielt sein Gesicht mit dem buschigen hellbraunen Backenbart der Sonne entgegen, bevor er die auf dem türkisfarbenen Wasser schaukelnde Ehrenflottille der türkischen Marine in Augenschein nahm, die ihn erwartete.

Seine Yacht hatte eine wechselhafte Vergangenheit. 1857 gebaut, war der Raddampfer schon nach zwei Jahren von den Österreichern selbst vor der Einfahrt nach Venedig versenkt und sieben Jahre später wieder gehoben worden. Mit zwei Kanonen und über hundert Mann Besatzung hatte er 1866 an der für Österreich so ruhmreichen Seeschlacht von Lissa in der Adria teilgenommen und war dann zur Yacht des Kaisers umgebaut worden. Jetzt ankerte die 1260-Tonnen-Yacht in Begleitung der

Korvette *Helgoland* auf Einladung des osmanischen Sultans vor Jaffa, denn das Hafenbecken der Stadt war für die österreichischen Schiffe nicht tief genug. Außerdem war der Hafen berüchtigt wegen seiner tückischen Felsklippen. Der Kaiser und sein Gefolge mussten daher auf Ruderboote umsteigen, die sie in die Stadt brachten. Auch die aus Europa mitgebrachten Reisekutschen mussten auf ähnliche Weise mühsam an Land geschafft werden, ehe der Kaiser und sein Gefolge nach dem offiziellen Empfang durch den Gouverneur nach Jerusalem aufbrechen konnten. Der Zeitplan war eng, denn schon am 14. November sollte der Kaiser nach Ägypten weiterreisen, wo am 17. November der Suezkanal eingeweiht werden sollte, auf den die europäischen Großmächte so große Hoffnungen setzten.

Die neue Straße nach Jerusalem war durchaus ein Erfolg, aber trotz aller Bemühungen, den Kaiser zu ehren und ihm die Reise zu erleichtern, hatten die Stadtväter es nicht geschafft, ihm die Einfahrt in die Altstadt zu ermöglichen. Um die Eroberung der Stadt zu erschweren, hatte man das Jaffator und die übrigen sieben Tore einst so verwinkelt gebaut, dass Kutschen keine Chance hatten, sie zu passieren. Die türkischen Behörden hatten den Protokollbeamten in Wien die Situation im Vorhinein geschildert, aber der Kaiser war völlig zufrieden mit der Idee gewesen, zu Pferd in Jerusalem einzuziehen.
Und als er jetzt vor den Mauern der Altstadt stand, beschloss er sogar, zu Ehren der Heiligen Stadt zu Fuß durch das Tor zu gehen. Fast alle Einwohner Jerusalems säumten die engen Straßen. Der Kaiser war zwar erst neununddreißig Jahre alt, regierte aber schon seit über zwanzig Jahren und war in aller Welt bekannt. Ein Schauer der Bewunderung lief durch die Reihen der Schaulustigen, als der hoch gewachsene Herrscher mit seiner athletischen Figur und dem mächtigen Backenbart ihnen zuwinkte.

Der Kaiser verbrachte zwei Tage in Jerusalem, besuchte die heiligen Stätten der drei großen Religionen und ließ ihnen großzügige Spenden zukommen. Festlich gekleidete jüdische Gemeindevorsteher und Rabbiner, muslimische Kadis, Priester und Pfarrer sowie die Vertreter christlicher Gemeinden und Institutionen begleiteten ihn auf Schritt und Tritt. Viele trugen Ikonen, Thorarollen und Kultgegenstände vor sich her, die nie zuvor das Tageslicht gesehen hatten.

Jede Konfession bestand darauf, dass der hohe Gast ihre Heiligtümer und Kultstätten als Erste besuchte. Die Muslime erwarteten den Kaiser in der Al-Aksa-Moschee, die Juden an der Klagemauer und die Christen in der Grabeskirche – und das war erst der Anfang.

Als die Kolonne durch das jüdische Viertel kam, bemerkte Franz Joseph, dass sie ohne anzuhalten an einem monumentalen Gebäude aus hellem Stein und mit vielen Fenstern vorbeizogen. Es überragte die übrigen Häuser um mehr als ein Stockwerk. Er fragte den Begleiter von der jüdischen Gemeinde, was dies für ein Bauwerk sei.

Der Übersetzer wurde rot. »Das … das ist die Tif'eret-Jisrael-Synagoge«, stammelte er.

Der Kaiser befahl anzuhalten, stieg vom Pferd und schaute an dem Gebäude hinauf.

Sogleich umringten ihn die Gemeindevorsteher und Rabbiner, um zu erfahren, was geschehen war. Die türkischen und österreichischen Reiter drängten sich dazwischen und sorgten dafür, dass die Juden einen gebührenden Abstand einhielten. Die Juden mit ihren Thorarollen, die in bestickte rote oder blaue Samtmäntel gehüllt und mit silbernen Thorakronen in Form von Granatäpfeln geschmückt waren, sahen sich verlegen an. Sie hatten gehofft, dass der Kaiser die halb fertige Synagoge vielleicht nicht beachten würde, die sie als große Schande für ihre Gemeinde empfanden. Sie hatten sich beim Bau finanziell arg übernommen und wussten nicht, wie sie der Synagoge eine Kuppel geben sollten.

Der hohe Gast übersah die beschämten Mienen der jüdischen Gemeindevorsteher und betrachtete staunend das eindrucksvolle Gebäude, das so auffallend von dem ärmlichen jüdischen Viertel abstach.

»Warum hat die Synagoge kein Dach?«, fragte er.

Der Gemeindepräsident, der chassidische Rabbi Beck, trat einen Schritt vor. »Die Synagoge zieht den Hut vor Eurer Majestät«, entgegnete er mit einer tiefen Verbeugung.

Franz Joseph lachte herzlich und erkundigte sich, was denn geplant sei.

»Eine Kuppel«, erfuhr er.

»Und was soll sie kosten?«

Der Rabbi nannte einen stolzen Betrag. Da wandte sich der Kaiser zu seinen Leuten und befahl ihnen, der Gemeinde die Summe auszuzahlen. Er wusste sehr wohl, dass die Juden in seinem Vielvölkerstaat die treuesten Untertanen der Krone waren.

Von da aus zog man weiter zum österreichischen Hospiz, wo der Kaiser und seine engsten Begleiter übernachten sollten. Die Pilgerherberge zur Heiligen Familie, die an der Ecke der Via Dolorosa und der El-Wad-Straße lag, war elf Jahre zuvor fertiggestellt worden, und nun diente der historische Besuch als willkommener Anlass für die Einweihungsfeier. Obwohl sich das Gebäude mitten im muslimischen Viertel befand, waren auch die Türken stolz auf das prachtvolle christliche Gebäude. Vom ersten Tag an begeisterten die Einwohner der Stadt sich für das katholische Gästehaus – nicht zuletzt dank des Apfelstrudels der österreichischen Nonnen.

Zwei Tage lang herrschte in Jerusalem ungetrübte Festfreude, an der die türkische Obrigkeit und alle Muslime, Christen und Juden in gleicher Weise teilhatten. Die bis auf ihre historischen Stätten immer mehr in Verwahrlosung sinkende Stadt, in deren Gassen die Abwässer flossen, sonnte sich für kurze Zeit in euphorischem Glanz.

2

Jerusalem

– 1869 –

Neta stand am Straßenrand in der Nähe des Suks unter einer großen Steineiche und beobachtete die festliche Parade zu Ehren des Kaisers. Sie hatte Rachel für eine Stunde zur Nachbarin gebracht und war einkaufen gegangen. Vorsichtig hielt sie ihren Beutel vor die Brust, damit die nur lose eingeschlagenen Eier nicht im Gedränge zerbrachen. Als sie sich auf die Zehenspitzen stellte und nach vorn spähte, fiel ihr unter den Zuschauern ein seltsamer Mann auf. Anders als die Einheimischen war er in einen hellen Anzug gekleidet. Er hatte einen gepflegten grauen Bart und trug einen breitrandigen Strohhut, wie man sie in dieser Art weder hier noch in Odessa zu sehen bekam. Der Fremde war in mittleren Jahren, groß, breitschultrig und etwas füllig.

Plötzlich wandte er sich zu Neta um, und sie sah in seine blitzenden blauen Augen. Er lächelte verlegen und lüpfte zur Begrüßung den Hut, was eine etwas zusammengedrückte Fülle silbergrauen welligen Haares zum Vorschein brachte. Vielleicht hat er bemerkt, dass ich ihn beobachte, dachte sie.

»Spricht die Dame Deutsch?«, fragte er auf Französisch.

Neta hielt es für besser, ihm nicht auf Jiddisch zu antworten, und entgegnete in ihrem unbeholfenen Französisch: »Leider nicht, mein Herr, aber wir können Französisch sprechen.«

Er stellte sich unter etwas theatralischen Höflichkeitsbezeugungen als Oswald Simon aus Württemberg vor, seines Zeichens protestantischer Pfarrer.

»Und was führt den Herrn nach Jerusalem?«, fragte Neta.

»Machen Sie eine Pilgerreise, oder wollen Sie den historischen Besuch des Kaisers miterleben?«

»Sowohl als auch«, gab er zur Antwort. »Doch der Hauptzweck meines Besuches ist ein anderer. Darf ich fragen«, fuhr er zögernd fort, »ob Sie Christin sind, vielleicht eine Pilgerin? Und wenn ja, welcher Konfession Sie angehören? Nach Ihrem Akzent im Französischen könnten Sie der provoslawischen Kirche angehören.«

Neta versuchte, ihre Verlegenheit mit einem Lächeln zu überspielen, obwohl sie sich dachte, dass diese ihm nicht entgangen war. »Nein, mein Herr«, sagte sie, »da muss ich Sie enttäuschen. Ich bin Jüdin. Ich stamme zwar aus Russland, aber jetzt lebe ich in Jerusalem.«

Im ersten Moment dachte sie, er würde ihr den Rücken kehren. Die christlichen Geistlichen waren den Juden nicht eben wohlgesonnen. Stattdessen leuchteten seine Augen auf.

»Jüdin? Eine Jüdin im Heiligen Land?«, rief er lächelnd. Er hielt inne und fügte hinzu: »Der Himmel hat mich hergeführt!«

Neta sah ihn an und wusste nicht, ob er sich über sie lustig machte. In diesem Augenblick zog ein österreichischer Kavallerietrupp in prächtigen Uniformen vorbei, begleitet von türkischen Reitern in nicht weniger prunkvoller Ausstattung. Sie hatte noch nie solche Prachtgewänder gesehen. Anscheinend waren sie eigens zu Ehren des kaiserlichen Besuchers aus Istanbul hergeschickt worden. Die dicht gedrängten Zuschauer wichen vor den Hufen der Pferde zurück, und sie verlor ihren neuen Bekannten aus den Augen. Vielleicht ist es besser so, dachte sie. Dieser Mensch schien zwar interessant zu sein, aber er kam ihr auch ein wenig seltsam und suspekt vor. Besser, sie hielt sich von ihm fern.

Inzwischen war der Kaiser mit seinem Gefolge und der türkischen Ehrengarde ins österreichische Hospiz eingezogen, und die Straße leerte sich allmählich. Neta taten nach dem langen

Stehen die Füße weh. Sie ging zu dem kleinen arabischen Kaffeehaus, in dem sie schon oft mit David gesessen haben, und hoffte, er würde auch dorthin kommen, wenn die Menge sich erst mal verlaufen hatte. Sie ließ sich auf einen niedrigen Hocker sinken, bestellte einen türkischen Mokka und stieß einen erleichterten Seufzer aus. Solche Menschenansammlungen waren nicht ihre Sache. Aus den Augenwinkeln sah sie, dass sich in einer dämmrigen Ecke unter einem kleinen Gewölbebogen ein Mann erhob und auf sie zukam. Es war natürlich wieder der deutsche Pfarrer. Er trat auf sie zu und verbeugte sich lächelnd.

»Wie schön, dass ich Sie wiederfinde!«, sagte er. »Ich dachte schon, ich hätte Sie für immer verloren.« Er nahm seinen Hut ab, fuhr sich mit der Hand durch die Haare und fragte, ob er sich an Netas Tisch setzen dürfe.

Sie zögerte, doch ihre Neugier behielt die Oberhand. Wer ist dieser Mensch und was will er von mir?, fragte sie sich, während sie ihn mit einer höflichen Geste einlud, sich neben sie auf einen der niedrigen Schemel zu setzen.

Aber sie brauchte nicht viel zu fragen. Kaum hatte er sich niedergelassen, da fing er schon an, von sich zu erzählen. Wie sich herausstellte, war er Mitglied der Tempelgesellschaft im Königreich Württemberg. Mit den Tempelrittern aus dem Mittelalter hatten die neuen Templer allerdings wenig zu tun. Sie waren Pietisten und hatten sich erst vor wenigen Jahren von der evangelischen Kirche abgespalten, erklärte er, weil sie glaubten, dass man nicht tatenlos auf die Auferstehung des Heilands warten, sondern an sich und der Welt arbeiten solle, um das Reich Gottes herbeizuführen.

»Eines unserer wichtigsten Ziele ist der Aufbau des Heiligen Landes«, sagte er. »Ob wir oder andere das tun, ist nicht wichtig. Ich möchte gerade mit den Juden zusammenarbeiten. Ihr Juden seid ein fleißiges, erfindungsreiches Volk, dessen fester Glaube an Gott und das Heilige Land dem unseren in Nichts nachsteht.«

Er berichtete Neta, dass er mit seiner Familie in einer kleinen Templerkolonie in Haifa lebe. Den Kaiserbesuch wolle er nutzen, um Möglichkeiten für eine Niederlassung von Templern in Jerusalem zu prüfen.

Neta brauchte einen Moment, um seinen leidenschaftlichen Redeschwall zu verdauen. »Und was wollen Sie von mir?«, fragte sie schließlich.

»Das weiß ich noch nicht«, erwiderte er. »Ich möchte in diesem Land mit Juden kooperieren, habe aber noch keine klaren Vorstellungen. Sprechen Sie doch bitte mit Ihrem Mann und mit anderen Juden, und ich werde auch darüber nachdenken. Wenn Sie so freundlich sind, mir Ihre Adresse zu geben, werde ich Sie mit Ihrer Erlaubnis besuchen und dieses Thema mit Ihnen beiden erörtern.«

Am Abend erzählte Neta ihrem Mann von der merkwürdigen Begegnung. »Ich wusste gar nicht, was ich sagen sollte.«

»Und dann hast du ihm unsere Adresse gegeben?«, warf David ein, der ihrem Bericht mit wachsendem Erstaunen zugehört hatte. Netas Geschichte hörte sich an wie ein Märchen der Brüder Grimm, aber sie schien fest daran zu glauben.

Insgeheim fragte sich Neta, ob der seltsame Fremde sie nicht an der Nase herumgeführt hatte, aber nach einer kleinen Pause fuhr sie fort: »Ich habe ihm nur gesagt, dass wir uns mit dir zusammen in dem kleinen Kaffeehaus treffen können, wenn der preußische Kronprinz kommt.« Der Plan für diesen Besuch, der eigentlich streng geheim hatte bleiben sollen, hatte sich in Windeseile verbreitet.

David nickte. »Der Pfarrer steht als Württemberger dem Preußen näher als dem Österreicher, und wenn er zu Ehren des Kaisers nach Jerusalem gekommen ist, wird er das sicher auch tun, wenn der preußische Kronprinz hier eintrifft. Aber was versprichst du dir von diesem Treffen?«

Er stand auf, öffnete das Fenster, um ein wenig frische Abendluft hereinzulassen, und blickte zum Himmel. Es war sternenklar. Schließlich drehte er sich wieder zu Neta um.

»Und welche Rolle soll ich dabei spielen?«, fragte er. Er hatte das Gefühl, dass seine Frau selbst nicht genau wusste, was sie zu der Verabredung mit dem seltsamen Pfarrer bewogen hatte. War es Neugier oder ein Anflug von Abenteuerlust? Oder wollte sie nur der Alltagsroutine entfliehen, die der kleine Haushalt von ihr verlangte? Er fühlte eine Welle von Zärtlichkeit in sich aufwallen, als sie ihn verlegen und fragend anblickte.

»Wir gehen hin und treffen deinen kuriosen Pfarrer«, sagte er und umarmte sie. »Dann sehen wir ja, ob sein Angebot für uns von Interesse ist. Wenn nicht, verabschieden wir uns eben höflich.«

Neta, die gerade noch gefürchtet hatte, sie hätte sich womöglich unnötig in Schwierigkeiten gebracht, atmete auf und warf David einen dankbaren Blick zu. Was für ein wunderbarer Mann er doch ist, dachte sie. Er hat mich zwar in dieses Provinznest am Ende der Welt entführt, aber seine Liebe wiegt alles auf. Sie sah ihn zärtlich an und streichelte seine Wangen. Wie schön er war, mit seinem schlanken, wohlproportionierten Körper, den schwarzen Augen und dem gescheiten, gütigen Blick, der manchmal ein wenig abwesend wirkte. Ihm schien es nichts auszumachen, so weit entfernt vom lebensfrohen Odessa zu leben.

Die Rückkehr des Kaisers auf seine Yacht am 14. November stand unter keinen günstigen Vorzeichen. Gleich bei ihrer Ankunft in Jaffa wurden sie von ungewöhnlich starkem Regen und Sturm überrascht. Das österreichische Gefolge, die Ehrenwache und die türkischen Begleiter, die Delegationen der Kirchen und Moscheen und auch eine bunte Abordnung junger Juden, die in den Farben der österreichischen Flagge gekleidet waren, rangen verzweifelt und hilflos die Hände. Die Hafenleitung teilte ihnen mit, dass es zu gefährlich sei, die Ruderboote, die die Reisegesellschaft zu den Schiffen bringen sollten, zu Wasser zu lassen. Franz Joseph I. verkündete auf seine nonchalante Art, er habe nicht vor, die Eröffnung des Suezkanals zu verpassen. Wer sich fürchte, könne ja in Jaffa das Ende des Sturms abwarten.

Der Kaiser mochte noch so furchtlos sein – die erfahrenen Hafenarbeiter weigerten sich, aufs offene Meer hinauszurudern. Doch Franz Joseph beharrte darauf, und schließlich meldete sich ein gedrungener, breitschultriger Mann mit schwarzen Haaren und dickem Schnurrbart. Erhobenen Hauptes trat er vor den Kaiser und zeigte auf einige seiner Gefährten.

»Diese Männer und ich sind bereit, Euch überzusetzen«, erklärte er.

Entsetzt beobachtete das kaiserliche Gefolge, wie Franz Joseph und seine wenigen mutigen Begleiter in einem winzigen Nachen Platz nahmen und sich über die aufgewühlte See auf die *Greif* rudern ließen. Vom Sturm geschüttelt und bis auf die Haut durchnässt, erreichten sie das Schiff.

Als alle sicher an Bord gelangt waren, ließ Franz Joseph die Männer bezahlen. Dann wandte er sich an den Schwarzhaarigen. »Ich möchte Ihnen für Ihren Mut und Ihre Hilfe danken. Sie können entscheiden, ob Sie eine Prämie oder einen kaiserlichen Orden als Belohnung erhalten möchten.«

»Ich bin Jude«, erwiderte der Mann, »und ich stamme aus Saloniki, der Stadt, die für ihre jüdischen Seeleute und Hafenarbeiter berühmt ist. Geld ist wichtig, aber es kommt und geht. Ein Orden aus kaiserlicher Hand dagegen ist eine Ehre, die nur einem unter einer Million zuteilwird – und einem Juden noch seltener. Ich nehme den Orden dankend entgegen – für mich und für meine Kameraden.«

Und tatsächlich erhielt der Mann in aller Form seinen Orden – nach allen Regeln des Protokolls.

Als Franz Joseph in Ägypten eintraf, erwartete ihn eine Botschaft von einem anderen hohen Gast, der ebenfalls zur Eröffnung des Suezkanals gekommen war. Der preußische Kronprinz Friedrich Wilhelm, der als Friedrich III. für 99 Tage deutscher Kaiser werden sollte, bat ihn um ein Gespräch.

»Sagen Sie«, fragte er nach den einleitenden Höflichkeiten. »Was halten Sie von Jerusalem? Die Heilige Stadt ...« Der junge Mann zögerte, um seine Unsicherheit zu verbergen.

»Ich bin auch nicht klüger als Sie«, erwiderte der Kaiser. »Es war für mich eine Reise in eine fast unbekannte Welt. Zwar bin ich nicht der erste Österreicher, der nach Jerusalem gekommen ist, doch die bisherigen Informationen hatten mir keinen Maßstab für die Vorbereitung meiner Reise geliefert. Das kleine Jerusalem mit seinen höchstens zehntausend Einwohnern ist offenbar eine der ärmsten Städte der Welt. Es hat mehr Bettler als die größten europäischen Metropolen, ganz abgesehen von den ausländischen religiösen und kulturellen Institutionen, die ebenfalls die Hand aufhalten, und nicht zuletzt den Vertretern der Hohen Pforte in Istanbul. Man muss schon eine große Reisekasse mitbringen, wenn man die Leute dort nicht enttäuschen will.«

Der Besuch Friedrich Wilhelms war gut vorbereitet. Überall in der Stadt verkündeten Plakate die Ankunft des preußischen Kronprinzen. Er reiste zwar nur in Vertretung seines Vaters, aber Sultan Abdülaziz hatte befohlen, er solle mit königlichen Ehren empfangen werden.

Mit Unterstützung des preußischen Konsuls in Jerusalem, Georg von Alten, gelang es, den Kontakt zu den relativ wenigen und nicht sehr bekannten preußischen Bürgern der Stadt herzustellen. Unter ihnen waren auch einige protestantische Pfarrer und mehrere Juden. Jede Konfession sollte Vertreter entsenden, die Friedrich Wilhelm vorgestellt werden und seine Fragen beantworten sollten. Die Juden durften drei Delegierte auswählen.

Nach jüdischem Brauch entschieden sie sich für die ältesten Mitglieder ihrer Gemeinde.

In der vergangenen Woche hatte es immer wieder Schauer gegeben, aber an diesem Tag strahlte die Sonne von einem wolkenlosen Himmel. Ein kühler Wind ließ die Gewänder der Jerusalemer Honoratioren flattern, als sie sich zum zeremoniellen Empfang des Kronprinzen aufstellten. David fröstelte und zog die Jacke enger um sich. Die Luft riecht nach Winter, dachte er. Er lehnte sich hinter einen Mauervorsprung, um sich vor dem Wind zu schützen, während er das Geschehen verfolgte und die Einzelheiten für die *Chadschot Ha'jischuw* notierte.

Der erste jüdische Vertreter, der vortreten und mit dem Kronprinzen sprechen durfte, war Selig Hausdorff. Er verbeugte sich vor dem Gast, der ihn freundlich begrüßte. Das Protokoll missachtend, drückte er dem überraschten Alten die Hand und fragte ihn, aus welchem preußischen Ort er denn stamme. Der überraschte Hausdorff vergaß, was der Konsul ihm eingeschärft hatte, und redete den Kronprinzen nicht mit »Königliche Hoheit«, sondern mit »Majestät« an. Friedrich Wilhelm sagte lächelnd: »Noch nicht, mein Vater ist noch jung. Töten Sie ihn nicht vor der Zeit.« Als er Hausdorff begütigend auf die Schulter klopfte, fiel der alte Mann vor Aufregung fast in Ohnmacht.

Als Zweiter wurde Friedrich Johannes Schlenck dem Prinzen vorgestellt. Er war nicht so nervös wie sein Vorgänger, da er gesehen hatte, wie freundlich der hohe Gast mit diesem gesprochen hatte. Ohne sich zu verheddern, antwortete er auf die Frage, wo er geboren sei: »Ich bin in Posen, der Stadt meines Vaters, zur Welt gekommen. Meine Mutter stammt aus einem kleinen Ort in Schlesien.«

Schließlich kam der Älteste, Leon Markus, an die Reihe. Er verstand die Frage des Kronprinzen nicht, da er schwerhörig war, nahm aber an, dass er ihn ebenfalls fragen würde, wo er herkäme, und sagte: »Ich bin aus Kaiden, Eure Majestät.«

Friedrich Wilhelm wiederholte lächelnd, er sei keine Majestät, aber der alte Mann hörte ihn nicht. Der Kronprinz wandte sich an den preußischen Konsul: »Wissen Sie, wo Kaiden liegt? Ich erinnere mich nicht an diesen Ort.«

Sichtlich verlegen entgegnete Georg von Alten, er könne sich auch nicht entsinnen, diesen Namen je gehört zu haben. »Es ist sicher ein sehr kleiner Ort, Königliche Hoheit«, stammelte er. Leon Markus hätte das Rätsel lösen können, doch er hatte kein Wort verstanden. Die Juden, die hinter dem Alten standen, hatten die Frage gehört, wagten aber nicht, sich in das Gespräch einzumischen. Sie wussten natürlich, dass Kaiden in Litauen lag. Leon Markus war erst später nach Preußen gezogen.

Nach dem zeremoniellen Empfang, an dem fast die gesamte Einwohnerschaft samt Greisen und Kindern teilnahm, warteten alle, bis die türkische Garde und der Kronprinz mit seinen Begleitern und den Honoratioren davongezogen waren. Erst dann begann die Menge, sich zu zerstreuen.

Wie verabredet traf Neta um die Mittagszeit in dem kleinen arabischen Kaffeehaus ein. Sie ließ ihren Blick durch den Raum schweifen. Männer in bunten Kaftanen ruhten auf Kissen und sogen an ihren leise blubbernden Wasserpfeifen. David war schon da. Sie entdeckte ihn in einer Nische im hinteren Bereich und ließ sich neben ihm nieder.

Kurz darauf erschien tatsächlich auch Pfarrer Simon. Er begrüßte Neta und David mit etwas übertriebener Höflichkeit.

»Ich bin noch ganz ergriffen von dem Ereignis«, erklärte er, nachdem er Platz genommen hatte. »Friedrich Wilhelm ist zwar preußischer Thronfolger, aber er ist auch ein Hohenzoller. Der Stammsitz seiner Familie liegt am Rande der Schwäbischen Alb, nur ein paar Meilen von meiner Heimat entfernt.«

»Was haben Sie seit unserem letzten Treffen gemacht, Herr Pfarrer? Waren Sie in Haifa?«, erkundigte sich Neta und strich sich mit beiden Händen ihr dunkelblondes, in der Mitte gescheiteltes Haar zurück.

»Oh nein, ich bin hiergeblieben«, erwiderte Simon. »Ich hätte ja zwei Tage gebraucht, um nach Haifa zu reiten. Einige Gemeindebrüder haben mich beherbergt. Sie wollen eine Niederlassung hier gründen.«

»Was sind Ihre Pläne?«, fragte David. »Werden Sie nun wieder nach Hause zurückkehren?«

»Nein«, sagte der Pfarrer. »Ich habe viel an das Gespräch mit Ihrer Frau gedacht. Ich möchte Ihnen etwas vorschlagen. Sie sind doch genau wie ich am Aufbau dieses Landes interessiert, getreu dem Motto: Wir sind ins Land gekommen, um aufzubauen und dabei selbst erbaut zu werden.«

David und Neta nickten.

»Die Türken haben jetzt endlich eine Straße zur Küste gebaut«, fuhr Simon fort. »Nun fehlen nur noch Menschen mit einer Vision, die bereit sind, ihr Geld und vor allem ihre Kraft in die Einrichtung eines Kutschendienstes zwischen Jerusalem und Jaffa zu investieren. Daran sollten wir jetzt gemeinsam arbeiten. Die Juden und die Templer können dieses öde Land zum Blühen bringen. Der erste Schritt ist die Modernisierung des Personen- und Warenverkehrs.« Er räusperte sich und nahm einen Schluck Mokka. »Ich habe vor, mit der Hilfe christlicher Freunde in Ägypten einige Kutschen zu kaufen. In Kairo ist der Kutschendienst erstaunlich weit entwickelt, und ich hoffe, dass ich dort etwas Passendes auftreiben kann. Die Kutschen können wir nach Alexandria transportieren und von da aus nach Jaffa verschiffen.«

Neta und David wechselten zögernde Blicke. »Und welche Rolle haben Sie uns zugedacht?«, fragte David. »Wir haben im Verkehrswesen keine Erfahrung und auch kein Geld …«

»Ich weiß«, entgegnete der Pfarrer. »Sie haben natürlich recht. Wir brauchen tatsächlich viel Geld, nicht nur, um die Kutschen zu kaufen, sondern auch für den Transport nach Jaffa, die Ausrüstung, die Pferde, die Kutscher … Das ist mir völlig klar.« Er hielt einen Moment inne und legte die Stirn in Falten, bevor er weitersprach. »Ich habe das alles bedacht. Mir ist klar, dass Sie keine Erfahrung in diesen Dingen haben. Aber Sie sind jung und begeisterungsfähig. Und Sie sind Juden. Ich brauche solche Leute wie Sie als Partner, Sie und Ihre Glaubensgenossen. Sie werden sich schnell einarbeiten, und für die Investoren sorge ich. Die Hauptsache ist, dass dieses Projekt nicht bloß von Deutschen betrieben wird, so motiviert und tüchtig unsere Templer auch sein mögen.«

Auf dem Heimweg sahen sich Neta und David ratlos an. »Was, wenn er ein Betrüger ist oder bloß ein Träumer?«, fragte Neta.

»Du hast ihm schließlich unsere Adresse gegeben«, lachte David und nahm ihren Arm. »Mir ist auch nicht ganz wohl bei der Sache. Aber was riskieren wir schon? Wenn wir nichts mehr von diesem Pfarrer hören, ist es gut. Und wenn er sich wieder blicken lässt, werden wir weitersehen.«

In Wahrheit war er begeistert von Simon. Der Mann meint es ernst, dachte er. Endlich taten sich in diesem Land neue Möglichkeiten für tatkräftiges Handeln auf. Er konnte seine innere Erregung kaum bezähmen.

Neta kannte ihn gut genug, um zu ahnen, was in ihm vorging. Was immer geschieht, dachte sie, ich hoffe nur, dass er keine Enttäuschung erlebt. Doch sie verbarg ihre heimlichen Befürchtungen und setzte eine heitere Miene auf.

In der Nacht fand David kaum Schlaf. Er grübelte hin und her, wog ab, verwarf, wurde von Begeisterung übermannt und dann wieder von Zweifeln. Als der Muezzin im muslimischen Viertel durch seinen Ruf vom Minarett den Sonnenaufgang verkündete und die Gemeinde in die Moschee rief, fühlte David Zemach sich wie zerschlagen.

Wie immer ging David am Morgen zur Arbeit. Aber am Abend musste Neta ungewohnt lange warten. Erst nach Sonnenuntergang hörte sie draußen ein seltsames Geräusch und machte eilig die Tür auf. Vor ihr stand ein grauer Esel. Und auf dem Rücken des Tieres saß David.

»Was ist das denn?«, fragte sie verblüfft.

»Ein Geschenk von Pinchas Goren für meine gute Arbeit bei den Besuchen der Majestäten«, erwiderte David.

Neta schwieg einen Moment und musterte das glückliche Gesicht ihres Mannes. »Mein Vater hat immer gesagt: *Nimm nie ein Geschenk an, das frisst!*«, sagte sie dann. »Dieser nette Esel braucht nicht nur Futter, sondern auch einen Platz. Er macht Dreck und muss vom Tierarzt betreut werden … Aber wenn er dir hilft, schneller zur Arbeit zu kommen, muss ich mich wohl mit ihm anfreunden.«

In Jerusalem hatte sich die Aufregung allmählich wieder gelegt. Auch die frömmsten Einwohner, die Wunder schon fast für etwas Alltägliches hielten, begriffen, dass so bald kein zweiter Suezkanal eröffnet würde und die Besuche gekrönter Häupter recht seltene Ereignisse waren. Allmählich kehrte die Stadt zur grauen Realität zurück. Neta widmete sich wieder dem Haushalt und ihrer lebhaften kleinen Tochter, die sie den ganzen Tag in Atem hielt, während Davids Gedanken wie zuvor um sein Wochenblatt kreisten. Den Templer hatte er fast vergessen.

Doch an einem kalten, regnerischen Januarabend klopfte es an der Tür. David hob den Kopf von dem Artikel, den er im Schein der Petroleumlampe für die *Chadschot Ha'jischuw* schrieb. Neta hatte Rachel auf dem Schoß. Sie zuckte zusammen und zog ihre Tochter an sich wie eine Katze, die ihre Jungen beschützt. David öffnete die Tür. Zu seiner Überraschung stand Pfarrer Simon vor ihm.

Vom Hut des Geistlichen regnete es, und auch sein Mantel

war nass. Dennoch sah er David mit einem strahlenden Lächeln an. »Meine Freunde, ich habe euch gefunden! Ein wahres Wunder …«

»Kommen Sie herein«, rief Neta, »sonst schwemmt Sie der Regen noch fort. Willkommen in unserer bescheidenen Hütte.«

Während Neta ihre Tochter ins Bett brachte, bemühte sich David, trockene Kleider für Simon zu finden. Der Pfarrer war nicht größer als er, aber wesentlich breiter gebaut. Schließlich förderte David einige Kleidungsstücke zutage, die ihm halbwegs passten, und sie setzten sich an den Tisch. Neta hatte Minztee aufgebrüht und stellte ihm einen Bagel mit Sesam und Schwarzkümmel hin. Oswald Simon nahm einen Schluck Tee.

»Ah, das tut gut! Es wärmt von innen«, seufzte er. »Ich danke Ihnen herzlich für Ihre Gastfreundschaft.«

Während er kleine Stücke von dem Brotkringel abbrach und sich in den Mund schob, erzählte er, wie er im strömenden Regen von Haifa über Nablus hierher gelangt war. Dann kam er auf sein großes Projekt. Sein Plan, einen Kutschenverkehr zwischen Jaffa und Jerusalem einzurichten, hatte Gestalt angenommen.

»Ich habe in Jaffa einen Kaufmann gefunden, der bereit ist, eine Partnerschaft mit uns einzugehen«, sagte er. »Ihnen ist sicher klar, dass wir diese Sache nicht allein von Jerusalem oder von Haifa aus in Gang bringen können. Jaffa und sein Hafen sind die zentrale Basis für das Unternehmen. Der potenzielle Investor ist ein Gewürzhändler namens Mustafa Samara«, sagte Simon. »Er stammt aus einer reichen Familie und hat Handelsbeziehungen zu ägyptischen Geschäftsleuten. Ich habe ihm von unserem Plan erzählt. Er ist bereit, sich an diesem Abenteuer zu beteiligen und die nötigen Mittel einzubringen.« Er stützte die Ellbogen auf die Tischplatte und legte das Kinn auf die Hände. »Also, ich habe Samara von Ihnen erzählt. Seiner Ansicht nach ist eine Partnerschaft mit Juden eine Bedingung für das Gelingen des Unternehmens, besonders, wenn es sich um junge

Leute handelt. Ich habe ihm meinen persönlichen Eindruck von Ihnen geschildert, und er meinte, das wären gute Voraussetzungen.«

Neta und David lauschten gebannt.

»Kurz und gut«, schloss der Pfarrer, »wann können Sie mit mir nach Ägypten reisen?«

Die beiden sahen sich betroffen an. Wie sollten sie darauf antworten? David brach das verlegene Schweigen als Erster. »Wir müssen in Ruhe über Ihren Vorschlag nachdenken. Auf ein Abenteuer dieser Art waren wir nicht gefasst, und ...«

»Selbstverständlich«, fiel ihm Simon ins Wort. »Ich schlage vor, dass wir uns morgen treffen. Inzwischen können Sie über die Sache nachdenken und sich miteinander besprechen. Ich werde mich jetzt verabschieden. Sollen wir morgen Mittag wieder in dem kleinen Kaffeehaus zusammenkommen?«

»Das fehlte noch, dass wir Sie jetzt zu Ihren Templerfreunden am anderen Ende der Stadt gehen lassen!«, sagte Neta in einem energischen Ton, der David überraschte. »Sie würden mindestens eine Stunde bis zum christlichen Viertel brauchen, und das bei strömendem Regen. Sie haben nicht mal trockene Kleider.«

David nickte. »Meine Sachen sind Ihnen ja leider zu eng. Sie platzen buchstäblich aus allen Nähten. Nein«, entschied er. »Sie bleiben heute Nacht bei uns.«

Simon, der sich schon ein wenig vor dem langen Nachtmarsch im Regen gefürchtet hatte, sah sich zögernd um. »Sie haben doch in Ihren beiden kleinen Zimmern gar keinen Platz für mich!«

Aber Neta war schon dabei, Decken und Kissen zu holen, während David den Tisch zusammenklappte. »Wir werden auf dem Boden schlafen und die Kleine zwischen uns nehmen«, erklärte Neta, während der Pfarrer unschlüssig dastand und kein Wort herausbrachte. Dann bezog sie das Ehebett in der Schlafkammer frisch. »Fertig! Sie schlafen dort und wir hier«, verkündete sie in einem Ton, der keinen Widerspruch duldete. »Gute Nacht!« Ohne die Reaktion des Gastes abzuwarten, hob sie Rachel hoch, die von dem ganzen Trubel nichts gemerkt hatte, legte sie auf das improvisierte Lager und schloss die Tür zur Schlafkammer.

Am nächsten Morgen verabschiedete sich Oswald Simon mit herzlichen Dankesworten von seinen Gastgebern. Ihre Einladung zum Frühstück lehnte er ab, weil er ihnen nicht noch mehr zur Last fallen wollte. Neta versorgte Rachel, bevor sie ihrem verschlafenen Mann einen Kuss gab.

»Hör zu, David«, sagte sie, »ich hab eine Idee. Wir sollten Pfarrer Simons Vorschlag annehmen, aber nicht auf eigene Faust. Wir sind zu jung und unerfahren. Wir dürfen uns nicht auf dieses Abenteuer einlassen, ohne unseren Beitrag zu leisten, sonst sind wir nur ein unnützes Anhängsel. Wie wäre es, wenn du dich an Goren wendest? Er hat die Erfahrung und die Mittel, um das Unternehmen zu unterstützen, und kann auch etwas investieren. Wenn er mitmacht, sind wir durch einen versierten Partner abgesichert. Allein würden wir in diesem Projekt untergehen.«

David blinzelte und rieb sich die Augen. Verwirrt von Netas Redeschwall, küsste er sie auf die Wange und murmelte: »Du bist ein Genie! Was würde ich nur ohne dich machen?«

3

Jerusalem

– 1869 –

Für einen Mann, der in einer abgelegenen Provinzstadt wie Jerusalem lebte, besaß Pinchas Goren einen ausgezeichneten Spürsinn für gute Geschäftsideen und verfügte auch über das nötige Wissen, wie man sie umsetzten konnte. Als David und Neta ihm von Oswald Simon und seinem Plan erzählten, reagierte er anfangs zögerlich, stellte ihnen aber bald detaillierte Fragen zu dem Kutschenprojekt, die sie größtenteils zu seiner Zufriedenheit beantworten konnten.

»Wir fahren alle nach Ägypten«, entschied er schließlich und sah Neta und David an. »Sie beide, dieser Pfarrer und ich selbst. Gemeinsam können wir uns ein besseres Bild machen. Die Reisekosten übernehme ich.«

»Das ist eine gute Idee«, sagte Neta. »Aber ich bleibe hier. Das macht die Sache auch preiswerter.«

Erst in diesem Augenblick wurde David bewusst, dass er über die Finanzierung der Reise noch gar nicht nachgedacht hatte. Jung und naiv, wie er war, hatte er sich auf das riskante Unternehmen eingelassen wie ein Kind auf ein neues Spiel. »Wie du meinst«, sagte er.

Neta war sehr erleichtert. Im Gegensatz zu ihrem romantischen Ehemann stand sie mit beiden Beinen auf der Erde. Ihr war von vornherein klar gewesen, dass sie nicht mit nach Ägypten fahren konnte. Wer hätte Rachel versorgt? Auf der anderen Seite mochte sie David nicht allein ziehen lassen. Sie hätte sich tagtäglich vor Sorge um ihn verzehrt. Doch mit Pinchas Goren und Oswald Simon an seiner Seite sah die Sache anders aus. Allmählich legten sich ihre Bedenken und sie sah der Reise gelassener entgegen.

Die Reise, die die drei Männer Anfang Februar antraten, erwies sich wirklich als Abenteuer. Trotz der neuen Straße dauerte der Ritt nach Jaffa anderthalb Tage. Pinchas, Oswald und David wurden von zwei Leibwächtern begleitet, die sie vor Wegelagerern schützen sollten. Oswald schlug zur Übernachtung eine neue kleine Siedlung vor, von der sogar Pinchas noch nie gehört hatte. Der Pfarrer führte seine beiden Reisegefährten zu einem weiß gekalkten Haus mit rotem Ziegeldach und einem gepflegten Gemüsegarten, das David an die Dächer in seiner russischen Heimat erinnerte. Wie Oswald ihnen erzählte, wurde es von einer schwäbischen Templerfamilie als Gästehaus betrieben.

Das schlichte dreistöckige Gebäude erinnerte von außen an ein europäisches Gehöft, innen aber glich es mit seinen dicken Wänden und dem luftigen Innenhof einem arabischen Haus. Diese Bauweise schützte die Bewohner vor der Sommerhitze und der winterlichen Kälte. Im Obergeschoss schlief die Besitzerfamilie, im ersten Stock waren die Gäste untergebracht. Im Erdgeschoss befanden sich die Küche, das Esszimmer und die Lagerräume. Die wuchtigen Möbel hatte die Familie Hochwald aus Württemberg mitgebracht. Die ganze Ausstattung war einfach und geschmackvoll. In dieser gleichzeitig fremdartigen und anheimelnden Umgebung fühlten die Gäste sich schon beim Eintreten wohl.

»Ich habe die Familie hierhergebracht«, sagte Oswald. »Sie haben das Haus mit Hilfe von Freiwilligen aus unserer Gemeinde gebaut. Wir haben vor, mehrere Niederlassungen im Land zu gründen, denen sich in Zukunft weitere Templer aus unserer Heimat anschließen sollen.« Er war sichtlich bewegt, als er seinen Begleitern von der Pioniertat seiner Glaubensgenossen berichtete, und sprach in einem derart feierlichen Ton, als hielte er eine Predigt.

Dann kam er auf den Anlass der Reise zu sprechen. »Liebe Familie Hochwald«, sagte er, »ich freue mich, euch meine jüdischen Freunde aus Jerusalem vorzustellen. Wenn unser Plan gelingt, wird aus eurem Anwesen eine blühende Siedlung, und ihr könnt viele Besucher beherbergen.«

Zu der Familie gehörten acht Kinder, die alt genug waren, um den Eltern bei der Bedienung der Gäste und der Bewirtschaftung des Hofes zu helfen. Gertrud und August Hochwald waren sichtlich stolz, den Reisenden die Früchte ihrer Arbeit zu zeigen. Sie freuten sich über Gäste, die Abwechslung in ihr Leben brachten. Mit den Nachbarn aus den arabischen Dörfern konnten sie sich kaum verständigen. Sie kamen nur in Kontakt, wenn sie Feldfrüchte, die sie nicht selbst anbauten, bei ihnen kauften.

Am Abendbrottisch erklärte Oswald das kühne Projekt genauer, das ihn und seine Begleiter hergeführt hatte. Die Familie Hochwald nahm die Prophezeiung des Pfarrers, dass ihr Gästehaus der Kern einer Templersiedlung werden würde, ohne Verwunderung auf. Schließlich war es eine gottgewollte Mission, die sie in dieses öde Land geführt hatte.

David und Pinchas konnten dem Gespräch nicht folgen, da Oswald und die Gastgeber Deutsch sprachen. Die beiden unterhielten sich leise auf Hebräisch. Das bescheidene, aber gepflegte Haus gefiel ihnen sehr.

»Solche Sauberkeit findet man nicht in unserer Stadt«, sagte David.

Pinchas nickte.

Später gingen alle zum Französischen über, das damals noch eine echte Weltsprache war, und so endete der Abend mit einem lebhaften, fröhlichen Austausch.

Am nächsten Morgen verabschiedeten sich Oswald, Pinchas und David herzlich von ihren Gastgebern und ritten weiter nach Jaffa. Die überwiegend von Arabern bewohnte Stadt wirkte noch enger und schmutziger als Jerusalem und hatte weniger historische und religiöse Stätten aufzuweisen, die diesen Eindruck wettmachen konnten.

Oswald führte sie zum *Hotel Jerusalem*, das ein Templer namens Ernst Hardegg eröffnet hatte. So mussten sie nicht wie die Mehrzahl der per Schiff angekommenen Neubürger in einer der schäbigen Unterkünfte am Hafen schlafen. In diesen baufälligen alten Häusern in engen Gassen gab es keine Betten, sondern nur Matten, die auf dem Fußboden lagen. Allen Gästen standen dort lediglich eine Toilette und ein Waschraum ohne fließendes Wasser zur Verfügung.

Am nächsten Tag gingen die drei Männer zu einem Café, um Mustafa Samara zu treffen, von dem sie die Finanzierung des Unternehmens erhofften. Da der Pfarrer fürchtete, die Adresse zu verlieren, hatte er sie gleich auf mehreren Zetteln notiert und in verschiedenen Hosen- und Westentaschen versteckt. Der Händler wartete schon auf sie. Er war ein mittelgroßer, untersetzter Mann mit einem üppigen, grau gesprenkelten Schnurrbart und großen schwarzen Augen, die Güte ausstrahlten und Vertrauen einflößten. Er musterte die Ankömmlinge mit unverhohlener Neugier. Sein gutturales Französisch war weitaus flüssiger als das seiner Gäste.

Bei diesem ersten Gespräch bereitete Mustafa seine zukünftigen Partner auf die beschwerliche Reise nach Ägypten vor, die er schon mehrmals unternommen hatte. Über das geplante Abenteuer des Kutschendienstes traute sich niemand zu reden. Als sie zwei Tage später an Bord eines russischen Dampfers gingen, der auf dem Weg nach Ägypten in Jaffa Station gemacht hatte, überkam die Männer das Gefühl, dass sie einen Sprung ins Ungewisse wagten.

Der erste Eindruck von Alexandria war überwältigend – eine schöne, vor Leben pulsierende Großstadt mit einer internationalen Bevölkerung. Von dort aus hatten die vier Männer ursprünglich mit dem Zug nach Kairo fahren wollen. In Ägypten existierte der Eisenbahnverkehr, von dem man in Palästina nur träumen konnte, schon seit zwanzig Jahren. Natürlich war jeder von ihnen schon einmal Zug gefahren: Oswald in Deutschland, Pinchas in Frankreich, David in Russland und Mustafa, der häufig Geschäftsreisen unternahm, in Ägypten. Doch gerade der weit gereiste Mustafa empfahl ihnen ein traditionelles Verkehrsmittel, das seiner Meinung nach ein Erlebnis für die drei sein musste. Er schlug ihnen vor, mit einer Feluke nach Kairo zu segeln.

»Mit der Eisenbahn werden wir in Zukunft immer häufiger fahren«, behauptete er, »aber die Feluken wird der Fortschritt verdrängen. Außerdem ist es billiger.«

Die vier Partner segelten also mit einer Feluke den Nil aufwärts nach Kairo. Einen solch mächtigen, breiten Strom hatte David nicht einmal in Russland gesehen. Sie verbrachten zwei Tage auf dem Schiff und waren ziemlich erschöpft, als sie in Kairo ankamen. Dort mieteten sie eine Droschke und ließen sich nach Anweisungen Oswald Simons zum Haus seiner christlichen Freunde fahren, die sie gastlich aufnahmen. Es vergingen einige Tage, in denen sie nach einer Kutsche suchten, die für ihre Zwecke geeignet war.

David genoss diese Zeit. Das Leben auf den Straßen, das bunte Völkergemisch und die prächtigen Gebäude faszinierten ihn. Wie sehr bedauerte er, dass Neta dieses wunderbare Erlebnis nicht mit ihm teilen konnte!

Sie begutachteten verschiedene Kutschenmodelle, und schließlich entschieden sie sich für eine große Reisekutsche, die solide und bequem wirkte und zwei- oder dreispännig gefahren werden konnte. Die ägyptischen Fachleute erklärten ihnen, dass in

Kairo auch ein Zugpferd ausreiche, doch auf dem bergigen Weg nach Jerusalem würde man drei Pferde brauchen. Daher müssten sie auch die passende Deichsel und Zuggeschirre erwerben. Als sie den Kauf getätigt hatten, beschlossen die Männer, mit dem Zug zurückzufahren und das schöne neue Gefährt als Frachtstück nach Alexandria mitzunehmen. Wie zu erwarten gewesen war, verlief die Rückreise auf dem Schienenweg wesentlich schneller und bequemer als der Hinweg auf der Feluke. In Alexandria schifften sie sich mit ihrer kostbaren Last nach Jaffa ein.

Dort erwarteten sie bereits die vier Leibwächter und zwei Kutscher mit den Pferden, die Mustafa vorsorglich gemietet hatte. Er beschloss, nicht zu Hause in Jaffa zu bleiben, sondern die anderen nach Jerusalem zu begleiten, da er dort Geschäfte zu erledigen hatte.

Bei der gemeinsamen Reise hatten sich die Partner immer mehr angefreundet. Mustafa interessierte sich besonders für Oswalds Leben und Hintergrund. Er hatte noch nie einen christlichen Geistlichen kennengelernt und erst recht keinen Pfarrer, der zur Templergemeinde gehörte. Er lauschte gespannt, wenn Oswald von seiner Glaubensgemeinschaft und seiner schwäbischen Heimat erzählte.

Auch Mustafa hatte viel zu erzählen. Er hatte von seinem Vater eine Exportgesellschaft geerbt, die Kamelkarawanen mit Seife über ungebahnte Wüstenwege nach Ägypten schickte und Baumwolle von dort zurückbrachten.

»Seife?«, warf David erstaunt ein. »Die wird doch in der ganzen Welt produziert.«

»Richtig«, erwiderte Mustafa, »aber nur wenige Firmen stellen Seife aus Olivenöl her. Meine Gesellschaft importiert auf dem Seeweg auch geringe Mengen von Eisen, Kupfer, Reis, Kaffee, Zucker und Salz. Diese Ladungen werden auf kleinen Segelbooten befördert, die nur in den Sommermonaten auslaufen, wenn keine Stürme zu erwarten sind. Stellt euch vor«, sagte er mit ironischem Lächeln, »wir, die Einwohner einer Stadt am Mittelmeer, müssen Salz aus dem Ausland einführen! Außerdem bringen wir nebenbei auch Pilger und Bildungsreisende zu den Heiligen Stätten ins Land. Aus all diesen Gründen ist es eine gute Idee, einen Kutschenverkehr einzurichten.«

Seit dem christlichen Mittelalter gehörte Jerusalem zu den bedeutenden Pilgerzielen. Im 19. Jahrhundert kamen westliche Bildungsreisende hinzu: adelige Sprösslinge auf der Grand Tour, Schriftsteller und Forscher. Die europäischen Nationen hatten das Land, insbesondere Jerusalem in den Blick genommen. Russen, Engländer und Franzosen, später auch die Preußen gründeten und bauten Konsulate, Hospize, Kirchen, Klöster, Siedlungen und Schulen innerhalb und außerhalb der Stadtmauern.

Als die vier Partner in ihrer Kutsche durch Jaffa fuhren, wurden sie mit Jubel empfangen. Am Straßenrand drängten sich neugierige Passanten, die einen Blick auf die Luxuskarosse erhaschen wollten. Vielleicht glaubten sie, dass wieder ein gekröntes Haupt ihre Stadt besuchte. Ein solches Gefährt bekam man sonst nicht zu sehen. Die beiden arabischen Kutscher trugen eine türkische Livree undefinierbarer Herkunft und blickten stolz auf die Menge herab. Auch die Leibwächter warfen sich in die Brust, als seien sie Teil eines königlichen Gefolges. Statt der üblichen Esel- und Maultierkolonnen durften sie zum ersten Mal eine Kutsche auf ihrer Jungfernfahrt nach Jerusalem begleiten.

Auch bei der Rückfahrt kehrte die Reisegesellschaft bei der Familie Hochwald ein. Diesmal hatten die Gastgeber alle Hände voll zu tun. Die Leibwächter hatten Proviant und Futter für die Maultiere mitgebracht, aber außer dem Pfarrer und seinen Begleitern mussten auch die beiden Kutscher und drei Pferde verköstigt werden. So entfaltete sich am Abend im Haus der Familie Hochwald ein geschäftiges Treiben.

Am nächsten Morgen zog die Gesellschaft weiter. Die Fahrt auf der steinigen Landstraße war alles andere als bequem, doch das war noch der angenehmere Teil der Reise. Als sie die Steigung an der Schlucht Bab el Wad erreichten, fingen die Räder an zu knirschen, und die Pferde keuchten vor Anstrengung. Schließlich mussten die Passagiere und einer der Kutscher absteigen und zu Fuß neben der Kutsche hergehen. Bald ging ihnen auf dem steilen Weg die Luft aus.

Plötzlich blieb das Gefährt stehen und brach zusammen. Mit den nach außen gekippten Rädern glich es einem großen Tier, das sterbend alle viere von sich streckt. Die Pferde scheuten und schlugen mit den Hinterhufen aus, um sich von den Geschirren zu befreien. Den Kutschern gelang es nur mit Mühe, sie zu beruhigen und auszuspannen.

»Meine Herren«, rief einer der Kutscher, »von jetzt an werden zwei von Ihnen reiten und zwei zu Fuß gehen. Wir müssen ein Nachtlager finden, da Sie sicher nicht so lange marschieren können«, sagte er mit einem vielsagenden Blick auf Oswald und Pinchas, die nicht mehr die Jüngsten waren. Sie standen schwer atmend am Straßenrand und wischten sich den Schweiß von der Stirn.

»Zum Glück liegt das Dorf Abu Gosch am Wege«, erklärte der Kutscher weiter. »Dort können wir die Pferde füttern und selbst etwas essen. Auch eine Unterkunft wird sich da finden. Morgen früh«, fuhr er mit boshaftem Lächeln fort, »werden Sie mit leichterem Gepäck weiterreisen. Die ›Räuber von Abu Gosch‹, wie wir sie nennen, werden Ihre Geldbeutel sicher erleichtern …«

Die Stimmung der vier Reisenden war auf dem Nullpunkt. Erschöpft von der mühsamen Reise und tief enttäuscht über das Scheitern des Unternehmens sollten sie nun auch noch in diesem Dorf ihr letztes Geld loswerden! Der Spott des unverschämten Mannes traf sie tief. Doch sie waren auf ihn und die anderen Begleiter angewiesen, wollten sie irgendwann heil nach Jerusalem gelangen.

Tatsächlich erwies sich die Summe, die die arabischen Bewohner des Dorfes für Kost und Logis von ihnen forderten, als stark überhöht.

»Liebe Freunde«, sagte Pinchas am nächsten Morgen, als sie nach einer durchwachten Nacht mit blassen Gesichtern beisammenstanden, »das vorläufige Scheitern unseres Unternehmens ist nicht das Ende der Welt und nicht einmal das Ende unseres Traums. Das Geld ist weg, ja.«

»Unser Geld ist nicht weg«, sagte Mustafa. »Es haben nur andere.«

Pinchas seufzte und verdrehte die Augen. »Aber vielleicht mussten wir dieses Lehrgeld zahlen«, fuhr er fort. »Wir wissen jetzt, dass die Kutschen, die in Kairo hergestellt werden, für unsere Zwecke nicht geeignet sind. Kairo ist eine zivilisierte Stadt, die Straßen sind eben und in gutem Zustand. Wir müssen stabilere Kutschen aus solidem Material anschaffen, die auf dem steinigen Weg nach Jerusalem nicht zusammenbrechen. Auch wenn sie vielleicht nicht so bequem sind.« Er klopfte seiner Stute auf die Flanken, bevor er aufsaß. »Ich schlage vor, dass wir nach Damaskus reiten. Das liegt auch in den Bergen. In Syrien haben sie Wagen, die steile, felsige Wege bewältigen können. Die Reise bezahle ich, und ihr bleibt trotzdem gleichberechtigte –«

Mustafa fiel ihm ins Wort: »Nein, nicht du allein, ich beteilige mich!«

Oswald stieß einen tiefen Seufzer aus und murmelte: »Ich weiß nicht, ob ich den Mut und die Kraft für ein zweites Abenteuer aufbringe. Lasst uns erst mal wieder in Jerusalem ankommen, dann sehen wir weiter. Wer weiß, ob ich bis dahin nicht genauso zusammengebrochen bin wie unsere ägyptische Kutsche.«

David liebte es, die Menschen und ihr Treiben zu beobachten. Doch als sie um die Mittagszeit endlich vor dem Jaffator anlangten, hatte er kein Auge dafür. Nicht für den Araberjungen, der schlummernd vor einem hohen Hügel aus Orangen hockte, nicht für den Hirten mit seiner Schafherde, die nicht weit vom Tor entfernt graste.

Die Stimmen der Muezzins schallten über die Stadt hinweg und vermischten sich mit dem Klang der Kirchenglocken, die die Gläubigen zur Mittagsandacht riefen, während David nach Hause eilte.

Neta begrüßte ihren erschöpften Ehemann mit Küssen. Die kleine Rachel hüpfte ihm mit Geschrei entgegen. Ihre goldblonden Locken tanzten, und ihre grünen Augen strahlten. David ging das Herz auf bei diesem stürmischen Empfang. Er war glücklich, wieder bei seiner Familie zu sein, und seine gedrückte Stimmung verflog. Nachdem Neta die Kleine schlafen gelegt hatte, saßen sie eng umschlungen beisammen, während David von seiner Reise erzählte. Neta lauschte in gespanntem Schweigen.

»Pinchas hat recht mit seiner Idee, eine geeignete Kutsche in Damaskus zu suchen«, sagte sie schließlich und fügte lachend hinzu: »Wer zahlt, bestimmt die Musik, nicht wahr?« In ernsterem Ton fuhr sie fort: »Das Projekt ist einen zweiten Versuch wert, findest du nicht? Ich habe zwar keine anstrengende Reise hinter mir, aber ohne dich hier zu leben ist viel schwerer, als ich mir vorgestellt habe. Auch Rachel hat dich sehr vermisst. Aber ich denke, die Mühe lohnt sich … es geht schließlich um unsere Zukunft.«

Je länger seine Frau auf ihn einsprach, desto leichter wurde David ums Herz.

»Also, was meinst du?«, fragte Neta endlich und sah ihn erwartungsvoll an.

Statt einer Antwort umarmte er sie und drückte ihr einen

langen Kuss auf die Lippen. »Das hat Zeit«, raunte er ihr ins Ohr, »wir haben jetzt Wichtigeres zu tun …«

Am nächsten Morgen saß David mit gefurchter Stirn am Frühstückstisch.

»Was wird aus der Zeitung, wenn ich jetzt schon wieder wegfahre?«, fragte er.

»Was ist denn passiert, als du nicht da warst?«, rief Neta lachend. »Mir ist nicht aufgefallen, dass Tausende von Lesern gegen deine Abwesenheit protestiert haben. Vielleicht haben die Abonnenten gar nicht gemerkt, dass die Zeitung nicht gekommen ist. Die *Chadschot Ha'jischuw* sind ein wichtiges, vielleicht sogar bahnbrechendes Pionierwerk, aber kein Weltblatt wie *Le Figaro* …«

Im April brachen sie nach Damaskus auf. Früh am Morgen warteten David und Pinchas mit den Kutschern auf Mustafa, der schon am Vorabend aus Jaffa angekommen war. Pinchas hielt eine hübsche hellbraune Stute am Zügel, die er erst kürzlich erworben hatte und die auf den Namen Olga hörte. Von allen Seiten strömten die Bauern zum Damaskustor, ihre Eselskarren beladen mit frischem Obst und Gemüse, das sie im Morgengrauen auf ihren Feldern geerntet hatten. Mustafa erschien bald, und gemeinsam ritten sie vorbei an Kaktushecken und Olivenhainen auf der alten Handelsstraße durch die Berge nach Norden. Jetzt im Frühjahr waren die sonst kahlen Hänge von Gräsern bedeckt, zwischen die der Mohn rote Punkte setzte. In Nablus übernachteten sie in einer Karawanserei und gelangten schließlich nach Dschenin. Dort trafen sie Oswald, der sich dem Unternehmen doch noch angeschlossen hatte und zu Pferd aus Haifa gekommen war. In Dschenin heuerten sie drei Leibwächter an und erreichten am Abend Tiberias, wo sie in einer Herberge am See Genezareth Unterkunft fanden. Trotz der späten Stunde servierte der Wirt seinen hungrigen Gästen gegrillte Sardinen mit Salz aus dem Toten Meer – eine Köstlichkeit.

Der hellblaue Morgenhimmel spiegelte sich in dem See, und die gegenüberliegenden Ausläufer der Golanhöhen lagen in leichtem Dunst, als die Reisegruppe sich am nächsten Tag auf den Weg machte. Sie ritten über von Gräsern, Dornsträuchern und kleinen Büschen bewachsene Hügel, bis sie schließlich am sechsten Tag nach ihrem Aufbruch aus Jerusalem auf das Ziel ihrer Reise hinunterschauten. Vor ihnen lag Damaskus mit seinen Minaretten, Kuppeln und eng beieinanderstehenden Häusern. Dahinter erhob sich das hohe Halbrund des Berges Qāsiyūn. Die Ecktürme der Zitadelle, zinnengekrönte Steinkolosse, zeichneten sich im Licht des späten Nachmittags vor dem Himmel ab. Vor dem Tor, das sich in der wehrhaften Stadtmauer öffnete, saßen sie ab und betraten die Stadt.

Mustafa führte sie vorbei an der gewaltigen Umayyaden-Moschee zu einer Herberge im muslimischen Viertel, die er von einer früheren Geschäftsreise kannte. Auf dem Weg bestaunten sie die Pracht der Gebäude und die Häuser mit ihren verschnörkelten Gittern am Fenster. Nachdem die Pferde versorgt und die Reisenden ihr Gepäck in sauberen Zimmern verstaut hatten, fanden sich die vier Partner auf dem blätterüberdachten Innenhof der Herberge, der von mit farbigen Kacheln geschmückten Säulengängen umgeben war, zum Abendessen ein.

»Das Klima hier ist wirklich angenehmer als in Haifa«, seufzte Oswald, der wegen seiner Leibesfülle und seiner alten Knochen etwas Mühe hatte, auf den niedrigen orientalischen Sitzmöbeln eine bequeme Position zu finden.

»Darf ich fragen, was die Herren nach Damaskus führt?«, erkundigte sich der freundliche Wirt, als er ihnen Becher und einen Krug mit gekühltem Weißwein auf den Tisch stellte.

»Kutschen«, sagte Mustafa. »Stabile Kutschen.«

Als er die verblüffte Miene des Mannes sah, erzählte David

humorvoll von ihrer ägyptischen Expedition und ihrem Scheitern. »Wir dachten, in Syrien fänden wir Wagen, die sich auch in unwegsamem Gelände bewähren.«

»Gewiss, gewiss.« Der Wirt nickte. »Und ich weiß auch, an wen Sie sich wenden können.« Er faltete die Hände über seinem runden Bauch. »Ein Verwandter von mir, genauer gesagt, der Sohn des Cousins zweiten Grades meiner Frau, ist Wagenbauer. Djamal ist ein findiger Kopf. Er baut die besten Fuhrwerke und Kutschen in ganz Damaskus.«

Nach einer erholsamen Nacht in richtigen Betten erfragten die Reisegefährten am frühen Morgen beim Wirt die Adresse des Wagenbauers, die etwas blumig ausfiel. »Vorbei an der Umayyaden-Moschee, über den Suk, immer geradeaus, am westlichen Rand der Altstadt.«

Noch gehörten die Straßen den Hunden, die herumstrichen und die Passanten bisweilen anknurrten. Die Kaufleute, die bald ihre Stände öffnen würden, kamen aus den Moscheen, wo sie ihr Morgengebet verrichtet hatten. Mit ihren Eseln schafften die Bauern aus der fruchtbaren Guta-Ebene Gemüse, Salate, Knollen und Wurzeln heran.

Als sie an einer Bäckerei vorbeikamen, wo in einem weiten Bogenfenster frisches, duftendes Brot verkauft wurde, blieb David stehen. Davor drängten sich viele Menschen – eine bunte Mischung aus Bürgern der Stadt, Damaszener Haremszofen, die für das Frühstück ihrer Herrschaft einkauften, bis zu Soldaten der osmanischen Armee. Am liebsten hätte David sich Notizen gemacht, aber seine Begleiter drängten weiter. So versuchte er, sich die Eindrücke in sein Gedächtnis einzuprägen. Nach mehrmaligem Nachfragen traten sie schließlich in einen Hof, in dem sie ein braunhäutiger junger Mann freundlich begrüßte.

»Sie müssen die Fremden sein, deren Eintreffen mir Onkel Adil angekündigt hat«, sagte er und führte sie zu einer zweispännigen Kutsche, die stabiler und zudem noch billiger war als das ägyptische Modell. Die Partner waren sehr angetan, und Mustafa war anzusehen, wie sehr es ihn freute, dass seine Idee, in Damaskus nach einer passenden Kutsche zu suchen, sich als die richtige erwiesen hatte. Sie baten Djamal, das Gefährt in Einzelteile zu zerlegen und diese auf kräftige Maultiere zu laden. In Jerusalem würden sie diese Kutsche in ausreichender Anzahl nachbauen lassen.

Sie verbrachten eine weitere Nacht in der Herberge von Adil und brachen früh am nächsten Morgen mit ihrer kleinen Karawane in Richtung Jerusalem auf.

Da der Heimweg kürzer war als bei dem ersten Unternehmen, hatte die Reise keine zwei Wochen gedauert. Nach ihrer Rückkehr konnten die Männer stolz den Beginn einer neuen Ära verkünden: Fortan würde das uralte, biblische Jerusalem nach jahrhundertelangem Dahindämmern durch einen modernen Kutschendienst mit der Welt verbunden sein.

4

Jerusalem

– 1872 –

Die Partner – Oswald Simon, Mustafa Samara, Pinchas Goren und das Ehepaar Zemach – waren mit Recht stolz auf ihr historisches Projekt, das sie so viel Mühe und Aufwand gekostet hatte. Doch aller Anfang ist schwer, auch wenn er von triumphalen Fanfarenstößen begleitet wird. Die Passagiere zahlten beträchtliche Summen, um den Kutschendienst zwischen Jerusalem und Jaffa in Anspruch nehmen zu können. Doch obwohl die Fahrt mit der Kutsche leichter war als der lange Ritt auf Maultieren und Eseln, erwies sie sich als ziemlich unbequem.

Man saß auf harten Bänken zu beiden Seiten und im hinteren Teil der Kutsche. Die Rückenlehnen waren handbreite Querbretter. Überdacht waren die lang gestreckten Gefährte, deren Hinterräder deutlich größer waren als die Vorderräder, von einem Baldachin aus einem hellen, widerstandsfähigen Stoff. An den vier Pfosten, die den Baldachin trugen, waren Vorhänge angebracht, die man bei Bedarf zuziehen konnte, um die Passagiere vor Sonne und aufwirbelndem Staub zu schützen. Das Gepäck wurde mit Seilen am hinteren Teil des Gefährts festgeschnürt.

Auf der Fahrt wurden die Reisenden durchgeschüttelt, bis ihnen alle Knochen wehtaten, und auf den felsigen Steilhängen unmittelbar vor Jerusalem mussten sie oft aussteigen und nebenhergehen, um den beiden Pferden die Last zu erleichtern. Häufig beförderten die Kutscher auch gegen ein Bakschisch mehr Passagiere und Gepäck, als erlaubt war. Und dann mussten die Passagiere auf steilen Wegstrecken nicht nur aussteigen, sondern auch helfen, die Kutsche zu schieben. Kein Wunder, dass Pferde und Menschen oft so erschöpft waren, dass sie unterwegs übernachten mussten. Die Beduinen lauerten auf die überladenen Diligencen wie Raubvögel auf ihre Beute. Sobald sie sahen, dass die Reisegesellschaft mühsam eine Steigung erklomm, folgten sie ihr, bis die Kutsche zum Stehen kam. Dann schlugen sie rasch unter Olivenbäumen oder auf den kahlen Ebenen ihre Zelte auf und boten den Reisenden ein Nachtlager an. Dass die Unterkunft nicht billig war, verstand sich von selbst, doch die Fahrgäste hatten keine andere Wahl.

Geschäftlich gesehen, war das Projekt trotz allem ein voller Erfolg. Nachdem das Unternehmen angelaufen war, lud Mustafa seine Partner und andere Gäste zu einem Festessen in sein Haus in Jaffa ein. Pinchas Goren kam allein. Er war verwitwet und hatte keine Nachkommen. Er und die Familien Zemach und Simon freuten sich auf eine üppige Bewirtung – nicht nur, weil Mustafa ein reicher Mann war, sondern weil die Araber ganz allgemein für ihre großzügige Gastfreundschaft bekannt waren. Wie groß war daher ihr Erstaunen, als sie auf dem langen Tisch nur große Schüsseln mit gebratenen Kartoffeln und frischen Tomaten vorfanden. Viele von den Gästen hatten noch nie Kartoffeln und Tomaten gesehen, obwohl man schon hier und da gehört hatte, dass neue exotische Gemüse ins Land gebracht worden waren.

Mustafas Frau Raissa war eine kleine, füllige Frau Ende dreißig, die eine Herzlichkeit ausstrahlte, die jeden, der ihr begegnete, sofort für sie einnahm. Sie hatte ihre Gäste mit diesen neuen Produkten überraschen wollen, doch ihr kamen Bedenken, als sie sah, wie schnell sich die Schüsseln leerten. Wenn sie sich den Bauch mit Kartoffeln und Tomaten vollschlagen, haben sie keinen Platz mehr für das übrige Essen, dachte sie und wies die Diener an, die Schüsseln abzuräumen, versprach jedoch, sie später wieder aufzutischen. »Wer weiß, ob dann noch jemand einen Blick darauf wirft«, murmelte sie vor sich hin.

Und schon drangen aus der Küche neue verlockende Düfte. Der Appetit wurde durch vorzügliche Weine angeregt, die von manchen aus religiösen Gründen abgelehnt, doch von den meisten mit Genuss getrunken wurden, wobei einige sich das verbotene Getränk diskret in Porzellantassen servieren ließen. Dann wurden riesige Silberplatten mit Schischlik, Kebab und gewürztem Reis auf den Tisch gestellt. Doch noch bevor sie geleert waren, räumten dunkelhäutige Diener in hellen sudanesischen Kaftanen die Platten ab und brachten weitere Schüsseln herein, auf denen sich Pyramiden von Hackbällchen aus Wachtelfleisch türmten. Wie viele Wachteln haben wohl ihr Leben dafür lassen müssen?, fragte sich Neta. Inzwischen waren schon alle so satt, dass die Männer den Kragen lockerten und die Frauen nach Luft schnappten.

»Ich werde eine Woche fasten müssen«, flüsterte Gertrud, Oswalds Frau, Neta zu.

Neta winkte ab. »Und ich zwei Wochen! Ich brauche nur an einer Briefmarke zu lecken, und schon habe ich ein Kilo zugenommen.«

Als die Süßigkeiten aufgetragen wurden, weiteten sich die Augen der Gäste: verschiedene Sorten Halva, darunter eine Art, die aus gekochtem Traubensaft mit Gries und Pinienkernen hergestellt wurde; dünnblättrige Baklava mit einer Füllung aus Mandeln, Nüssen und Sesamkernen, Zuckermandeln und Bonbons und für den verwöhnten Gaumen ein sahneartiger Schmand aus Milch- oder Dickmilch-Schläuchen, der von den arabischen Gästen bevorzugt wurde, doch bei den Familien Zemach und Simon keinen Anklang fand. Zum Schluss schenkten drei Beduinen in langen grauen Gewändern, die Köpfe mit weißen, von schwarzen Kordeln gehaltenen Kefijes bedeckt, dickflüssigen Kaffee aus Messingkannen in winzige Tässchen ein.

Danach wurde für die Gäste, die keinen bitteren Mokka tranken, auch gewöhnlicher Kaffee serviert. Die Kartoffeln und Tomaten waren längst vergessen.

In den ersten Jahren in Jerusalem war David so sehr mit dem Kutschenprojekt und seiner Zeitung beschäftigt gewesen, dass er sich kaum um seine Tochter gekümmert hatte. Aber sie lernte auch ohne ihn sprechen und beanspruchte mehr und mehr seine Aufmerksamkeit. Die Kleine war das ganze Glück ihrer Eltern. Von morgens bis abends klang ihr helles Stimmchen durchs Haus.

Als sie fünf Jahre alt war, begannen Neta und David über ihre Zukunft nachzudenken. Welche Schule sollte sie besuchen? Zu Hause sprachen sie mit ihr Hebräisch. Aber eine hebräische Schule gab es in Jerusalem damals nicht. Die Eltern beschlossen, Rachel in die französische Schule zu schicken und sie zu Hause Hebräisch und jüdisches Wissen zu lehren. Vielleicht würden einige ihrer jüdischen Bekannten mitmachen, sodass sie ihrer Tochter und drei oder vier anderen Kindern nach Schulschluss und sonntags Privatunterricht geben konnten. Neta und David überzeugten einige säkulare Juden, dass die Zukunft ihrer Kinder in diesem Land unter anderem auch Hebräischkenntnisse erfordern würde.

Tatsächlich ließ sich eine Handvoll junger Paare, die wie sie aus Russland oder auch aus Deutschland und Österreich gekommen waren und die hebräische Sprache liebten, für diese Idee gewinnen. In monatelanger Arbeit schrieben Neta und David ein Lehrbuch über die Grundlagen der hebräischen Sprache und eines über die Geschichte des jüdischen Volkes. Sie verfassten auch ein hebräisches Buch für den Unterricht in der Heiligen Schrift, das für das zweite Schuljahr bestimmt war. Die Möglichkeit, eine Übersetzung der Thora in die alte jüdisch-sephardische Sprache, das Ladino der Nachkommen der von der

Iberischen Halbinsel vertriebenen Juden, oder in das Jiddische der aus Europa stammenden jüdischen Glaubensgemeinschaft zu verwenden, zogen sie nicht in Betracht. Schließlich war dieses schöpferische Werk vollendet, das Rachels Eltern so viel Freude gemacht hatte.

Doch im März 1872 wurde Rachel krank. Niemand wusste, woran sie litt. Wie viele Kinder, die damals in Jerusalem lebten, bekam sie plötzlich hohes Fieber, dessen Ursache die Ärzte nicht finden konnten, und starb nach wenigen Tagen. Zu jener Zeit nahm man den Tod von Säuglingen und Kindern als Schicksalsschlag hin, der fast keiner Familie erspart blieb.

Nicht nur Neta und David waren tief erschüttert. Auch ihre Freunde konnten sich nicht dazu durchringen, diesen Verlust als göttliche Fügung hinzunehmen. Rachel war ihrer Mutter so ähnlich gewesen, dass die Freunde beinahe das Gefühl hatten, Neta selbst sei gestorben. Sie und ihr Mann galten in ihrem Freundeskreis als besonderes Paar. Sie gehörten zu jenen progressiven Geistern, die den Ausbruch aus der mittelalterlichen Enge der kleinen jüdischen Gemeinde in Jerusalem wagten. Warum sollten diese außergewöhnlichen Menschen dem gleichen Schicksal unterworfen sein wie die anderen Bewohner der dumpfen Altstadt?

Die Freunde, die an den Vorbereitungen zur Gründung einer privaten Grundschule beteiligt gewesen waren, besuchten die trauernden Eltern täglich. Die Familien Samara aus Jaffa und Simon aus Haifa zogen vorübergehend nach Jerusalem, um ihnen tröstend zur Seite zu stehen. David überwand sich, mit den Trauergästen über Themen zu sprechen, die nicht mit dem Tod seiner Tochter zusammenhingen. Neta jedoch brachte trotz ihres Wunsches, den Besuchern für die Teilnahme an ihrem Unglück zu danken, kaum ein Wort heraus.

Nachdem die ersten Monate der lähmenden Trauer vorbei waren, nahmen David und Neta nach und nach ihre täglichen

Beschäftigungen wieder auf, obwohl sie sich anfangs dazu zwingen mussten. David bemühte sich, seiner Arbeit wie gewohnt nachzugehen, doch es fiel ihm schwer, weil er Neta nicht lange allein lassen wollte. Besonders die Reisen nach Jaffa waren eine große Belastung für ihn.

Im Laufe der Zeit fand er zurück zu seinem Elan und Erfindungsgeist, und es gelang ihm gemeinsam mit Oswald, Mustafa und Pinchas, stabile Kutschen auf den Markt zu bringen, die dem Gelände und den Lebensbedingungen in Palästina noch besser angepasst waren. Diese Reisekutschen verdrängten in den Siebziger- und Achtzigerjahren allmählich andere Beförderungsmittel und wurden ein großer Erfolg. Zwar traten bald auch Juden, Araber und sogar andere Templer auf den Plan, die Oswald Simon und seinen Partnern Konkurrenz machten. Besonders die württembergischen Einwanderer gründeten neue Kolonien und förderten ihre eigenen Interessen, ohne Rücksicht auf das Pionierwerk des Pfarrers zu nehmen. Doch die vier Partner ließen sich dadurch nicht stören. In jener Zeit kamen immer mehr Einwanderer und Pilger ins Land, die den Kutschenverkehr nach Jerusalem und anderen Orten sehr zu schätzen wussten.

Neta beteiligte sich kaum noch an der Arbeit im Kutschengeschäft. Ihr fröhliches Lachen war verstummt, und David fürchtete schon, dass sie in eine tiefe Depression sinken würde. Es fiel ihm schwer, mit ihr zu reden. Er las in ihren Blicken einen Vorwurf, dem er nicht zu begegnen wusste. Bald glaubte er selbst schon, dass er am Tod ihrer Tochter schuld sei. Schließlich hatte er sie in dieses gottverlassene Land verschleppt, in dem kleine Kinder starben wie die Fliegen.

»Warum in aller Welt habe ich mich von dir überreden lassen?«, sagte Neta an einem besonders düsteren Abend. »Hätten wir Odessa doch nie verlassen! Dort wäre Rachel gesund herangewachsen und hätte das Haus mit Leben erfüllt.«

Nach einiger Zeit versuchte David manchmal, mit Neta über ein zweites Kind zu sprechen. Wenn sie nach einem Treffen mit Freunden in gehobener Stimmung nach Hause kamen, lenkte er das Gespräch vorsichtig auf dieses Thema, doch immer wies sie sein Ansinnen entschieden zurück.

»Noch ein Kind? An diesem verfluchten Ort?«, rief sie und fügte bitter hinzu: »Willst du, dass der Kinderfriedhof in Jerusalem noch voller wird?«

Bei allem Verständnis für ihren Schmerz konnte ihr David in diesem Punkt nicht recht geben.

Es dauerte Jahre, bis Netas Lachen wieder durch das Haus schallte. Die gemeinsame Trauer hatte der Liebe zwischen ihr und David jedoch keinen Abbruch getan. Im Gegenteil, sie waren einander mehr denn je verbunden. Neta fühlte das besonders stark. Sie lebte nur noch für ihre Liebe zu David.

»Das war ein schönes Fest«, sagte Neta und hakte sich bei David unter.

Es war ein lauer Sommerabend Anfang September 1875. Sie waren auf dem Heimweg nach einem Besuch bei jüdischen Freunden, die sie zum Beschneidungsfest ihres ersten Sohnes zu sich eingeladen hatten. Die Gassen waren erfüllt von ausgelassener Geselligkeit, als sie über den Hurva-Platz gingen. Aus vielen Häusern drang Musik, die Menschen plauderten und lachten. Die Alten saßen auf den Vorsprüngen der Mauern und genossen die Wärme, die sich in den Steinen gespeichert hatte. Sie sprachen von früheren Zeiten, nur selten von heute und morgen.

Ein etwa fünfjähriges Mädchen balancierte eine leere Schale auf dem Kopf, wohl um der Mutter nachzueifern, die wahrscheinlich ihre Einkäufe so nach Hause zu tragen pflegte. Vor ihr stand ein Knirps in bauschigen, knielangen Hosen, der einen Fez trug und die Hände in Erwachsenenmanier auf dem Rücken verschränkt hatte. Er brach in spöttisches Gelächter aus, als der Kleinen die Schale entglitt.

In einem der steinernen Torbögen schob David seine Frau sanft gegen die Wand, hob ihr Kinn an und küsste sie. Dann flüsterte er ihr zärtlich ins Ohr: »Lass es uns doch noch einmal versuchen.«

Im Mai 1876 – fast zehn Jahre nach Rachels Geburt und vier Jahre nach ihrem Tod – gebar Neta eine weitere Tochter. Mit einer fast trotzigen Entschiedenheit verkündete sie umgehend, das Kind solle Rachel heißen. Als sie den erstaunten Blick ihres Mannes sah, kniff sie die Lippen zusammen und gab ihm zu verstehen, dass sie keine Widerrede dulden würde.

Angesichts ihrer Entschlossenheit wagte David auch keinen Einwand. Er umarmte seine Frau zärtlich, küsste ihre tränenfeuchten Augen und sagte kein Wort. Ihm war klar, dass Netas Idee für beide eine Belastung sein würde. *Es ist das Schicksal der Toten, dass man sie eines Tages vergisst*, heißt es in den jüdischen Quellen.

Wir haben keine Wahl, Rachel muss ihren Platz räumen, dachte David. Ihre Schwester muss ein eigenständiges Leben führen können und darf nicht im Schatten einer Verstorbenen aufwachsen.

In den kommenden Tagen fragte Neta ihren Mann immer wieder, ob er das Baby schon ins Geburtsregister habe eintragen lassen. David antwortete ausweichend, bis Neta nicht mehr darauf bestand.

Schließlich fragte er sie ganz nebenbei, als wäre dieses Thema niemals angesprochen worden: »Ich glaube, es ist an der Zeit, unsere Tochter beim Standesamt anzumelden. Was hältst du von dem Namen Sarah?«

Neta sah ihn entgeistert an und schwieg eine Weile. David fürchtete schon, dass er diesen Vorstoß zu früh unternommen hatte, doch dann sagte sie leise und wie aus einem Traum erwachend: »Ja. Sarah ist ein schöner Name.«

Ein Jahr lang drehte sich Netas Leben nur um ihr neues Kind. Sie musste sich nach und nach von der Angst befreien, auch ihre zweite Tochter zu verlieren.

»Liebster David, ich muss mit dir über etwas Wichtiges reden«, sagte sie eines Abends, als Sarah endlich eingeschlafen war. Sie hängte eine Wolldecke, an die sie zwei Ösen genäht hatte, an die Haken rechts und links vom Fenster, um die kalte Zugluft auszusperren. Am Tag zuvor hatte es geschneit.

Ihre ernste Miene stimmte David besorgt. Ob sie daran denkt, Jerusalem zu verlassen? Womöglich nach Jaffa zu ziehen? Allein der Gedanke an diese überfüllte, lärmende Hafenstadt schreckte ihn.

Dabei verstand er Neta sehr wohl. Sie hatte das Gefühl, in den engen Mauern Jerusalems zu ersticken. »Mir ist klar, dass die Stadttore wegen der Räuber nachts geschlossen werden müssen«, hatte sie einmal zu ihm gesagt. »Ich wüsste auch nicht, wo wir sonst hinsollten, aber das Gefühl, so eingeschlossen zu sein, ist mir nicht angenehm. In all den Jahren, die wir jetzt hier leben, habe ich mich nicht daran gewöhnen können. Du weißt ja selbst, wie isoliert wir in dieser Stadt sind. Man kann sich hier fast nur mit Juden anfreunden, aber die sind – egal, welcher Gemeinde sie angehören – nicht nur erzkonservativ, sondern tiefreligiös. Sie sind viel frömmer als die Juden in Odessa. Wir kennen sie nur oberflächlich und leben hier bis auf ein paar Gleichgesinnte völlig isoliert.«

Neta kannte ihren Mann gut genug, um zu spüren, dass ihre Worte ihn beunruhigten. Sie warf ihm einen der zärtlichen Blicke zu, die ihren Einfluss auf ihn nie verfehlten.

Sie schüttelte den Kopf, dass ihre dunkelblonden Haare flogen. »Ich denke nicht an Jaffa«, sagte sie, »sondern …« Sie hielt inne und schaute David an. »Ich finde, Sarah sollte eine Schwester oder einen Bruder bekommen.«

Als sie Davids überraschtes Gesicht sah, musste sie lachen. Es dauerte einen Augenblick, bis er sich gefasst hatte, doch dann zog er sie in seine Arme und überschüttete sie mit Küssen.

»Ich hätte nicht gewagt, dir das vorzuschlagen«, sagte er, als er wieder zu Atem kam. »Du hast schon mit einem Kind kein leichtes Leben und ...«

»Das stimmt«, fiel Neta ihm ins Wort. »Aber warte, bis ich dir meine zweite Idee erklärt habe. Wir ziehen in eine größere Wohnung in eine der neuen Siedlungen, die außerhalb der Stadtmauern entstehen. Du verdienst ja jetzt mehr mit unserem Kutschendienst, und wir können uns leisten, dass ich mich um das neue Baby kümmere.«

David war außer sich vor Freude. Schon lange hatte er sich ein zweites Kind gewünscht.

»Wo möchtest du denn wohnen?«, fragte er und zog sie an sich.

»Vielleicht hat Mustafa eine Idee«, sagte Neta. »Als ich mich das letzte Mal mit ihm und Raissa unterhalten habe, hat sie gesagt, dass sie gern nach Jerusalem ziehen oder hier wenigstens ein Sommerhaus kaufen würde, wenn es ihnen an der Küste zu heiß ist. Mustafa findet das keine schlechte Idee, weil er sich sowieso immer öfter hier aufhält.« Sie senkte die Stimme, als wollte sie David ein Geheimnis mitteilen. »Die beiden haben auch schon konkrete Vorstellungen von ihrem künftigen Wohnort. Du hast nichts davon gemerkt, weil du so mit deiner Zeitung und deinen Kutschen beschäftigt bist.« Sie stupste ihn leicht mit dem Ellenbogen an. »Sprich mit Oswald«, sagte sie. »Ist dir nicht aufgefallen, dass auch er schon des Öfteren angedeutet hat, dass er nach Jerusalem ziehen will? Der zweitägige Ritt von Haifa hierher fällt ihm immer schwerer. Er hat mir erzählt, dass seine Templerfreunde eine neue Siedlung gründen wollen. Ihrer Meinung nach könnten sie als Gruppe die Sicherheitsprobleme lösen, mit denen man in den Siedlungen außerhalb der Stadt rechnen muss. Sie haben etwas südlich von der Stadtmauer Land gekauft. Deshalb denkt Mustafa darüber nach, das große Gelände zwischen der künftigen Templerkolonie und der Altstadt zu erwerben. Er möchte dort ein vornehmes Stadtviertel für Leute seines Standes gründen.«

»Woher weißt du das alles?«, sagte David erstaunt und mit einem Anflug von Neid. »Ich dachte, du interessierst dich nur für unsere Tochter … ja, und vielleicht auch für meine Artikel.«

»Wenn du manchmal von deinem Schreibtisch aufschauen würdest, könntest du viele Dinge sehen, die in deiner nächsten Umgebung passieren«, sagte Neta, legte die Hand um seinen Nacken und küsste ihn.

5

Jerusalem

– 1881 –

An einem frühen Morgen im August wurde Juval geboren. David wusste sich vor Glück nicht zu fassen. Zwar hatte er Neta während ihrer Schwangerschaft versichert, dass es ihm gleich sei, ob es ein Junge oder ein Mädchen würde, doch insgeheim hatte er sich nach Sarah einen Sohn gewünscht.

Doch damit stellte sich das Problem der Beschneidung. In dem Krankenhaus von Jerusalem, das der Pariser Baron James de Rothschild 1855 gestiftet hatte, wurden Mutter und Kind, sofern sie gesund waren, schon nach zwei Tagen entlassen. Die Beschneidung musste jedoch am achten Tag nach der Geburt stattfinden. David hätte die Zeremonie gern in der großen Synagoge der aschkenasischen Gemeinde abgehalten, aber dafür kam die Familie Zemach nicht infrage. Freidenker wie sie waren nach Ansicht dieser orthodoxen Gemeinde schlimmer als Juden, die sich taufen ließen, denn wer sich endgültig vom Judentum lossagte, steckte wenigstens die anderen Juden nicht mit seinem Unglauben an. Die sephardischen Gemeinden waren zwar wesentlich toleranter, aber auch sie stellten Bedingungen, die von liberalen Juden wie Neta und David nicht erfüllt werden konnten.

Die beiden beschlossen, die Zeremonie bei sich zu Hause stattfinden zu lassen. Diese Möglichkeit bot sich, weil sie vor Kurzem, wie Neta es sich gewünscht hatte, in eine größere, komfortablere Wohnung in Katamon umgezogen waren. Sie hörten sich unter den deutschen und österreichischen Juden um, die zwar nicht wie sie selbst der Religion den Rücken gekehrt hatten, aber liberal und weltoffen waren. Schließlich fanden sie einen Rabbiner, der auch Beschneidungen vornahm.

Mit dessen Erlaubnis wurde die Beschneidung nicht wie üblich am achten Tag, sondern erst dreißig Tage nach der Geburt vollzogen. Neta fragte sich beklommen, ob es für den Säugling nicht schmerzhafter werden würde, je länger man den Akt hinausschob. Sie wollten jedoch die Ankunft einiger Verwandter aus Odessa abwarten, die sich zu dem großen Ereignis angekündigt hatten.

Am Tag der Brit Mila wurde der festlich gekleidete Säugling in den von Kerzen erleuchteten Raum getragen, in dem die Familie und die wenigen Gäste, mit denen sich David und Neta in Jerusalem angefreundet hatten, versammelt waren. Als der Rabbiner das Messer nahm und an ihrem kleinen Bruder den Schnitt vollzog, fiel Sarah vor Schreck in Ohnmacht. Ihr Vater konnte sie gerade noch auffangen. Der Rabbiner steckte dem schreienden Juval seinen Finger in den Mund, den er zuvor in süßen Wein getaucht hatte, und der Säugling schlief sofort ein. Neta seufzte erleichtert, als sie den kleinen Sohn wieder in ihren Armen hielt.

Bei Juvals Beschneidungsfeier war auch die Familie von Oswald Simon vollzählig vertreten. Die Simons hatten fünf Kinder im Alter von fünf bis fünfzehn Jahren, die David und Neta bei diesem Anlass zum ersten Mal trafen. Franz war der Älteste, danach kam seine Schwester Johanna. Es folgten die beiden Brüder, Hans und Christoph, und das Nesthäkchen, Werner. Bis auf ihn glichen alle ihrer blonden, blauäugigen Mutter, die zierlicher und schmaler war als ihr Mann, und hatten auch deren zurückhaltende Art. Durch ihr ruhiges Benehmen fielen sie unter den lebhaften Kindern der Einheimischen ziemlich auf.

Mustafa hatte die Beschneidungszeremonie, die bei den Muslimen im Unterschied zu den Juden wesentlich später vorgenommen wird, mit Interesse verfolgt. Er war mit seiner Frau Raissa und seinem zehnjährigen Sohn Sa'ad erschienen. Raissa hatte ein wenig schräg stehende dunkle Augen und einen breiten Mund, der gerne lächelte. Sa'ad ähnelte mehr seinem Vater als der Mutter.

Die Gäste unterhielten sich auf Deutsch, Arabisch und Französisch, bis auf einige Juden, die Jiddisch sprachen. Oswalds Kinder spitzten die Ohren, als sie zum ersten Mal eine Sprache hörten, die sie für einen deutschen Dialekt hielten und doch kaum verstehen konnten.

Die Familie Zemach wohnte nun in Katamon, der von Mustafa gebauten Siedlung in der Nähe eines griechisch-orthodoxen Klosters außerhalb der südlichen Stadtmauer. Als rühriger Geschäftsmann hatte er es verstanden, den Traum vieler Einwohner zu verwirklichen, die der Enge der Altstadt entfliehen wollten. Inspiriert hatten ihn dabei die Templer, die ebenfalls eine neue Siedlung bauten. Mustafa hatte wohlhabende muslimische und auch einige christliche und jüdische Investoren für sein Projekt gewonnen. Auch Juden begannen, sich vor der Stadt anzusiedeln. Das moderne Viertel zog so viele Menschen an, dass man sich auch außerhalb der Mauern sicher fühlen konnte.

Die Initiative der Templer war nicht nur religiös motiviert. Aus logistischen Gründen und der Bequemlichkeit halber hatten sie sich zunächst im Norden an dem natürlichen Hafen von Haifa niedergelassen. Doch das Hauptziel der frommen Templer war natürlich Jerusalem, die Gottesstadt. Außerdem lag Haifa viel zu weit weg von der Straße zwischen Jaffa und Jerusalem, wo die Mehrzahl der Kutschen verkehrte, die nicht nur seine Haupteinnahmequelle waren, sondern auch für die anderen Templer wirtschaftlich immer wichtiger wurden. Jaffa würde die wichtigste Hafen- und Handelsstadt im Land bleiben, und die Strecke zwischen Jaffa und Jerusalem war die zentrale

Verkehrsachse im Land, nicht nur für Pilger und Touristen, sondern auch für den Handel. Für die Templer war es also an der Zeit, sich in der Heiligen Stadt niederzulassen, wobei sich religiöse und wirtschaftliche Motive auf ideale Weise verbanden.

Oswald und seine Templerfreunde hatten Arabern ein Gelände abgekauft, das einige Hundert Meter südlich der Stadtmauer in einem Tal mit dem biblischen Namen Emek Refa'im lag. Die neue Siedlung war wie nahezu die gesamte Altstadt aus Jerusalemer Stein, einem weißen Kalkstein, gebaut und nicht aus Holz wie viele andere Templergründungen, in denen die Bautraditionen ihrer württembergischen Heimat vorherrschten.

Oswald war bester Laune, als er im Oktober 1881 samt seiner Familie und dem gesamten Hausstand auf Karren in Jerusalem ankam, um sich in der Deutschen Kolonie niederzulassen. Auch seine Frau und die Kinder wirkten erleichtert, nachdem sie den beschwerlichen Ritt von Haifa über Nablus nach Jerusalem hinter sich gebracht hatten. Dieser Weg war noch nicht für den Kutschenverkehr ausgebaut und musste noch immer zu Pferd zurückgelegt werden. Die Familie Zemach unterstützte die Simons tatkräftig beim Einzug, während Pinchas, wie immer elegant gekleidet, im Schatten einer Zeder saß und Anweisungen gab.

Es war noch nicht alles an Ort und Stelle, als Oswald eine Woche später Besuch von Jakob Singer bekam, einem Pfarrer der Templergemeinde aus Stuttgart, den er vor seiner Auswanderung nach Palästina kennengelernt hatte. Es wurde ein freudiges Wiedersehen. Seit Jahren hatte die Familie Simon keine direkte Verbindung zu ihrer Heimat gehabt. Zeitungen waren kaum zu bekommen, und gegenseitige Besuche zwischen den Kolonisten in Palästina und den württembergischen Templern waren recht selten. Wenn sie stattfanden, so spielten sie sich in Kreisen ab, mit denen Oswald keinen Kontakt hatte. Die Familie und der Gast tauschten Erinnerungen aus, erzählten Geschichten und Erlebnisse und tranken fröhlich auf das Wohl des Königs von Württemberg.

»Und was gibt es Neues aus der Heimat?«, fragte Oswald, während Gertrud Wein nachschenkte.

»Ihr wisst natürlich, dass vor zehn Jahren das Deutsche Reich gegründet und der preußische König zum deutschen Kaiser proklamiert wurde«, sagte Singer. »Die Österreicher sind draußen.«

Oswald und Gertrud nickten.

»Aber war das nicht mehr ein zeremonieller Akt als ein revolutionäres Ereignis?«, fragte Oswald.

»Am Anfang schon«, entgegnete Singer. »Die deutschen Fürsten haben regiert wie zuvor. Die lokalen Währungen und die Streitkräfte der Königreiche und Fürstentümer durften weiterhin bleiben. Das neue Kaiserreich war nur eine Konföderation unabhängiger Staaten, die fortan einen besseren Stand gegen gemeinsame Feinde wie Frankreich gewährleistete. Kaiser Wilhelm I. in Berlin? Eine Symbolfigur, ein Primus inter Pares wie einst die Kaiser im Heiligen Römischen Reich, das Napoleon damals ganz einfach aufgelöst hat.«

»Es sei weder kaiserlich noch römisch und ganz gewiss nicht heilig, hat er gesagt.« Oswald hatte eine sehr dezidierte Meinung über Napoleon, und sie war nicht nur negativ.

»Aber nun hat sich die Lage geändert«, fuhr Singer fort. »Zunächst waren noch keine großen Änderungen zu spüren, aber jetzt bahnen sich neue Entwicklungen an. Die Autonomie der Königreiche und Fürstentümer ist Reichskanzler Bismarck ein Dorn im Auge. Unser schönes Württemberg wird allmählich zu einem Vasallenstaat Preußens«, schloss der Gast grimmig.

Am nächsten Tag machte David früh Feierabend und beschloss, auf dem Heimweg in der Deutschen Siedlung vorbeizuschauen. In der Redaktion war nicht viel zu tun gewesen, und er wollte sehen, ob die Familie Simon noch Unterstützung brauchte.

Die Abendsonne fiel schräg in die engen Gassen und zog die Schatten in die Länge. David verließ die Stadt durch das Zionstor und trat hinaus ins Freie. Es war noch immer recht warm, und der Himmel spannte sich weit über den Horizont. Er zog die Jacke aus und hängte sie sich über die Schulter.

Als er Oswalds neues Haus betrat, führte ihn Gertrud gleich in den Innenhof.

»Er ist niedergeschlagen«, sagte sie leise.

David, der den Grund nicht kannte, grüßte den Freund und ließ sich schweigend neben Oswald nieder, der mit abwesendem Blick in seinem Korbsessel saß.

»Willst du es mir erzählen?«, fragte David nach einer Weile.

Oswald hob ruckartig den Kopf und musterte ihn wie einen Fremden. Dann schüttelte er den Kopf, als wolle er Ordnung in seine Gedanken bringen, und berichtete David mit stockenden Worten, welch unwillkommene Nachrichten sein Glaubensbruder aus der Heimat mitgebracht hatte.

David schaute ihn an. »Lieber Freund«, sagte er, »du hast dich doch dem Himmelreich verschrieben, das uns im Heiligen Land näher ist als irgendwo sonst auf der Welt. Was kümmert dich die Macht eines irdischen Königs im fernen Deutschland?«

»Du hast ja recht«, entgegnete Oswald und sah mit finsteren Blicken zu Boden.

David merkte, dass seine Trostsprüche nichts fruchteten. Um seinen Freund abzulenken, beschloss er, das Thema zu wechseln. »Neta hat mich gebeten, dich und deine Familie zum Abendessen einzuladen. Wir haben uns in unserem neuen Haus noch nicht ganz eingerichtet, aber als alteingesessene Jerusalemiten würden wir uns freuen, euch unter unserem Dach willkommen zu heißen.«

Jetzt sah Oswald schon etwas freundlicher aus. »Gern«, sagte er. »Wir sind sehr neugierig, wie's bei euch aussieht.«

Neta kam Davids spontane Einladung zum Abendessen nicht ganz so gelegen. »Du hättest mich vorher fragen können«, murrte sie. »Wo soll ich so schnell ein Essen herzaubern?«

Aber als ihr David von Oswalds Kummer erzählte, lenkte sie ein. Sie verstand, dass er den Freund hatte aufmuntern wollen.

»Aber wie soll ich die vielen Gäste bewirten?« Sie verschränkte die Arme und sah ihn an. »Mit einem kleinen Kind und einem Säugling, der noch gestillt werden muss?«

»Ich verspreche dir, die Einkäufe zu erledigen, die Wohnung herzurichten und dir in jeder Weise zur Hand zu gehen«, sagte David und trat auf sie zu.

Sie winkte nur lächelnd ab. Was konnten Männer schon helfen? Die meiste Arbeit blieb doch immer an ihr hängen.

Kurz darauf hörte sie ein leises Klopfen an der Tür. Als sie öffnete, standen die beiden älteren Kinder der Familie Simon, Franz und Johanna, mit verlegenen Gesichtern vor ihr. Sie reichten Neta einen Brief ihrer Mutter. In den wenigen französischen Zeilen, in die sich einige Schreibfehler eingeschlichen hatten, dankte Gertrud der Familie Zemach für die Einladung und bot Neta an, die Mahlzeit mit ihr gemeinsam zuzubereiten. Sie könne auch beim Servieren und beim anschließenden Säubern der Küche und der Wohnung helfen. *Ich bin es gewöhnt, für viele Leute zu kochen*, schrieb sie, *und ich habe keinen Säugling zu versorgen*. Am Schluss bedankte sie sich nochmals sehr herzlich für die Einladung. Neta zog die Stirn kraus.

»Ist das bei den Deutschen so üblich, oder ist das Frau Simons Stil?«, fragte sie David, doch der zuckte nur mit den Schultern.

Der Abend wurde in jeder Hinsicht ein Erfolg. Gertrud beteiligte sich tatkräftig an den Vorbereitungen, und die Kinder halfen beim Servieren, Abdecken und Geschirrspülen. Das alles geschah in fröhlicher Stimmung und mit viel Gelächter. Als David am Ende der Mahlzeit einen Toast auf den Kaiser der Deutschen und den König von Württemberg ausbrachte, erhoben auch Oswald und Gertrud die Gläser. Insgeheim war David sehr stolz darauf, dass er eine innerdeutsche Versöhnung zustande gebracht hatte …

Es sollte nicht bei diesem einen festlichen Abendessen bleiben. Eine Woche darauf luden die Simons David und Neta mit ihren Kindern zur Einweihung ihres neuen Heims ein. Das streng wirkende Haus mit seinem gewaltigen Ziegeldach war größer als die Wohnung der Familie Zemach und mit schweren deutschen Möbeln aus Württemberg ausgestattet, die besser zur Berglandschaft Jerusalems passten als zu dem feuchtheißen Küstenklima der Hafenstadt Haifa.

Zum Einweihungsessen kam auch Mustafa mit seiner Frau Raissa und dem Sohn Sa'ad. Pinchas erschien wie immer allein. Diese gemeinsamen Mahlzeiten wurden bald zur Tradition bei den vier Partnern des Kutschenprojekts. Die gemeinsame Sprache war ein holpriges Französisch, das mit eingestreuten deutschen, jiddischen, spaniolischen und arabischen Brocken nach und nach zum privaten Idiom des Freundeskreises wurde.

Die jüdische Gemeinschaft des Landes wuchs ständig. Die Lage der Juden in Russland wurde zunehmend schwierig. Viele verließen das Zarenreich und wanderten nach Mittel- und Westeuropa oder Amerika aus. Andere versuchten, nach Palästina zu gehen. Aber das erwies sich zunehmend als kompliziertes und oft unmögliches Unterfangen. Die Türken verwehrten den Juden die Einwanderung und erlaubten ihnen nicht, Häuser, Grundstücke oder anderen Besitz zu erwerben. Dennoch wanderten bei der ersten großen Einwanderungswelle bis Anfang des 20. Jahrhunderts zwischen 20 000 und 30 000 Juden aus Osteuropa, Russland, Rumänien und dem Jemen nach Palästina ein. Man nannte es die »Alija«, was so viel wie »Aufstieg« bedeutet.

Davids und Netas Verwandte lebten im Umkreis von Odessa in Städten mit einer großen jüdischen Bevölkerung. Viele Söhne der Familie Baum mussten jahrzehntelang in der Armee dienen, andere wurden im Zuge der immer wiederkehrenden Pogrome umgebracht, eingesperrt oder ausgeraubt. David und Neta erhielten Post von ihren Angehörigen über den Kurierdienst des russischen Konsulats in Jerusalem, das seine jüdischen Staatsbürger weitaus besser behandelte als die Regierung in St. Petersburg. Die in Jerusalem lebenden Juden und Nichtjuden, die russische Pässe besaßen, stärkten den Einfluss des Konsulats in der Stadt und darüber hinaus im Osmanischen Reich.

David und Neta machten sich diese Situation zunutze. Sie korrespondierten nicht nur über die Kurierpost mit ihren Familien, sondern baten das Konsulat auch, sich bei den osmanischen Behörden für die Ausstellung von Einreisepapieren für ihre Angehörigen einzusetzen. Doch bald schlug die Stimmung um. Die türkischen Beamten machten den jüdischen Flüchtlingen, die als »russische Touristen« per Schiff aus Odessa kamen, immer mehr Schwierigkeiten, die oft auch durch üppige Bestechungsgelder nicht ausgeräumt werden konnten. Die Vorschriften aus Istanbul wurden ständig verschärft.

Neta und David wussten keinen Rat mehr. Einige ihrer Verwandten waren noch nicht nach Palästina gelangt. Sie sollten mit russischen Schiffen kommen, doch sie hatten keine türkischen Einreisegenehmigungen. »Wie sollen sie einwandern?«, fragte Neta. »Sie werden doch gleich wieder nach Russland geschickt!«

Pinchas, der ebenfalls Sorgen um Verwandte aus Russland hatte, wollte ihnen helfen und versuchte, die zuständigen Beamten zu bestechen. Zu seinem Leidwesen erreichte er nicht viel und verlor außerdem eine Menge Geld. Schließlich war es Mustafa, der Rat wusste. Da er aus Jaffa stammte, hatte er Verbindungen zu organisierten Menschenschmugglern in der Hafenstadt, in der sich das Einschleusen unliebsamer Einwanderer dank des korrupten Systems zu einem einträglichen Geschäft entwickelt hatte. Er nahm es auf sich, die Angehörigen seiner Freunde in die Stadt einzuschmuggeln.

Einen Tag vor der Ankunft des russischen Schiffs, mit dem sein Cousin Sergej landen sollte, fuhr David nach Jaffa, um ihn in Empfang zu nehmen. Der junge Mann war das Versuchskaninchen für Mustafas Schmuggelsystem. In aller Frühe stieg David in eines der Boote, die Waren von dem russischen Schiff in den Hafen brachten. Mustafa hatte einen der Matrosen auf dem großen Frachter bestochen, doch David merkte bald, dass auch die drei Hafenarbeiter im Boot eingeweiht waren. Offenbar hatte er es mit einer erfahrenen Schmugglerbande zu tun. Natürlich verlangten auch sie ein Bakschisch. David, als Hafenarbeiter verkleidet, hatte zum Glück gewusst, was ihn erwartete, und einiges Geld eingesteckt.

Als sie das Schiff erreichten, ging David mit seinen Begleitern an Bord. Nervös lief er zwischen den Passagieren und den Matrosen herum, welche die Ladung aus dem Schiffsbauch heraufschleppten und achtlos aufs Deck warfen. Erst jetzt fiel ihm ein, dass er nicht genau wusste, wie Sergej aussah. Was ist, wenn wir uns nicht wiedererkennen?, fragte er sich. Er hatte Sergej schon lange nicht mehr gesehen, und sie hatten sich beide doch sicher verändert. Auch in Russland hatten sie sich nur selten getroffen. Bei diesem Gedanken brach ihm kalter Schweiß aus. In diesem Augenblick klopfte ihm jemand auf die Schulter. Hinter ihm stand Sergej und strahlte über das ganze Gesicht. Auch er hatte gefürchtet, David in dem heillosen Chaos an Deck nicht zu finden.

»Dimitrij!«, rief er freudig. »Ach, verzeih mir, David! Ich habe auf dich gewartet wie auf den Messias …«

»Aber dann bin ich doch noch gekommen«, erwiderte David und nickte vorsichtig. Er wollte kein Aufsehen erregen.

Der Matrose, der Sergej an Land schmuggeln sollte, wurde schon ungeduldig. Davids Cousin war zum Glück eher schmächtig, was die Arbeit erleichterte. Trotzdem drängte der Matrose zur Eile. Sie mussten verschwinden, bevor sich das Deck leerte und jemand auf sie aufmerksam wurde. Zum Glück hatte Sergej sein bescheidenes Gepäck schon entdeckt und an sich genommen. Der Matrose warf Sergej einen Arbeiterkittel über. Dann liefen die drei Männer zu der Strickleiter, die von der Reling herabhing, kletterten hinunter und stiegen in das Boot, das die drei Komplizen inzwischen beladen hatten. Sergej musste sich hinlegen und wurde mit Zucker- und Reissäcken zugedeckt.

»Was macht ihr da?«, rief David erschrocken. »Wollt ihr ihn umbringen? Er wird noch ersticken!«

»Keine Sorge«, sagte der Matrose. »Wir haben Erfahrung. Bequem wird es Ihr Freund nicht haben, aber er wird heil ankommen. So viel Gewicht haben die Säcke gar nicht.«

Ein anderer sagte grinsend: »Wir wollen doch, dass Sie uns noch mehr Kunden bringen! Zwischen den Säcken kommt genug Luft durch.«

»Wie sähe das aus, eine Leiche zwischen den Nahrungsmitteln?«, sagte der dritte. »Die müssten wir ja beseitigen. Stellen Sie sich vor, wie viel Mühe das macht!«

David war nicht zum Lachen zumute. Er verfolgte das Geschehen mit zusammengepressten Lippen.

Die Erfahrung der Hafenarbeiter zahlte sich aus. Sergej kam heil, wenn auch staubig und verängstigt in Jaffa an. Die Arbeiter luden die Säcke mitsamt dem jungen Mann in einen Lastkarren, der schon bereitstand und sie zu einem Lager außerhalb des Hafens brachte.

Als sie dort ankamen, riss David die obersten Säcke hastig auseinander, um Sergej zu befreien. Die Arbeiter fluchten, weil sie fürchteten, dass der unerfahrene Schreiberling aus Jerusalem womöglich die Säcke aufreißen würde, doch inzwischen war Sergej schon aufgetaucht. Geschafft! Ohne sich den Staub aus dem Gesicht zu wischen und seine Kleider auszuklopfen, stürzte er sich mit Küssen und Umarmungen auf seinen Cousin.

6

Jerusalem

– 1882 –

Der Hohen Pforte entging die illegale Einwanderung aus Europa natürlich nicht. Die Zahl der Juden in Palästina schien täglich zu wachsen, und die Kontrollen in den Häfen wurden im gleichen Maße verschärft.

»Was sollen wir machen?«, fragte David seinen älteren und erfahrenen Freund Pinchas. »Wenn das so weitergeht, kommen kaum noch Einwanderer rein. Nur wenige schaffen es, für Kinder und alte Leute gibt es kaum Möglichkeiten. Familien können wir gar nicht ins Land holen!«

Sie saßen um die Mittagszeit im Schatten auf der Terrasse, die sich zum Garten hin über die ganze Länge des Gebäudes erstreckte, und genossen den leichten Wind, der die Hitze etwas erträglicher machte. Pinchas hatte sich ein Kissen untergelegt, damit sein heller Leinenanzug keinen Schaden nahm. Auf dem Weg zur Redaktion hatte David einem Jungen ein paar Orangen abgekauft. Er schälte eine Frucht mit seinem Taschenmesser, teilte die duftende, saftige Kugel und reichte seinem Chef eine Hälfte.

»Nur die Ruhe«, sagte Pinchas. »Das wird bald vorbei sein. Die türkische Regierung kann gegen korrupte Beamte und Militärs nicht viel unternehmen. Wovon sollen die Leute denn leben, wenn nicht von Bestechung? Von ihren lächerlichen Gehältern, die oft nicht mal ausgezahlt werden? Wenn die Regierung der Korruption Einhalt gebieten wollte, müsste sie den spärlichen Sold rechtzeitig rausrücken und ab und zu einen

Bonus drauflegen. Das kann sie aber auf Dauer nicht. Bald kommen die Gelder aus Istanbul wieder mit Verspätung, und an jeder Hand, die sie weiterleitet, bleibt etwas hängen. Der alte Schlendrian fängt von vorne an, und alle sind zufrieden«, setzte er mit einem Lächeln hinzu.

»Alle außer den Hafenarbeitern«, warf David ein.

»Um die brauchst du dir keine Sorgen zu machen«, erwiderte Pinchas. »Sie kennen tausend Wege, um den Reisenden und Händlern Geld abzupressen.«

»Wir leben ja wirklich in einer vorbildlichen Gesellschaft«, bemerkte David in sarkastischem Ton.

»Richtig!«, rief Pinchas und klopfte ihm auf die Schulter, als wollte er sagen: Endlich hast du begriffen. Aber Davids bitteres Lächeln war ihm nicht entgangen. »Hör mal, lieber Freund«, sagte er, »du lebst schon lange in diesem Land, aber du hast die Spielregeln immer noch nicht begriffen. Ich werde dir eine Geschichte erzählen: Vor vielen Jahren herrschte ein großer Sultan in Istanbul. Eines Tages reiste er zum ersten Mal ins Ausland und kam im Laufe der Reise auch nach Paris. Wie groß war sein Erstaunen, als er am Abend durch die Straßen ging und alles beleuchtet war. ›Die Sonne war längst untergegangen‹, erzählte der Sultan nach seiner Rückkehr, ›und die Straßen waren taghell erleuchtet! So soll auch meine Hauptstadt aussehen!‹ Er bestellte den Großwesir zu sich, gab ihm eine Million Golddukaten und sagte: ›Sorgt dafür, dass wir auch eine solche Beleuchtung in unserer Hauptstadt bekommen.‹ ›Euer Herrlichkeit Wunsch ist mir Befehl‹, sagte der Minister und ging mit dem Geld nach Hause. Er rief den Oberbürgermeister zu sich, erklärte ihm den Plan des Sultans und gab ihm eine halbe Million Dukaten. ›Sorgt dafür, dass der Wunsch des Sultans unverzüglich erfüllt wird‹, sagte er. ›Selbstverständlich, Herr Minister‹, erwiderte der Oberbürgermeister und steckte das Geld in seinen Schreibtisch. Er bestellte den Polizeichef von Istanbul zu sich, teilte ihm den Wunsch des Sultans mit und überreichte ihm hunderttausend Dukaten. ›Ihr könnt euch auf mich verlassen‹, versicherte der Beamte, sackte das Geld ein und rief alle Polizisten der Hauptstadt zusammen. Er verkündete, dass der Sultan eine Straßenbeleuchtung wünsche, und verteilte fünfzigtausend Dukaten an seine Untergebenen. Jeder Polizist kehrte in seinen Bezirk zurück, ging von Tür zu Tür und befahl den Einwohnern, bei Sonnenuntergang eine Laterne in jedes Fenster zu hängen. ›Wenn ihr die Laternen nicht aufhängt, wird man euch hängen!‹, drohten die Polizisten. Am Abend verließ der Sultan den Palast, ging in der Stadt spazieren und freute sich über die beleuchteten Straßen. Jeder bekam, was er wollte, und alle waren zufrieden. Was ist eigentlich so schlecht an diesem System?«, sagte Pinchas und brach in dröhnendes Lachen aus, als er Davids verblüfftes Gesicht sah.

Entgegen Davids Befürchtungen kamen trotz aller Beschränkungen immer mehr Juden nach Jerusalem und in die übrigen Teile des Landes. In der Küstenebene gründeten die Juden, die aus der Enge des traditionellen jüdischen Lebens in Jerusalem, Safed und Tiberias hinausstrebten, zahlreiche Dörfer und betrieben systematische Landwirtschaft. Mit der großzügigen Unterstützung des Pariser Barons Edmond de Rothschild entstanden immer mehr solche Kolonien.

Im Jahr 1882 pflanzten jüdische Siedler aus Osteuropa mit Hilfe des Barons in Rishon LeZion, südöstlich von Jaffa, die ersten Weinstöcke an und gründeten eine Weinkellerei. Sie hatten französische Rebsorten importiert, und Rothschild schickte einige seiner Winzer und Kellermeister nach Palästina. Das Geschäft mit dem Wein war so erfolgreich, dass später eine zweite Kellerei in Zikhron Ya'akov, im Carmelgebirge südlich von Haifa, aufgebaut wurde.

Zu jener Zeit war auch ein junger Idealist namens Elieser Ben Jehuda nach Jerusalem gekommen, der sein Leben der Wiederbelebung und Modernisierung des biblischen Hebräisch gewidmet hatte. Sein Traum war, das Hebräische zur Alltagssprache der palästinensischen Juden zu machen. Sein Vorhaben fand in Jerusalem wenig Beifall, wurde aber in den neuen Siedlungen begeistert aufgenommen. Die jungen Pioniere begannen, Hebräisch zu sprechen. Sie sahen in Ben Jehuda nicht nur ihren Lehrer und Mentor, sondern fast so etwas wie einen Propheten. Zu den wenigen Jerusalemer Juden, die sein Wirken rückhaltlos unterstützten, gehörten natürlich auch Pinchas Goren und die Familie Zemach.

David vertiefte sich immer mehr in die Entwicklung der Pressearbeit und der neuhebräischen Sprache. Ben Jehudas Enthusiasmus ermutigte ihn, sich wieder zunehmend mit Schreiben und Redigieren zu befassen. Mit der Zeit übernahm Neta einen Teil seiner Aufgaben in der Partnerschaft mit Pinchas, Mustafa und Oswald. Sarah und Juval wuchsen heran und kamen in die Schule. Nach dem Unterricht nahmen sie an einem Hebräisch-Kurs teil, der von Ben Jehuda organisiert und geleitet wurde. Auf diese Weise hatte Neta mehr Zeit für andere Dinge.

Als Sarah zwölf Jahre alt wurde, schrieb man das Jahr 1888. Ihre Eltern hatten beschlossen, ihre Bat-Mizwa, die Aufnahme der Mädchen in die jüdische Gemeinde, zu feiern, obwohl die konservativen Juden in Jerusalem der religiösen Mündigkeit von Mädchen wenig Beachtung schenkten, während die Bar-Mizwa der Jungen auf der Schwelle zum dreizehnten Lebensjahr mit viel Aufwand gefeiert wurde. Selbst in Sarahs relativ aufgeschlossener Schule kannte man keine Bat-Mizwa-Feiern. Neta stellte fest, dass sie als Einzige auf diese Idee gekommen war.

Zu Sarahs Bat-Mizwa kamen nicht nur ihre Mitschülerinnen, sondern auch die Kinder der Familien, mit denen ihre Eltern befreundet waren, darunter auch die der Familie Simon. Neta war stolz auf ihre schöne Tochter, die an diesem festlichen Tag besonders strahlend aussah. Das Mädchen hatte blaue Augen und blonde Haare wie ihre Mutter, obwohl ihr Haar heller war als das von Neta. »Früher hatte ich auch ganz blonde Haare«, sagte Neta auch prompt. »Die sind später erst dunkler geworden.«

»Seht euch nur an, wie groß sie ist für ihr Alter«, fügte sie mit gespielter Besorgnis hinzu. »Wo soll das noch hinführen? Dass Sarah mir über den Kopf wächst, macht mir nichts aus. Aber wo sollen wir einen Bräutigam für sie finden? Da müssten wir schon die isländischen Juden nach Palästina holen …«

Auch an diesem Festtag fiel Neta auf, was sie schon seit einiger Zeit beobachtet hatte: Sarah und Werner, Oswalds jüngster Sohn, tauschten verschämte Blicke, die von leichtem Erröten und einem kaum merklichen Lächeln begleitet waren. Sie fragte sich, ob die Kinder sich heimlich trafen. Aber wo? Sie dachte nicht daran, dass die beiden allein zur Schule gingen und sich vermutlich auch nach dem Unterricht noch eine Weile herumtrieben, bevor sie nach Hause kamen. Seltsam, dachte sie, in letzter Zeit ist Sarahs Französisch viel besser geworden. Sie ist keine schlechte, aber auch keine besonders gute Schülerin. Woher kommt plötzlich dieses Interesse an der französischen Sprache? Der Gedanke ließ ihr keine Ruhe.

Sie ging zu Gertrud, die mit einem Glas in der Hand fröhlich plaudernd mit Raissa am Fenster stand, und zupfte sie am Ärmel.

»Ich habe eine indiskrete Frage«, begann sie zögernd.

»Kein Problem«, erwiderte Gertrud und sah sie neugierig an. »Indiskrete Fragen gibt es nicht, nur die Antworten sind manchmal indiskret.«

»Ich wollte dich fragen, ob dein jüngster Sohn in der Schule Fortschritte im Französischen macht.«

»Wolltest du nicht eher fragen, ob er so viele Rechtschreibfehler macht wie ich?«, entgegnete Gertrud lachend. »Nein, tut er nicht. Wenn er so schlecht Französisch könnte wie ich, würde er sich nicht trauen, heimlich mit eurer Sarah zu korrespondieren …« Sie unterbrach sich, als sie Netas erstauntes Gesicht sah.

»Oho«, sagte Neta, »es wissen also alle Bescheid außer mir?«

»Die Kinder sind überzeugt, dass niemand etwas davon weiß«, erwiderte Gertrud.

In der Nacht fand Neta keinen Schlaf. Sie wälzte sich unruhig hin und her.

David dreht sich zu ihr. »Was ist mit dir?«, murmelte er.

»Es ist wegen Sarah und Werner«, sagte Neta.

»Sarah und Werner?«

»Was soll mit ihnen sein?«

»Sie schreiben sich heimlich Briefe!«

»Na und?«

»Ja, begreifst du denn nicht? Was sollen wir tun, wenn sich da eine Liebesgeschichte entwickelt? Kannst du dir vorstellen, wie unsere jüdischen Freunde darauf reagieren würden? Nicht genug damit, dass wir keinen religiösen Lebenswandel führen und uns in der Synagoge nie blicken lassen, wir geben unsere Tochter auch noch einem Goi!«

David umarmte und streichelte sie. »Mach dir keine Sorgen! Sie sind noch Kinder. Werner wird sich noch mit vielen Mädchen anfreunden, und Sarah wird auch einige Jungen kennenlernen, bevor sie ans Heiraten denken kann.«

»Ja, natürlich«, sagte Neta und drehte sich auf die Seite. Aber einschlafen konnte sie trotzdem nicht.

Auch Gertrud machte sich ihre Gedanken. Sie wusste, dass Oswald von der Annäherung zwischen den beiden Kindern nichts mitbekommen hatte. Er achtete nicht darauf, was in Werner vorging. Und selbst wenn er etwas gemerkt hätte, würde er es nicht ernst nehmen.

Aber ernst war es Sarah und Werner durchaus. Im Lauf der Zeit wurde die Beziehung immer enger und leidenschaftlicher. Ab und zu stritten sie sich und beschlossen, nie wieder miteinander zu reden. Aber das hielten sie nie lange aus.

7

Jerusalem

– 1889 –

Über kurz oder lang wird die Eisenbahn auch nach Palästina kommen«, sagte Mustafa nach ihrem traditionellen gemeinsamen Essen, zu dem sich die Familien diesmal in der Deutschen Kolonie bei den Simons getroffen hatten. »Und was wird dann aus unseren Diligencen?« Er nippte an seinem Mokka. »In meinen Augen ist Ägypten der modernste Staat im Nahen Osten, der sogar die Türkei in den Schatten stellt.«

Es war ein kühler Abend im Januar 1889, und alle waren froh gewesen, als sie in Oswalds behaglichem Haus saßen.

David nickte. »Als wir den Kutschendienst eingerichtet haben, galt das als Neuerung, aber Ägypten war damals schon weiter.«

»Die hatten schon Ende der Vierzigerjahre die erste Eisenbahn«, sagte Mustafa. »Und wir? Auf welchem Stand waren wir damals? Wenn wir irgendwohin wollten, mussten wir reiten. Die Erfindung des Rades war offenbar in Vergessenheit geraten. Wir hatten nicht einmal Streichhölzer! In meinem Elternhaus wurde der Herd noch mit Feuersteinen angezündet.«

»Ein Leben ohne Streichhölzer hätten wir uns in Odessa nicht vorstellen können!«, rief Neta.

»Trotzdem, meine Freunde«, sagte Mustafa in seinem gutturalen Französisch, »der Fortschritt ist auch in unserem Land nicht aufzuhalten. Vor zwanzig Jahren galt der Kutschenverkehr bei uns noch als Traum, der Wirklichkeit wurde, aber wir müssen uns darauf vorbereiten, dass diese Ära zu Ende geht.«

»Wieso?«, warf David ein. »Wir haben doch hier kein anderes Verkehrsmittel!«

»Und das hat seine Gründe«, erwiderte Mustafa. »Wir können uns nicht mit Ägypten vergleichen. Da leben fünf Millionen Menschen, eine Million allein in Kairo, darunter viele Europäer, die ihren europäischen Lebensstandard mitgebracht haben. Und was haben wir? Einige hunderttausend Fellachen und Beduinen, die nicht gerade erpicht sind auf moderne Technologien, ein paar Tausend arabische Christen, ein paar mehr muslimische Stadtbewohner, ein paar Hundert Ausländer und fünfzigtausend Juden, die fast alle in Jerusalem, Hebron und Safed wohnen. Dazu kommen natürlich noch tausend Templer«, fügte Mustafa, an Oswald gewandt, hinzu. »Allerdings«, fuhr er fort, »wächst auch unsere Bevölkerung, sowohl durch natürliche Vermehrung als auch durch Zuwanderung. Die Anzahl der Araber, Juden, Templer und anderer Einwohner steigt ständig.«

»Jetzt übertreib mal nicht, Mustafa«, entgegnete Oswald. »Wir sind nur ein paar Hundert.«

»Und wie viele wart ihr, als wir unsere Partnerschaft gegründet haben?«, fragte Mustafa. »Vielleicht ein paar Dutzend. Ich weiß, dass heute über tausend Templer hier leben … und das ist erst der Anfang.«

Oswald wollte ihn unterbrechen, um darzulegen, dass seine Glaubensbrüder keine demografische Gefahr für die Einheimischen darstellten, aber Mustafa winkte augenzwinkernd ab. »Wir schweifen vom Thema ab. Wir sind zwar ein kleines, primitives Land, aber wir sollten schon allein wegen der wachsenden Bevölkerung nicht hinter anderen Ländern zurückbleiben und auf moderne Verkehrsmittel verzichten. Die Zukunft gehört dem Schienenverkehr. Ja, ihr Lieben, der Tag ist nicht fern, an dem wir von Ägypten mit dem Zug nach Jerusalem fahren können. Wir müssen uns nur dem Fortschritt anschließen und seine Chancen erkennen und ergreifen, anstatt hinterherzuhinken.«

»Für so etwas bin ich zu alt«, ließ sich Pinchas vernehmen, der bisher geschwiegen hatte. Er drehte den Stiel seines Weinglases. »Ich gehe schon auf die siebzig zu. Früher, ja, da habe ich mich für den Fortschritt begeistert. Ich habe noch vor zwanzig Jahren eine Druckerei gegründet und eine Zeitung herausgegeben. Beides galt in Jerusalem als bahnbrechende Neuerung. Dann habt ihr mich überzeugt, in den Kutschenverkehr zu investieren. Wir waren erfolgreich und progressiv, und ich bin euch dankbar für all die Jahre der treuen Partnerschaft. Aber ich bin nicht mehr derselbe. Seht mich an – ich bin fast kahl, mein Bart ist grau, und mein Gesicht voller Falten. Nein, meine Herrschaften, ich lasse mich nicht mehr auf neue Abenteuer ein, und Erben habe ich auch keine. Hier trennen sich unsere Wege … aber lasst uns weiterhin Freunde bleiben.«

»Niemand redet von einem neuen Abenteuer«, sagte David. »Wir führen nur ein theoretisches Gespräch über die Zukunft des Landes.« Doch man sah ihm an, dass er selbst nicht glaubte, was er da sagte.

Oswald schwieg. Auch er war nicht mehr der Jüngste, doch er dachte an die nächste Generation. Seine Kinder, die zum Teil schon selbst Familien hatten, würden vielleicht eines Tages den Templerkolonien und der Glaubensgemeinschaft den Rücken kehren. Auch sie würden dem unwiderstehlichen Sog des Fortschritts und der Moderne erliegen. Vielleicht bot Mustafas Zukunftsvision ihnen neue Möglichkeiten.

Bevor die Freunde sich trennten, wandte sich Neta an Mustafa und fragte ihn so leise, dass David sie nicht hören konnte: »Ich würde gern etwas mit dir unter vier Augen besprechen.«

»Wann?«, fragte Mustafa erstaunt.

»So bald wie möglich«, erwiderte Neta. »Morgen Vormittag?«

Es war ein typischer Jerusalemer Januarmorgen, kalt und wolkenverhangen. Mustafa erwartete sie schon, als sie ins Café Europa trat, in dem sie sich verabredet hatten.

»Mustafa«, begann Neta, während sie sich den Mantel auszog und niederließ, »ich will gleich zur Sache kommen.«

Er musterte sie mit seinem geübten Blick. So hatte er sie bisher noch nicht erlebt. Ihm gegenüber saß eine energische, sachliche und erfahrene Geschäftsfrau. Ja, dachte er bei sich, auch an ihr ist das Alter nicht spurlos vorübergegangen. Mit ihren fast vierzig Jahren ist sie immer noch schön und anziehend, vielleicht ein wenig fülliger, aber letzten Endes ist sie dieselbe Frau, die ich vor fast zwanzig Jahren kennengelernt habe.

»Meinst du das ernst mit der Eisenbahn?«, fragte sie, nachdem sie sich einen Kaffee bestellt hatte. »Gibt es da eine reelle Chance?«

»Natürlich. Habe ich mich gestern nicht klar genug ausgedrückt?«

»Doch«, sagte Neta. »Du scheinst wirklich daran zu glauben, dass wir ein Eisenbahnnetz in diesem Land aufbauen können. Ich frage mich nur, ob du dieses Projekt selbst durchführen willst. Hast du schon mal darüber nachgedacht, mit welchen türkischen Stellen man zusammenarbeiten muss, wie viel Bestechungsgelder zu zahlen wären, mit welchen Firmen und Investoren und Fachleuten man Verbindung aufnehmen könnte?«

Mustafa sah sie entgeistert an. »Wie? An all das hast du gedacht? Ich bin noch in der Phase, davon zu träumen. Nein, so weit bin ich noch nicht. Ehrlich gesagt, habe ich mich schon gefragt, ob das Ganze nicht ein Hirngespinst ist. Wer bin ich denn, dass ich von solchen Projekten träume? Aber was hast du mit all dem zu tun, Neta?«

Sie schüttelte den Kopf. »Weißt du nicht, dass hinter jedem erfolgreichen Mann eine Frau steht?«, erwiderte sie. »Ist dir nicht aufgefallen, dass in unserer Familie David der Intellektuelle ist, während ich für das Praktische zuständig bin?« Ihr helles Lachen nötigte Mustafa ein Lächeln ab.

Was für eine wunderbare Frau, dachte er. »Also gut, Neta«, sagte er laut, »woran hast du gedacht? Was schlägst du vor?«

»Nun mal langsam«, entgegnete sie. »Ich verstehe viel weniger von Geschäften als du und von der Eisenbahn überhaupt nichts. Das letzte Mal, dass ich einen Zug gesehen habe, war vor Jahrzehnten in Odessa. Ich wollte dir eigentlich nur einen Anhaltspunkt geben. Hast du schon mal von Joseph Navon gehört? Er ist erst Ende zwanzig, hat aber schon viel im Leben geleistet. Sein Vater stammt von sephardischen Juden ab, die seit Langem in Jerusalem ansässig sind. Er ist ein reicher Geschäftsmann, der zudem noch einiges von seinen Eltern geerbt hat.«

Mustafa nickte. »Die Familie ist bekannt, vor allem der Vater, Rabbi Eliahu Navon.«

»Der Sohn Joseph könnte für uns interessant werden«, sagte Neta. »Er hat an der Universität Marseille studiert und sich danach ein weites Netz aus Beziehungen aufgebaut. So jung er ist, so ist er doch schon ein bedeutender Unternehmer.«

Mustafa hatte ihr halb amüsiert, halb skeptisch zugehört. Als Neta einen Augenblick innehielt, sagte er langsam: »Das erinnert mich an die Geschichte von einem anderen jungen Mann. Der arbeitet in einem der größten Unternehmen der Welt. Eines Tages ruft ihn der Chef des Unternehmens zu sich und sagt: ›Sie arbeiten erst ein Jahr bei uns, aber ich ernenne Sie trotzdem zum Generaldirektor. Was sagen Sie dazu?‹ Der junge Mann macht eine leichte Verbeugung und sagt: ›Vielen Dank, Vater.‹«

Diesmal lachte Neta nicht. Sie verzog missmutig den Mund, weil sie annahm, dass Mustafa sich über sie lustig machte.

»Nimm's mir nicht übel«, versuchte Mustafa, sie zu beschwichtigen, »es war nur ein Scherz. Jetzt aber zur Sache und diesmal im Ernst: Ich bin bereit, mit dir zu Joseph Navon zu gehen. Aber vielleicht sollten wir David mitnehmen.«

»Natürlich«, sagte Neta. »Wenn du mitmachst, wird er seine Zweifel überwinden.«

Tatsächlich gelang es ihr in den nächsten Tagen, David für die Initiative zu gewinnen, und Joseph Navon war sofort zu einem Treffen bereit, als er hörte, dass auch Mustafa Samara kommen würde.

Der junge Mann, der Neta, David und Mustafa in seinem geräumigen Büro in der Jaffa-Straße empfing, war klein und lebhaft. Joseph Navon hatte ein rundes Gesicht, einen Schnauzbart und tiefschwarze Augen, die seine Gesprächspartner sofort in ihren Bann zogen. Er trug einen europäischen Anzug mit Hemd und Krawatte. Mit einer Geste forderte er seine Besucher auf, an dem großen Besprechungstisch Platz zu nehmen, auf dem vier Gläser, zwei Kannen mit Wasser und frisch gepresstem Zitronensaft sowie kleine Schalen mit Nüssen und Sonnenblumenkernen bereitstanden. Er brachte das Gespräch sogleich auf den Schienenverkehr. Sowohl er als auch Mustafa hatten schon Vorarbeit geleistet und legten Planzeichnungen und Listen mit allen wichtigen Daten über das Verkehrswesen in Palästina vor. Das Gespräch war sachlich und nüchtern, aber auch sehr konstruktiv.

»Daraus wird etwas«, rief Neta begeistert, als sie nach der Besprechung auf dem Weg zur Redaktion waren.

David freute sich über ihren Enthusiasmus. Mustafa ging mit abwesendem Blick und schweigend neben ihnen her. Wahrscheinlich rattern in seinem Kopf die Zahlen, und er sieht schon Lokomotiven und Schienen vor seinen Augen, dachte David und musste lächeln.

Wenig später erhielt ihre Begeisterung einen Dämpfer.

»Ich bin sehr angetan von eurem Plan«, sagte Oswald, »aber für ein so riesiges und riskantes Pionierwerk bin ich zu alt.« Er saß mit Neta, David und Mustafa im Café Europa, nur Joseph Navon war noch nicht eingetroffen.

»Außerdem bin ich vollauf mit meiner Gemeinde und meinen Kindern und Enkeln beschäftigt«, fuhr Oswald fort. »Ich habe nicht mehr so viel Elan wie früher. Selbst bei unserem Kutschendienst vertritt mich Werner, und ich bin sehr froh darüber. Ich freue mich darauf, liebe Freunde, euch weiterhin oft zu sehen, aber auf neue Abenteuer kann ich mich nicht mehr einlassen.«

Mustafa versuchte, ihn umzustimmen. »Ich bin fast genauso alt wie du«, sagte er. »Wir können noch viel leisten!«

Oswald schüttelte den Kopf. »Du bist mit Leib und Seele Geschäftsmann und in einer Familie aufgewachsen, die sich immer in der Wirtschaft betätigt hat. Ich bin Pfarrer, Bauer und Gemeindeaktivist. Als ich mich damals unserer Partnerschaft angeschlossen habe, ging es mir nicht ums Geschäft. Und wenn du nicht die professionelle Leitung übernommen hättest, wären wir alle auf der Strecke geblieben. Ja, das gilt sogar für unseren Pinchas. Bis bald«, sagte er, stand auf und verabschiedete sich mit einem festen Händedruck von seinen bestürzten Freunden.

Kaum hatte er das Café verlassen, als Joseph Navon durch die Tür trat. Er begrüßte seine neuen Partner und ließ sich neben Mustafa nieder. Er bestellte sich einen Tee und stützte das Kinn auf die Ellenbogen.

»Mustafa und ich werden eine Menge Geld in das neue Projekt stecken«, sagte er. »Wenn es misslingt, brechen wir uns das Genick. Ich hoffe, das ist euch klar.«

»Warum sollte es nicht gelingen?«, fragten ihn David und Neta wie aus einem Mund.

»Die Modernisierung des Verkehrs lässt sich nicht mehr aufhalten!«, fügte Mustafa hinzu.

Der junge Navon wiegte den Kopf. »Das kommt ganz auf die demografische Situation an«, erwiderte er. »Der Schienenverkehr rentiert sich nicht, wenn er allein von den Bewohnern unseres Landes und den Pilgern getragen wird. Wir haben nur eine Chance, wenn die Bevölkerung wächst und …«

»Aber sie wächst doch«, fiel David ihm ins Wort.

Neta beugte sich vor. »Die jüdische Einwanderung ist nie abgerissen, seit wir nach Jerusalem gekommen sind.«

»Ich denke an einen stetigen, langfristigen Bevölkerungszuwachs«, sagte Joseph. »In letzter Zeit sind zwar mehr Juden ins Land gekommen, aber relativ wenige Muslime und Christen. Der Zustrom ist nicht gleichbleibend hoch. Es gibt ideologisch motivierte Einwanderer, die von einem Land geträumt haben, in dem Milch und Honig fließen. Sie scheitern aber an den harten Lebensbedingungen, dem ungewohnten Klima und nicht zuletzt an der Sprache. Viele von ihnen kehren Palästina wieder den Rücken. Andere suchen hier Zuflucht, wie zum Beispiel die russischen Juden, die vor den Pogromen fliehen. Sobald sich allerdings die Chance zu einer Auswanderung nach Amerika bietet, verlassen viele von ihnen das Land. Wir werden nie erfahren, wie viele Menschen nach Palästina gekommen und wieder gegangen sind.«

Als die Verhandlungen über das Projekt trotz dieser Bedenken weiter gediehen, wurden David und Neta als Juniorpartner einbezogen. Sie konnten kein Vermögen einbringen, aber die beiden Investoren, Mustafa und Joseph, bezahlten sie gut für ihre Mitarbeit. Beide lobten vor allem Neta für ihren Elan und ihren Ideenreichtum.

Joseph Navon verstand es, mit den maßgeblichen Behörden in Istanbul zu verhandeln. Nachdem er sich die zuständigen Beamten in Palästina durch Bestechung gefügig gemacht hatte, damit sie ihm keine Steine in den Weg legten, fuhr er in die Hauptstadt des Sultans Abdülhamid II., um die nötigen Genehmigungen zu erhalten. Es gelang ihm, mit bewegten Worten und harter Währung das Wohlwollen der Entscheidungsträger zu gewinnen. Er brachte nicht nur die erforderlichen Dokumente, sondern auch den vom Sultan verliehenen türkischen Ehrentitel *Bey* mit nach Hause.

Zwei Jahre vergingen mit der Planung und der Vorbereitung der Infrastruktur der geplanten Bahnstrecke. Diese kreative Arbeit verschaffte den Partnern große Befriedigung, doch das Projekt war in finanzieller Hinsicht ein Fass ohne Boden. Zum Teil lag das an den wachsenden Forderungen der türkischen Würdenträger. Vor allem der Gouverneur von Jaffa verlangte ständig private »Kredite«. Die Partner trösteten sich damit, dass er ihnen im Austausch für die Bestechungsgelder die angeblich notwendigen Lizenzen ausstellte, die in den Büros der türkischen Regierungsvertreter ausgeheckt wurden. Nachdem sie die geforderten Summen aufgebracht hatten, hofften die Geschäftspartner zu Beginn des Jahres 1889, dass der Gouverneur sie künftig in Ruhe lassen würde. In der Tat konnten sie ihr Projekt einige Monate lang ungestört weiter und sogar mit Unterstützung der Behörden vorantreiben.

Doch dann traf sie ein Blitz aus heiterem Himmel. Sämtliche Regierungsbeamten fingen plötzlich an, Schwierigkeiten zu machen.

»Was ist passiert?«, fragte Joseph einen Beamten, der ihm dank reichlicher Bezahlung einigermaßen ergeben war.

»Der Gouverneur ist abberufen worden und kehrt in die Türkei zurück«, erwiderte der Mann. »Der neue Gouverneur soll im nächsten Monat in Jaffa eintreffen.«

»Und was hat das mit unserer Arbeit zu tun?«, fragte Josef. »Wir haben doch von dem bisherigen Gouverneur alle Genehmigungen bekommen, und sie sind noch lange gültig!«

»Richtig«, stammelte der Beamte, »aber trotzdem …«

Joseph begriff sofort. Sie mussten nochmals alle Lizenzen beantragen. Was das bedeutete, lag auf der Hand.

Als der neue Gouverneur sein Amt antrat, baten David, Mustafa und Joseph um eine Audienz. Sie waren gewöhnt, dass sich die Beamten Zeit ließen, doch zu ihrem Erstaunen erhielten sie beinahe umgehend einen positiven Bescheid.

Der Gouverneur empfing sie überraschend freundlich, was bei der üblichen Herablassung der türkischen Vertreter gegenüber den »Eingeborenen« durchaus keine Selbstverständlichkeit war. Den jungen Navon sprach er mit *Bey* an. Livrierte Kellner servierten türkischen Kaffee und Baklava, wie es sich bei einem Besuch von Ehrengästen gehörte. Der Gouverneur begann, in leichtem Plauderton über Jaffa zu sprechen, das er aus seiner Jugend kannte, als sein Vater dort Gouverneur war.

»Ich staune über die Entwicklung der Stadt«, sagte er. Doch dann sah er plötzlich seine Gäste scharf an und fragte: »Was wollen Sie von mir?«

Die Partner erschraken über den Stimmungswechsel und den harten, fast feindlichen Ton. Joseph war der Erste, der das Wort ergriff.

»Eure Exzellenz, Euer Vorgänger hat uns vor wenigen Monaten auf Anweisung der Hohen Pforte die nötigen Genehmigungen für den Bau einer Eisenbahnverbindung von Jaffa nach Jerusalem erteilt. Aber obwohl wir über diese Lizenzen verfügen, möchten wir Eure Exzellenz ersuchen, dem Projekt Euren Segen zu erteilen.«

Der Gouverneur runzelte die Stirn. »Selbstverständlich. Alles geht weiter wie bisher ...« Er warf den Partnern einen durchdringenden Blick zu, ehe er fortfuhr: »Die Bedingungen bleiben dieselben, doch müssen sie natürlich aufs Neue bestätigt werden – ohne Teuerungszulage. Ich werde keinen Piaster mehr verlangen als mein Vorgänger.«

Er weidete sich einen Augenblick lang an den entsetzten Mienen seiner Gäste und fügte auflachend hinzu: »Ich freue mich, dass Sie anscheinend nichts einzuwenden haben.« Damit erhob er sich, zwang dadurch die Gäste, ebenfalls aufzustehen, und sagte, ohne ihnen die Hand zu geben: »Wir verstehen uns also, nicht wahr? Geht in Frieden, ich werde die Arbeitsgenehmigungen sofort erneuern, sobald die Bedingungen erfüllt sind.«

Im Hinausgehen sahen sich die Partner an, und allen dreien stand nur eine Frage ins Gesicht geschrieben: Woher sollen wir die Schmiergelder für den neuen Gouverneur nehmen? Sein Vorgänger hatte ihre Kasse geleert und ihnen anderthalb Jahre ungestörte Arbeit versprochen!

Das betretene Schweigen dauerte an, bis sie Mustafas Kontor betraten.

»Wenn die Sonne niedrig steht, werfen selbst Zwerge große Schatten«, murmelte Joseph verdrossen und ließ sich auf einen Stuhl fallen.

»Wir sind am Ende«, stöhnte David. »Und auch wenn wir das Geld hätten, um den neuen Gouverneur zu bestechen, wissen wir nicht, ob er uns in Ruhe lässt, bis wir die Infrastruktur aufgebaut haben. Sehr bald werden auch andere Beamte und vor allem der Gouverneur von Jerusalem ein Bakschisch verlangen. Bis unser Projekt etwas abwirft, vergeht noch viel Zeit, und deshalb –«

»Was schlägst du vor?«, unterbrach ihn Mustafa, »sollen wir unser Vorhaben aufgeben? Damit alle unsere Investitionen zum Teufel gehen?«

»Gott behüte!«, wehrte Joseph ab. »Natürlich machen wir weiter, aber auf andere Art. Klar ist nur, dass wir es allein nicht schaffen. Wir haben nicht genug Geld für diese Ganoven, abgesehen davon, dass dies nicht der letzte Erpressungsversuch sein wird. Wir müssen einen potenten Teilhaber finden, der in großem Stil planen kann.«

»Glaubst du wirklich, dass du einen Investor findest, der in diesen Sumpf steigen will?«, fragte David und strich sich mit beiden Händen das Haar zurück.

»Ich denke mittlerweile schon in größeren Kategorien«, entgegnete Joseph ruhig. »Wir brauchen einen internationalen Großunternehmer, der nicht nur Geld, sondern auch politische Macht hat. Einen Investor, der sich nicht von der lokalen Beamtenschaft erpressen lässt, sondern direkt von der Türkei aus agiert.«

»Warum sollte ein solcher Gigant ausgerechnet mit uns kooperieren?«, wandte Mustafa ein.

»Erstens, weil wir ihm die Idee liefern«, sagte Joseph. »Die großen Investoren suchen dauernd nach neuen Ideen. Und zweitens, weil wir die Lizenzen und sogar schon einen Teil der Infrastruktur haben. Ein Projekt in diesem Stadium bringt einem internationalen Magnaten weniger Geld ein, doch es spart ihm Zeit und Mühe.«

Mit Einverständnis seiner Partner reiste Joseph nach Paris, um dort nach Investoren Ausschau zu halten. Die Franzosen leisteten, was den Eisenbahnbau betraf, überall Pionierarbeit. Sie investierten nicht nur in Frankreich und den französischen Kolonien, sondern auch in anderen Ländern. Über seine französischen Freunde und Partner verschaffte sich Joseph Zutritt zu einer Firma, die sich auf den Bau von Eisenbahnlinien in den französischen Kolonien spezialisiert hatte. Und richtig: Die Franzosen prüften die Konzessionen, die Joseph vorzuweisen hatte, und boten ihm an, sie zu erwerben und die vier Initiatoren Navon, Samara und das Ehepaar Zemach als Juniorpartner zu beteiligen. Am 29. Dezember 1889 wurde die *Société du Chemin de Fer Ottoman de Jaffa à Jérusalem et Prolongements* gegründet.

Die Franzosen hatten nicht mit denselben Schwierigkeiten zu kämpfen, die den einheimischen Unternehmern zugemutet wurden. Sie verhandelten fast ausschließlich mit Regierungsstellen in Istanbul. Wenn dort jemand bestochen werden musste, was dank des wachsamen Auges der französischen Regierung nur selten vorkam, so ging es dabei ausschließlich um hohe Beamte. In Palästina beschränkten sich die Vertreter der französischen Firma darauf, kleine Geschenke zu verteilen, und wurden ansonsten in Ruhe gelassen.

Der Bau der Strecke von Jaffa nach Jerusalem dauerte zwei Jahre. Von den französischen Bauherren hielt es keiner für nötig, zur Einweihung nach Palästina zu kommen. Für ihre Firma war die eingleisige Schmalspurbahn, deren bedeutendstes Bauwerk eine Brücke von 30 Metern Spannweite war, eine Investition von untergeordneter Bedeutung. Die Schienennetze, die sie in Frankreich, in Europa und in den französischen Kolonien aufgebaut hatte, stellten die neue Strecke zwischen Jaffa und Jerusalem weit in den Schatten. Zwar war Palästina abgesehen von Ägypten und der Türkei das erste Land im Nahen Osten, das eine Eisenbahn bekam. Die Verbindung nach Jerusalem war auch besonders wichtig, weil sie zu der historischen Stadt führte, in der viele Christen das himmlische Jerusalem sahen. Doch die Franzosen hielten die feierliche Einweihung der Eisenbahn für ein lokales Ereignis, während die Einheimischen dieses Wunder der Technik mit großer Begeisterung feierten.

Die Einheimischen dagegen feierten das Wunder der Technik mit großer Begeisterung, und Joseph, Mustafa Samara, Pinchas Goren und die Familie Simon waren stolz und bewegt.

David und Neta teilten ihre Gefühle, doch sie fanden Mustafas Euphorie leicht übertrieben. Die Eisenbahnen, die sie aus Europa kannten, hatten einen größeren Eindruck auf sie gemacht. Die Fahrt nach Jerusalem auf der schwankenden Schmalspurbahn dauerte vier Stunden. Da Tunnel zu teuer gewesen wären, folgte die Strecke dem malerischen Sorek-Tal, was die Strecke von siebzig auf über achtzig Kilometer verlängerte. Fast alles Baumaterial, einschließlich der Schwellen, musste über Jaffa aus Europa geholt werden. Die ersten Lokomotiven stammten sogar aus Philadelphia und sahen sehr amerikanisch aus. Sie hätten es auch mit einer Büffelherde aufnehmen können. In Ramla, Deir a Ban, Bet Schemesch und später noch anderen Orten wurden Haltestellen eingerichtet, was dazu führte, dass die beiden Züge, die einmal täglich von Jaffa hinauf nach Jerusalem und von Jerusalem bergab in die Küstenstadt fuhren, am Ende fast sechs Stunden lang unterwegs waren. Nach Landessitte reisten Männer und Frauen dabei in getrennten Waggons.

Für die Einwohner von Jerusalem und Jaffa, doch auch für die übrige Bevölkerung von Palästina bedeutete dieses neue Verkehrsmittel eine Revolution, einen Sprung aus dem Mittelalter in die Moderne. Sie fühlten sich wie im Märchen *Aladin und die Wunderlampe* durch die Luft getragen und aus der alten Welt in das moderne Europa versetzt, von dem sie bisher nur träumen konnten.

Für Mustafa bedeutete die Eisenbahn eine Verbindung zwischen den zwei Welten, in denen er lebte – zwischen seinem Haus und Kontor in Jaffa und seiner Villa in Jerusalem. Die Zeiten, in denen er sich in Kutschen hatte durchschütteln lassen und manchmal zu Fuß nebenher gehen oder mit anschieben musste, waren endgültig vorbei. Er brauchte auch nicht mehr wegen starker Regen- oder Schneefälle oder technischer Pannen in den am Wege liegenden Dörfern zu übernachten.

»Diese Eisenbahn ist uns wie auf den Leib geschneidert«, sagte er.

Seine Frau Raissa, die ihn wegen der beschwerlichen Reisen selten begleitete, stimmte ihm zu. »Ohne die Eisenbahn hätten wir in unserem Alter bald auf einen unserer beiden Wohnorte verzichten müssen.«

»Dank diesem Dampfross«, fiel ihr Mustafa ins Wort, »können wir unser Doppelleben am Meer und in den Bergen fortführen.«

Die Eisenbahn änderte nicht nur das Leben der Familie Samara. Viele Bewohner Jerusalems hatten noch nie das Meer gesehen. Jetzt entschlossen sich immer mehr von ihnen zu einem solchen Ausflug, auch wenn sie lange zögerten, ihr Leben dem neuen Verkehrsmittel anzuvertrauen.

Abgesehen davon machte die Eisenbahn das Leben in der Bergstadt auch billiger. Waren aus Jaffa, aber auch aus dem Ausland waren nun reichlicher und preiswerter zu haben. Und natürlich kamen mehr Pilger ins Land, da die Reise zu den heiligen Stätten erheblich bequemer geworden war.

Doch die Eisenbahn brachte nicht allen Profite. Mustafa und seine Partner mussten starke Verluste im Diligencenverkehr hinnehmen. Zwar wurde der Kutschendienst noch immer in Anspruch genommen und war auf der Strecke nach Nablus und Haifa nach wie vor unentbehrlich, aber wegen der Konkurrenz der schnelleren Eisenbahn mussten die Fahrpreise deutlich gesenkt werden.

Auf der anderen Seite blühten Mustafas Handelsgeschäfte. Er konnte seine Geschäftsbeziehungen weiter ausdehnen, als er sich je hätte träumen lassen. Allein die Tatsache, dass er Waren in fast unbegrenzten Mengen nach Jerusalem einführen und zu niedrigeren Preisen anbieten konnte, steigerte seinen Umsatz gewaltig. Und das galt nicht nur für ihn: Die Wirtschaft der ganzen Stadt und ihrer wachsenden Bevölkerung erhielt Auftrieb. Es schien, als hätte ein Glücksrad sich in Bewegung gesetzt.

8

Jerusalem

– 1892 –

Auch wenn Mustafas Geschäfte gediehen – was sollte aus seinen Partnern und Freunden, den Familien Zemach und Simon, werden? Sie hatten nach der Verwirklichung ihres ehrgeizigen Eisenbahnprojekts das Gefühl, an einen Endpunkt gekommen zu sein. Der Bau der Bahnstrecke war abgeschlossen. Der Kutschenverkehr schien keine Zukunft mehr zu haben. Die Hochstimmung, die sie zu Beginn ihres Unternehmens erfüllt hatte, war verflogen. Sie brauchten sich zwar keine Sorgen um ihren Lebensunterhalt zu machen, denn auf der Strecke zwischen Jerusalem und Jaffa verkehrten nach wie vor Diligencen, und das galt auch für die übrigen Wege oder Straßen im Lande. Sie bezogen Tantiemen aus ihrem Eisenbahnprojekt und die immer noch gern gelesene Zeitung *Chadschot Ha'jischuw*, die David nach und nach von Pinchas übernommen hatte, brachte einiges Geld ein. Auch Oswald litt keinen Mangel, da er seine Templergemeinde im Rücken hatte. Und doch hatten sie das Gefühl, dass eine Ära zu Ende gegangen war.

Ihnen war nicht nach Feiern zumute, aber als Mustafa sie im Herbst 1892 zu einem der üppigen Essen einlud, die Raissa aufzutischen pflegte, sagten sie gerne zu. Am Abend versammelten sich alle mit ihren Familien in Mustafas Villa in Jerusalem. Sogar Pinchas war erschienen. Er war jetzt dreiundsiebzig und sah wesentlich älter aus. Er hatte an Gewicht verloren und war fast völlig kahl. Sein blasses Gesicht war von Falten überzogen, doch er war nach wie vor eine elegante Erscheinung, als er, auf seinen Stock mit Silberknauf gestützt, durch die Tür trat. Er freute sich sichtlich, für einen Abend der Einsamkeit und Tatenlosigkeit seines Daseins entronnen zu sein. Es war fast wie in den guten alten Zeiten. Ein vielsprachiges Stimmengewirr erfüllte die Räume, und die französischen Weine, die Mustafa bei den französischen Mönchen im Kloster Notre Dame de Sion besorgt hatte, hoben die Stimmung.

Als Raissa den Vorrat an verbotenen alkoholischen Getränken musterte, den er ins Haus brachte, quittierte er ihren vorwurfsvollen Blick mit einem Achselzucken.

»Das ist nur für unsere jüdischen und christlichen Freunde.«

»Glaubst du, dass sie den ganzen Wein allein austrinken werden?«, fragte Raissa spöttisch.

Mustafa hob die Schultern und schwieg. Seine Frau wusste genau, wer den Wein trinken würde – alle außer ihr. Sogar ihre Kinder und die muslimischen Freunde, die ebenfalls eingeladen waren, würden Wein trinken und Wasserpfeifen rauchen.

Während Mustafa die Flaschen und die neuen Weingläser auf den Tisch stellte, sagte er mit maliziösem Lächeln: »Ich bin sicher, dass viele von den Anwesenden keinen Wein trinken werden ... zum Beispiel unsere muslimischen Kellner ...«

»Richtig«, gab Raissa zurück, »nicht im Esszimmer und nicht in unserer Gegenwart. Aber in der Küche werden sie die Reste austrinken.«

Mustafa verbiss sich ein Lachen und tat so, als sei er voll und ganz mit den Vorbereitungen für den Abend beschäftigt.

Die zahlreichen Gäste merkten Mustafas Geschäftspartnern nichts von ihrer gedrückten Stimmung an. Nach und nach ließen sich Pinchas, Oswald und Gertrud und das Ehepaar Zemach mit ihren Kindern von der ausgelassenen Atmosphäre anstecken. Das köstliche Essen und die erlesenen Weine taten das ihre. Die Templer sangen aus vollem Halse: *»Trink, trink, Brüderlein, trink, lass doch die Sorgen zu Haus!«* Auch wer den

Text nicht verstand, ließ sich von dem deutschen Lied mitreißen, und sogar Raissa, die nichts getrunken hatte, klatschte fröhlich den Takt.

Nachdem sich die anderen Gäste zu später Stunde verabschiedet hatten, saßen die vier Freunde und ihre Familien noch eine Weile zusammen und unterhielten sich. Mustafa hatte geplant, am Ende des Abends ein ernstes Gespräch zu führen, das nicht durch die bisherige trübe Stimmung der Partner belastet war. Doch bevor er auf geschäftliche Dinge zu sprechen kommen konnte, ergriff Oswald das Wort. »Liebe Freunde«, sagte er, »ich werde nächstes Jahr siebzig, und meine Kräfte lassen nach. Ihr alle wisst, dass ich mir als Templer nichts sehnlicher wünsche als die Wiederkehr unseres Herrn Jesus Christus, wenn nicht im Körper, so doch im Geiste – im Geiste der Brüderlichkeit, der alle Menschen vereint. Im Heiligen Land hat alles seinen Anfang genommen. Daher segne ich jeden, der bereit ist, in dieses Land zu investieren und es zu entwickeln. Ich freue mich, dass die Juden, die in den letzten Jahren aus Osteuropa eingewandert sind, sich nach all den Pogromen im Zarenreich hier ein neues Leben aufgebaut haben. Mir ist wichtig, dass sie erfolgreich sind und das Land nicht wegen der schweren Lebensbedingungen wieder verlassen.«

»Was nicht selten passiert«, warf Neta ein.

»Richtig«, sagte der Pfarrer, »genau das ist der Punkt. Warum kehren sie nach Europa oder gar nach Russland zurück? Weil viele hier aus bitterer Enttäuschung aufgeben. Die Begeisterung, mit der diese Pioniere Entbehrungen und schwerste Arbeit auf sich nehmen, rührt mich und nötigt mir Bewunderung ab. Und trotzdem scheitern sie immer wieder. Von den jüdischen Kolonien gedeihen nur diejenigen, die von Baron Rothschild unterstützt werden.«

Oswald hielt einen Moment inne, um Luft zu holen. Die anderen lauschten in gespanntem Schweigen. Worauf wollte er hinaus, dieser seltsame Mann, den sie lieben und schätzen gelernt hatten?

»Ich schlage vor«, fuhr Oswald fort, »ein Unternehmen zu gründen, das uns allen nützen wird. Ein Unternehmen von Templern und Juden, die gemeinsam das Land bebauen und Berufe ausüben, die in einer Pioniergesellschaft gebraucht werden. Wir werben junge Juden an, die sich hier niederlassen wollen, verschaffen ihnen eine Berufsausbildung und kooperieren mit ihnen, sobald sie hier ihre Dörfer gegründet und entwickelt haben.«

Neta war die Erste, die das überraschte und skeptische Schweigen der Freunde brach. »Und wie willst du das finanzieren?«

Oswald, der sich offenbar schon länger mit dieser Frage beschäftigt hatte, antwortete ohne Zögern: »Aus denselben Quellen, die bisher die dilettantische und unzureichende Ausbildung unserer Einwanderer finanziert haben.«

»Glaubst du, dass wir daran verdienen können?«, fragte David.

»Ja, aber nicht sehr viel«, erwiderte der Pfarrer. »Es ist ein geschäftliches Unternehmen, das auf Idealismus gegründet ist – nicht wie die großen kapitalistischen Unternehmen in Europa. Ich selbst«, fuhr er fort, »werde nicht mehr mitmachen, euch aber teilweise helfend zur Seite stehen. Diese Neuerungen sind nichts für mein Alter, aber meine Kinder, die hier versammelt sind, werden sich aktiv daran beteiligen. Wir haben das schon ausführlich besprochen. Sie werden sich um die Infrastruktur in den Templerdörfern und die Integration der Auszubildenden kümmern. Ihr, David und Neta, könnt die Beziehungen zu den jüdischen Stellen knüpfen, die mit der Integration der Einwanderer befasst sind.«

Mustafa saß schweigend da und hörte zu. Er fragte sich, was das alles mit ihm zu tun hatte.

Oswald, der seine Gedanken zu erraten schien, wandte sich ihm zu. »Ich hoffe, dass auch Muslime an dieser Erziehungs- und Ausbildungsarbeit teilnehmen. Das gilt natürlich ebenso für christliche Araber.«

»Mein lieber Oswald«, erwiderte Mustafa, »ich bin Kaufmann und verkehre gesellschaftlich vor allem mit arabischen Geschäftsleuten. Wir haben nichts gegen die Templerdörfer oder die jüdischen Siedlungen, solange deren Entwicklung allen Einwohnern zugutekommt. Aber du wirst aus mir keinen begeisterten Verfechter des jüdischen oder christlichen Siedlungswerks in meinem Land machen. Ihr dürft nicht vergessen, dass wir Teil eines muslimischen Imperiums sind. Wir sind keine Türken, aber treue Untertanen des Osmanischen Reiches. Es gibt keinen Unterschied zwischen uns. Darum darf niemand diskriminiert werden. Wir sind alle gleich … und zwar in allem!« Mustafas dunkle Augen blitzten.

Die anderen schwiegen betreten. Der Gefühlsausbruch ihres Freundes hatte sie alle überrascht.

»Wofür hältst du uns?«, fragte Oswald nach einer Weile. »Hast du jemals in unserer jahrzehntelangen Partnerschaft das Gefühl gehabt, dass wir auf irgendjemanden herabsehen?« Er warf Raissa einen Blick zu. »Nichts könnte uns ferner liegen. Jeder bringt seine Tradition und seine Lebenserfahrung in die gemeinsame Arbeit ein. Deine christlichen und jüdischen Freunde wollen dich und deine Familie in unser Projekt einbeziehen, damit wir alle zum gemeinsamen Wohl tätig werden.«

Mustafa, der schon bereute, dass er sich hatte hinreißen lassen, murmelte halblaut: »Nehmt euch nicht zu Herzen, was ich gesagt habe. Das ist nur der verfluchte Alkohol. Kein Wunder, dass die Weisen des Islams uns den Wein verboten haben. Den verderblichen Einfluss dieses fatalen jüdisch-christlichen Getränks kann man nur auf eine Weise bekämpfen …« Er lachte, um seine Verlegenheit zu verbergen, griff nach einer vollen Flasche und füllte die Gläser. »Wir müssen diesen Wein vernichten, damit nichts davon übrig bleibt ...«

»Solche Missverständnisse kommen zustande«, sagte David, als sich die Gemüter wieder beruhigt hatten, »weil wir alle einen unwissenschaftlichen Zugang zur Geschichte haben. Wir lernen Geschichte nicht von Historikern, sondern von Leuten, die alle möglichen Interessen verfolgen. Manche schreiben«, er zeichnete mit Zeige- und Mittelfingern Anführungszeichen in die Luft, »Geschichte, um sich selbst ins beste Licht zu rücken. Andere wollen ihre Auftraggeber rühmen. Das Fürstenlob und eine Geschichtsschreibung, die sich den Herrschenden unterwirft, sind so alt wie die Prostitution ...« Er unterbrach sich mit einem verlegenen Seitenblick auf Neta, was allgemeines Gelächter auslöste. »Zu dieser Art von historischer Dichtung zählt die christliche Hagiografie, die angeblich das Leben der Heiligen wahrheitsgetreu und wissenschaftlich beschreibt. Heute wissen alle, auch die Kirchenvertreter, dass diese Darstellungen Märchen sind. Die Personen, die in den Heiligengeschichten beschrieben werden, sind keine wirklichen Menschen ... Vielleicht sind sie Engel – wenn es dergleichen überhaupt gibt.« Er sah den Pfarrer verstohlen an, um zu sehen, ob er womöglich zu weit gegangen war.

Oswald, dem Davids Blick nicht entgangen war, sagte beruhigend: »Sprich ruhig weiter, wir sind Templer und keine fanatischen Kleriker.«

David lehnte sich erleichtert zurück. »Bei uns Juden ist es nicht anders. Wir haben keine Hagiografie im engeren Sinne, aber unsere Religion und Geschichte enthält ähnliche Elemente. Wir wachsen mit dem auf, was wir uns selbst erzählen. Ihr wisst, dass Neta und ich vor dreißig Jahren nach Jerusalem gekommen sind. Auf unserem Schiff, das von Odessa nach Palästina fuhr, war ein Jude, ein Nachbar meiner Eltern, der uns uralt erschien. Er wollte nach Jerusalem, wo er entfernte Verwandte hatte. Der vermeintliche Alte, der sich Janosz Levi nannte, war knapp vierzig … Doch uns jungen Leuten kam er so alt und gebrechlich vor, dass wir volles Verständnis für die Bitte seiner Angehörigen hatten, auf ihn aufzupassen und ihm notfalls zu helfen. Unser Schiff passierte den Bosporus, legte auf dem Weg nach Süden in verschiedenen Häfen an und nahm immer mehr Passagiere aus dem Nahen Osten auf, sodass wir Russen an Bord zu einer kleinen Minderheit wurden. Wir beobachteten die neuen Fahrgäste, die sich stark von den Europäern unterschieden, mit großer Neugier. Es waren vor allem Araber, die nach Haifa oder Jaffa fuhren. Diese Araber waren eine lustige Gesellschaft. Sie haben gelacht, gesungen und getanzt. Neta und ich waren begeistert von diesen Menschen.«

Neta nickte.

»Sie verkörperten unser neues Leben, unsere Zukunft in einer unbekannten Welt. Doch wir merkten, dass Janosz verstimmt war und sich immer mehr zurückzog. In Odessa hatten wir ihn als heiteren, etwas lauten und geschwätzigen Mann kennengelernt. Aber je länger die Reise dauerte, desto betrübter wurde er. Wir machten uns Sorgen um seine Gesundheit und schlugen ihm vor, den Arzt aufzusuchen. Er winkte unwirsch ab. Allmählich wurde uns klar, dass er nicht körperlich krank war, sondern an einer Depression litt. Das wunderte uns sehr. Er hatte doch sein Leben lang davon geträumt, ins Heilige Land zu fahren und dort zu leben. Und jetzt sank seine Stimmung mit jeder Meile, die uns dem Hafen von Jaffa näher brachte. Wir konnten ihn nur mit Mühe bewegen, uns zu erklären, was in ihm vorging.«

David trank einen Schluck Wein, ehe er weitersprach. »Wie viele Juden in aller Welt kannte Janosz das Land Israel und seine Geschichte nur aus der Thora und der jüdischen Überlieferung. Seit der Eroberung durch Josua bis zu den Königreichen Judäa und Israel war es das Land der Juden – und nur der Juden. Seit der Niederschlagung des jüdischen Aufstands gegen die Römer vor fast zweitausend Jahren, dachte er, war das Heilige Land leer und wüst und wartete auf die Rückkehr seiner Besitzer. Janosz selbst sah sich als einen Juden, der in seine angestammte Heimat zurückkehrt. Er war tief erschüttert, als er auf dem Schiff zum ersten Mal anderen Menschen begegnete, die schon in diesem Land lebten. Vergeblich versuchte er sich einzureden, dass sie nicht repräsentativ für die Bevölkerung seien. Der schwerste Schlag traf ihn bei der Landung in Jaffa, das überwiegend von Arabern bevölkert war. Auch die Begegnung mit der Stadt seiner Träume, dem Jerusalem Davids und Salomos, war nicht dazu angetan, den Schock abzumildern. Ob Janosz sich mit der Zeit an die neue Umgebung gewöhnt hat? Ich weiß es nicht, denn unsere Wege haben sich getrennt. Einige Zeit später hörte ich von einem Mitglied der orthodoxen Gemeinde, dass er gestorben sei. An gebrochenem Herzen oder an Altersschwäche ... das habe ich nie erfahren. Er war ja schon vierzig ...«

David beendete seine Geschichte mit einem Schmunzeln. Doch seine Zuhörer lachten nicht, sie hatten verstanden, was er ihnen sagen wollte. Ohne weiter darauf einzugehen, stimmten sie zu, als Mustafa vorschlug, den Abend mit einer versöhnlichen Note ausklingen zu lassen.

»Lasst uns dieses Zusammensein so vergnügt beenden, wie es begonnen hat«, sagte der Gastgeber. »Alles Weitere besprechen wir morgen. Bis dahin können wir uns von dem Weingenuss erholen und über das Ganze nachdenken. Raissa«, wandte er sich an seine Frau, »hilf mir bitte, die letzten Flaschen aus der Küche zu holen.«

»Das kann ich nicht«, erwiderte sie spitz, »ich bin zu betrunken.«

Doch Mustafa bestand darauf, den Abend in gehobener Stimmung zu beschließen. Die Kinder erboten sich, ihm zu helfen. Sie hatten bisher den Gesprächen der Eltern gelauscht, ohne sich daran zu beteiligen. Vielleicht war das Thema, über das die Alten sich ereiferten, in ihren Augen längst überholt. Sie holten den letzten Wein, schenkten den Gästen aufs Neue ein und stimmten fröhliche Lieder an.

Mustafa war zufrieden. Er hoffte, dass seine bitteren, aber tief empfundenen Worte in der allgemeinen Heiterkeit untergehen würden.

Zwei Tage darauf versammelten sich die langjährigen Partner und einige ihrer Kinder, die inzwischen auf eigenen Füßen standen und Familien gegründet hatten, wiederum bei Mustafa, der darauf bestanden hatte, auch diesmal der Gastgeber zu sein. Sein Gefühlsausbruch bei dem Festessen war ihm immer noch peinlich. Er stand zwar zu seinen Ansichten und hatte sie auch trotz der einlenkenden Äußerungen seiner Freunde nicht geändert, doch er bereute, dass er sich im Ton vergriffen und seinen Gefühlen freien Lauf gelassen hatte, zumal es der Tradition widersprach, seine Gäste in Verlegenheit zu bringen. Kein arabischer Gastgeber würde so etwas tun. Daher war ihm daran gelegen, diesen Eindruck durch diese zweite Einladung zu verwischen.

Diesmal gelang es Mustafa, die Ruhe zu bewahren, zumal niemand ihm seine Worte nachzutragen schien und keine umstrittenen Themen zur Diskussion stellte. Auch die Unterstützung des Siedlungswerks, die Oswald vorgeschlagen hatte, kam nicht mehr zur Sprache.

Die Zeit verging, doch aus Oswalds Idee wurde nichts. Es war ihm nicht gelungen, seine potenziellen Partner mit seinem Idealismus anzustecken. Er selbst war schon zu alt und schwach, um ein so ehrgeiziges Unternehmen in Gang zu bringen. Seine Kinder waren mit ihren Familien beschäftigt und arbeiteten jeder auf seinem Gebiet. Sie hatten keinen Sinn für große, universale Ideen. Die Religion und die Ideale, die ihre Eltern zur Einwanderung bewogen hatten, interessierten sie kaum noch. Sie investierten ihre Energie in die Entwicklung der landwirtschaftlichen Siedlungen und der modernen Industrie. Mit ihren arabischen Nachbarn, in denen sie tüchtige und billige Arbeitskräfte fanden, kamen sie gut zurecht. Zu den jüdischen Nachbarn unterhielten sie freundschaftliche Beziehungen. Ihre Produkte wurden vor allem von Juden gekauft, deren Zahl stetig wuchs. Alle waren zufrieden mit dem Stand der Dinge und sahen nicht ein, warum sie ihre Beziehungen weiter vertiefen sollten. Es sah so aus, als wären Oswalds Zeiten vorbei.

Der Pfarrer hatte sich sogar damit abgefunden, dass seine künftige Schwiegertochter Sarah nicht getauft war und auch keine Neigung zeigte, das nachzuholen. Seinem Sohn war es gleich, und beide legten keinen großen Wert auf die Religion. Nur selten tat Werner seinen Eltern den Gefallen, mit ihnen in die Kirche zu gehen. Sarah begleitete ihn bei solchen Anlässen, doch Oswald wusste, dass darin kein Anzeichen für eine Annäherung an den christlichen Glauben zu sehen war. Er nahm die Realität hin und stimmte seiner Frau zu, der es nur darauf ankam, dass Werner und Sarah anständige Menschen und nützliche Mitglieder der Gesellschaft waren, die sie hoffentlich bald zu Großeltern machen würden.

»Genau das bezweckt doch unsere Religion«, sagte Gertrud, und Oswald blieb nichts anderes übrig, als ihr recht zu geben.

9

Jerusalem

– 1894 –

Anfang des Jahres, als Werner dreiundzwanzig und Sarah achtzehn Jahre alt waren, kannte man sie schon als Paar. Werner war zu einem jungen Mann von der Statur seines Vaters herangewachsen, nur dass er noch keinen Bauch hatte. Sarah war fast so groß wie er und ebenso schlank. Ihre langen blonden Haare band sie gern im Nacken zusammen, und in ihren blauen Augen blitzte die gleiche Energie wie in denen der Mutter. In der Deutschen Kolonie klatschten die Leute aus Bosheit oder Schadenfreude über den widerspenstigen Pfarrerssohn, der nicht nur selten am Gottesdienst teilnahm, sondern auch einem jüdischen Mädchen den Hof machte.

Eine Schande, sagten die Erwachsenen, während die jungen Leute voll Genugtuung in sich hineinlächelten. Sie interessierten sich nicht für die Religion, nur für die Arbeit, mit der sie zum Aufbau und der Entwicklung der Deutschen Kolonie beitragen konnten. Um dieser Aufgabe gerecht zu werden, mussten sie die Beziehungen zu den Templern, aber auch zur jüdischen Gemeinschaft pflegen. Und auch bei den jungen Juden, die ins Land kamen, fand eine Abkehr von der Religion statt. Im Gegensatz zu den alteingesessenen Einwohnern von Jerusalem war die jüdische Jugend an Fortschritt und Technologie interessiert.

Je mehr sich die jüdischen Siedlungen außerhalb der Altstadt entwickelten, desto geringer wurde der Einfluss der Religion in Jerusalem. Für den Freundeskreis der Familie Zemach bedeutete das eine große Erleichterung. Dank der verbesserten Verkehrsbedingungen konnten sie gesellschaftliche Kontakte zu den Siedlungen in der Küstenebene und zur jüdischen und arabischen Bevölkerung aufnehmen, die aufgeschlossen für westliche Einflüsse und die Moderne war.

Doch eine Jüdin mit einem Pfarrerssohn? Wie sollte man das akzeptieren? David und Neta gewöhnten sich allmählich an den Gedanken. Gertrud fand sich verhältnismäßig leicht mit der peinlichen Situation ab, und Werners Geschwister waren längst dazu übergegangen, die beiden als Paar zu betrachten. Der Einzige, der die Augen und Ohren vor der Realität verschloss, war Oswald.

»So ist das eben«, sagte Johanna, Werners ältere Schwester, »die Geistlichen aller Konfessionen stecken den Kopf in den Sand, wenn sie mit Problemen zu tun haben, die sie nicht bewältigen können.«

Eines Tages im Frühjahr 1894 waren Werner und Sarah spurlos verschwunden. Um sich und der Familie Streit und Kummer zu ersparen, waren sie nach Jaffa geritten, ohne den Kutschendienst ihrer Familien in Anspruch zu nehmen. Außer Oswald regte sich zu Hause niemand über ihr Verschwinden auf. Alle waren eingeweiht, gaben aber vor, überrascht und besorgt zu sein. Das junge Paar wurde von Mustafa Samara in Empfang genommen, der die Romanze der beiden amüsiert verfolgt hatte. Er beherbergte sie nicht nur in seinem Haus in Jaffa, sondern hatte sogar über ein ausländisches Konsulat mit einigen Bestechungsgeldern eine Ziviltrauung für sie arrangiert. Für den gewitzten Mustafa war das keine große Sache.

»Wie? Hast du die Vertreter eines europäischen Konsulats bestochen?«, fragte Werner erstaunt.

Mustafa, dem das Spiel Spaß machte, verriet dem nichts ahnenden jungen Paar nach der Zeremonie seine »Methode«.

»Lebt ihr auf dem Mond?«, fragte er die beiden. »Wisst ihr nicht, wie man hierzulande seine Angelegenheiten regelt?«

»Natürlich wissen wir das«, protestierten die beiden, »aber mit Ausländern? Mit europäischen Diplomaten?«

Mustafa brach in lautes Lachen aus. »Wisst ihr nicht, dass es zu den Aufgaben eines Diplomaten gehört, die Bräuche des Gastlandes kennenzulernen? Und da gibt es eben solche, die sie nicht nur kennenlernen, sondern sich ihnen auch bereitwillig fügen.«

Vater Oswald war allerdings nicht zum Lachen zumute, als er erfuhr, dass sein Sohn hinter seinem Rücken geheiratet hatte, und dazu noch eine junge Frau, die zwar bezaubernd war, aber nicht seiner Religionsgemeinschaft angehörte. Im ersten Augenblick kochte er vor Zorn. Als sich dann auch noch herausstellte, dass nicht nur sein Sohn, sondern auch seine Familie in die Intrige eingeweiht gewesen war, versank er in tiefes Brüten. Er fühlte sich alleingelassen und gedemütigt. Nicht nur seine jüdischen, sondern auch seine muslimischen Freunde und vor allem seine Familie hatten ihn hintergangen. Seine Familie spürte, was in ihm vorging. Doch nach einem kurzem inneren Kampf gelang es ihm, sich zu fassen.

Es kann nicht sein, dachte er, dass ein Geistlicher und dazu noch ein Pfarrer einer so menschlichen und toleranten Glaubensgemeinschaft unfähig ist, dem Guten in sich zum Durchbruch zu verhelfen und seinen Zorn zu bezähmen. Sarah ist wirklich ein wunderbares Mädchen, und mit ihrer Familie bin ich schon seit über zwei Jahrzehnten befreundet. Außer meinen Templerbrüdern gibt es niemanden, dem ich näherstehe. Wenn Werner schon beschlossen hat, eine Frau außerhalb unserer Gemeinschaft zu heiraten, dann kann es keine bessere als Sarah geben. Dass er mein Vertrauen getäuscht und mich anscheinend schon seit Jahren hintergangen hat, sagte er sich, das werde ich ihm bei anderer Gelegenheit vorhalten, und auch die übrige

Familie wird einiges von mir zu hören bekommen. Doch jetzt gilt es, gute Miene zum bösen Spiel zu machen.

Oswald zog ein Taschentuch hervor, wischte sich den Schweiß von der Stirn und sagte: »Ich möchte Sarah sehen – begleitet von ihrem Ehemann.«

Werner eilte zum Haus der Zemachs, um Sarah den Wunsch seines Vaters mitzuteilen. Sie war allein zu Hause, David und Neta arbeiteten in der Redaktion an einem Artikel.

»Mein Vater möchte uns sehen ... gemeinsam. Er ... hat es gerade erfahren«, stammelte Werner atemlos.

Sarah starrte ihn einen Moment lang fassungslos an. »Natürlich komme ich mit«, sagte sie. »Aber ich habe ein bisschen Angst.«

Hand in Hand machten sie sich auf den Weg. Beide schwiegen, unsicher, was sie erwarten würde.

Als sie ins Haus traten, stand Oswald auf und ging mit herzlichem Lächeln auf Sarah zu, die mit klopfendem Herzen vor ihm stand. Er breitete die Arme aus, umarmte sie fest, küsste sie auf beide Wangen.

»Sei willkommen in unserem Haus und in unserer Familie, Sarah Simon.« Dann fügte er zu Gertruds und Werners Erstaunen auf Hebräisch hinzu: »*Masal tov* – viel Glück.«

Alle atmeten erleichtert auf und stießen trotz der frühen Stunde mit einem Glas Weißwein auf das junge Paar an.

»Du wirst es noch sehen«, sagte Oswald, als er wieder mit Gertrud allein war. »Sarah ist so verliebt in unseren Sohn und von klein auf so eng mit unserer Familie verbunden, dass sie eines Tages zum Christentum übertreten wird. Dann kann sich Werner auch christlich trauen lassen – nicht in irgendeinem Konsulat, sondern in unserer Kirche.«

Gertrud küsste ihn, als ob sie seine Worte bestätigen wolle. Aber sie kannte Sarah und vor allem ihren Sohn und wusste, dass ihr Mann sich einer Illusion hingab.

An einem Abend im Sommer 1894 saßen David und Neta mit der Familie Simon auf der schattigen Terrasse der Samaras. Die Frauen bewunderten Raissas grünen Garten. Judasbaum und Aaronstab blühten zwar nicht mehr, aber die Kinder erfreuten sich an dem Feigenbaum und naschten die reifen Früchte.

»Dein Zatar ist wunderbar würzig«, lobte Gertrud und brach sich ein Stück von dem mit der grünen Paste gebackenen Fladenbrot ab. »Hast du ein paar Tipps, damit der Ysop gut gedeiht, Raissa?«

»Ja, komm, ich zeige dir, wo er wächst«, entgegnete Mustafas Frau.

»Hört mal«, sagte David, als die beiden Frauen plaudernd in den Garten getreten waren. »Ich mache mir Sorgen um Pinchas. Er ist einsam und zieht sich immer mehr in sich selbst zurück. Ich glaube, er hat das Gefühl, nicht mehr gebraucht zu werden, und wird allmählich schwermütig.«

»Wir sollten etwas tun, um ihn aufzumuntern«, verkündete Mustafa. »Nächsten Monat wird er fünfundsiebzig. Was haltet ihr davon, wenn wir eine schöne Geburtstagsfeier für ihn ausrichten?«

»Das genügt nicht, weil es ihm nur für ein paar Stunden Erleichterung schafft«, erwiderte Oswald. »Denkt nur daran, was wir ihm alles verdanken. Anfangs hätten wir es ohne seinen Elan und seine reiche Erfahrung nie zu etwas gebracht. Auch seine großzügigen Investitionen waren ein unverzichtbarer Beitrag zu –«

»Was schlägst du also vor?«, unterbrach ihn Gertrud, die manchmal keine Geduld für seine langatmigen Reden hatte. Früher hat er überall und vor allen gepredigt, dachte sie, aber jetzt bin ich fast die Einzige, die sich seine Predigten anhören muss, weil er so selten aus dem Haus geht.

»Ich schlage vor, dass wir ihm eine Reise nach Paris zum Geburtstag schenken«, fuhr der Pfarrer unbeirrt fort. »Er hat dort entfernte Verwandte, die er seit vielen Jahren nicht gesehen hat, und ihre Kinder kennt er gar nicht. Er sollte sie besuchen, solange es ihm noch möglich ist.«

»Eine wunderbare Idee!«, rief David.

Neta nickte. »Die Kosten für die Reise können wir gut aufbringen. Pinchas könnte es sich zwar leisten, sie aus eigener Tasche zu bezahlen, aber das werden wir nicht zulassen. Wir sollten allerdings auch an die komplizierte Organisation solch einer Reise und an die körperliche und geistige Unterstützung denken, die er unterwegs brauchen wird. Dieses Problem müssen wir lösen.«

»Und wie?«, fragten Mustafa und David wie aus einem Mund.

»Ich wüsste da schon etwas«, sagte Neta und zwinkerte Gertrud zu, die mit einem wissenden Lächeln reagierte. »Sei nicht böse, Oswald«, fuhr Neta fort, »aber unsere Kinder Werner und Sarah wünschen sich seit einiger Zeit eine Reise nach Europa. Sie wollten dir nichts davon erzählen, solange sie nicht das nötige Geld gespart haben, damit du dich nicht verpflichtet fühlst, deinen Teil dazu beizutragen. Aber wenn sie unserer Idee zustimmen und Pinchas zumindest bei der Überfahrt und den Bahnreisen begleiten, wären sie vielleicht bereit, etwas von uns anzunehmen.« Sie bemühte sich, Gertruds zustimmendes Nicken zu übersehen, damit Oswald nicht auf die Idee kam, dass die beiden Frauen eine Verschwörung gegen ihn angezettelt hatten.

Mustafas scharfen Augen war das heimliche Einverständnis zwischen Neta und Gertrud nicht entgangen. Um familiären Verstimmungen zuvorzukommen, sagte er, nachdem er einen raschen Blick mit seiner Frau gewechselt hatte: »Raissa und ich werden uns natürlich auch an der Finanzierung der Reise beteiligen.«

»Und wenn die beiden ablehnen, weil sie keine Lust haben, auf den alten Mann aufzupassen?«, sagte Raissa.

»Kommt nicht infrage«, riefen die Eltern von Sarah und Werner.

Tatsächlich war es nicht schwer, das junge Paar für das Projekt zu gewinnen. In ihrer neuen Rolle als Begleiter konnten sie den Zuschuss zur Reisekasse mit gutem Gewissen annehmen. Doch dafür leistete Pinchas unerwarteten Widerstand. Nachdem er sich von seiner Überraschung erholt hatte, bedankte er sich gerührt und lehnte den Reiseplan ab.

»Ladet mich zum Essen ein«, sagte er, »das ist mehr als genug. In meinem Alter darf ich von solchen Abenteuern nicht einmal mehr träumen. Selbst die Eisenbahnfahrt nach Jaffa wird mir schon zu viel.«

Mustafa ließ sich nicht entmutigen. »Wir gehen mit dir ins Rothschild-Hospital. Von dir aus sind es nur ein paar Schritte. Da lässt du dich gründlich untersuchen. Wenn die Ärzte beschließen, dass du reisen kannst, helfen dir keine Ausreden!«

Ende Oktober 1894 ging es los. Pinchas, Sarah und Werner fuhren mit dem Zug nach Jaffa und bestiegen ein Schiff nach Alexandria. Dort mussten sie zwei Tage auf ein Schiff warten, das sie in vier Tagen nach Marseille brachte. Sie übernachteten in einem Hotel am Vieux Port und fuhren am nächsten Tag mit der Bahn nach Paris. Die Fahrt dauerte dreizehn Stunden.

Als der Zug sich der französischen Hauptstadt näherte, fragte Pinchas seine jungen Begleiter: »Wie sollen meine Vettern und ich uns am Bahnhof erkennen? Ich habe sie seit Jahrzehnten nicht gesehen. Soll ich mir den Bart abrasieren? Sie kennen mich noch ohne Bart«, fügte er mit einem wehmütigen Lächeln hinzu.

Sarah und Werner trösteten ihn. »Schlimmstenfalls warten wir auf dem Bahnsteig, bis alle anderen gegangen sind. Wenn nur deine Verwandten und wir übrig bleiben, wissen wir, dass sie es sind.«

Zum Glück erkannten sich Pinchas und seine Verwandten sofort. Die Verwandten waren in Pinchas' Alter oder in ihren Fünfzigern oder Sechzigern. Aber sie waren nach der neuesten Pariser Mode gekleidet und sahen aus, als entstammten sie einer ganz anderen, modernen Generation. Trotzdem waren natürlich auch sie gealtert, und die Falten in ihren Gesichtern konnte Pinchas nicht übersehen. »Seltsam, dass ich als Einziger von den Jüngeren der Familie zu diesem Treffen erschienen bin«, sagte er und lachte übers ganze Gesicht. »Alle anderen haben ihre Großeltern zum Bahnhof geschickt …«

»Ich fühle mich wie *Alice im Wunderland*, die plötzlich in ein Loch gefallen ist und sich in einer wunderbaren Fantasiewelt wiederfand«, rief Sarah, als sie aus dem Gare d'Austerlitz auf den großen Vorplatz trat und sich noch einmal zu dem riesigen Gebäude mit der reich verzierten Fassade umdrehte, bevor sie in die Kutsche stiegen, die Pinchas' Familie gehörte.

Die drei Reisenden hatten ein großes Programm. Abgesehen von den Sehenswürdigkeiten, dem Eiffelturm, den Champs-Élysées, dem Invalidendom und dem Marais mussten sie noch alle Verwandten besuchen und wurden sogar dem Baron de Rothschild vorgestellt. Doch Paris in all seinem Glanz zu erleben war nicht der stärkste Eindruck, den die drei mit nach Hause nahmen, und das galt umso mehr für Pinchas, der die Stadt schon in seiner Jugend besucht hatte. Was sie am meisten bewegte, war eine Nachricht, die einige Tage nach ihrer Ankunft veröffentlicht wurde. Die Presse meldete in dramatischen Schlagzeilen, dass im Generalstab der französischen Armee ein Spion der Deutschen entdeckt worden war. Zunächst nahmen sie diese Nachricht gelassen auf. Einige Tage darauf jedoch wurde bekannt, dass dieser Spion einer der wenigen jüdischen Offiziere war: Alfred Dreyfus. Die antisemitische Zeitung *La Libre Parole* brachte diese Meldung natürlich in großer Aufmachung.

Am 5. Januar 1895 begaben sich die drei Reisenden, von Neugier und Spannung getrieben, zur École Militaire, wo der Verräter bestraft werden sollte. Durch den Zaun beobachteten sie, wie Dreyfus öffentlich degradiert wurde. Als Erstes wurden ihm die Epauletten heruntergerissen. Ein Wachtmeister zerbrach seinen Degen und warf ihm die Stücke vor die Füße. Nur wenige Neugierige standen neben ihnen am Zaun. Die meisten waren Ausländer, die durch den Trommelwirbel des militärischen Rituals angelockt worden waren.

Schon bald begannen die antisemitischen Kräfte, Kapital aus der Affäre zu schlagen. Eine Welle von Judenhass ging durch Frankreich. So endete der Aufenthalt in Paris für Pinchas, Werner und Sarah mit einem Missklang. Ehe sie die Rückreise antraten, kauften sie im Bahnhof noch alle Zeitungen. Sie hatten schließlich eine lange Fahrt vor sich. Werner suchte nach deutschen Zeitungen und fand eine Ausgabe der angesehenen österreichischen *Neuen Freien Presse*, die einen ausführlichen Artikel von Theodor Herzl über die Dreyfus-Affäre enthielt.

Werner ließ es sich nicht nehmen, Sarah und Pinchas den Artikel vom Deutschen ins Hebräische zu übersetzen. »Interessant«, sagte er abschließend, »hier wird jedes Detail beschrieben, bis auf die Tatsache, dass Dreyfus Jude ist.«

»Das beweist erstens, dass der Verfasser kein Antisemit ist«, erwiderte Pinchas, »und zweitens, dass er kein Jude ist. Nur Juden und Antisemiten interessieren sich dafür, ob ein Angeklagter oder Verräter Jude ist. Wie heißt er noch, sagtest du? Herzl?«

»Ja, Theodor Herzl«, bestätigte Werner. »Viel mehr weiß ich auch nicht. Nur, dass er der Pariser Korrespondent der *Neuen Freien Presse* ist. Einer der wichtigsten Journalisten hier.«

Die Rückfahrt war nicht weniger lang und anstrengend als die Hinreise, doch diesmal waren die drei schon darauf vorbereitet und überstanden sie deshalb leichter. Sie verbrachten zwei Tage in Marseille und fünf Tage auf dem Schiff nach Alexandria. Dort mussten sie zweimal übernachten, ehe sie eine Schiffspassage nach Jaffa buchen konnten. Nach zweitägiger Seereise landeten sie Mitte Januar 1895 glücklich in Jaffa und schickten von dort aus ein Telegramm nach Jerusalem, das ihre Ankunft ankündigte. Ein Telegramm aus Ägypten zu schicken wäre wesentlich teurer gewesen.

In der Schmalspurbahn nach Jerusalem witzelte das junge Paar über den schwankenden Zug mit seinen schmalen Holzsitzen, der mit einer Geschwindigkeit von höchstens 25 Stundenkilometern in die Berge hinaufzuckelte, und verglich ihn mit den sanft dahingleitenden französischen Zügen, die 100 Stundenkilometer erreichten und über breite Polstersitze verfügten, die bequemer waren als ihre Sessel zu Hause.

Pinchas beteiligte sich nicht an ihrer Spöttelei. »Verwöhnte Jugend«, knurrte er. »Als ich in eurem Alter war, gab es nicht einmal Kutschen. Das ist unsere einzige Bahnstrecke, und die haben wir auch erst seit ein paar Jahren. Freut euch lieber an dem, was wir endlich unter vielen Mühen erreicht haben.«

Bei der Ankunft der Reisenden in Jerusalem ging es fröhlich zu. Wieder einmal trafen sich die Familien Zemach, Simon und Samara zu einem Festessen. Die Gastgeber waren diesmal David und Neta. Sarah und Werner brannten darauf, von ihren Erlebnissen zu erzählen. Die jungen Leute, die noch nie im Ausland gewesen waren, hatte der krasse Unterschied zwischen der kleinen, rückständigen Stadt Jerusalem und dem riesigen Paris tief beeindruckt. Als sie von dem Dreyfus-Skandal erzählen wollten, stießen sie auf kein großes Interesse. »Interessante Geschichte«, sagten die anderen, »aber wir wollten eigentlich mehr über Paris hören.« Sogar die Beschreibungen von Marseille interessierten sie mehr als der Verrat des französischen Offiziers.

Pinchas und das junge Paar gewöhnten sich schnell wieder an das Jerusalemer Leben und gingen ihren täglichen Beschäftigungen nach. Oswald und seine Familie befassten sich mit den wirtschaftlichen und gemeindlichen Angelegenheiten der Templer in Jerusalem, ihrem florierenden Handel mit den Juden und ihren Beziehungen zu den übrigen Templerdörfern im Lande.

Mustafa widmete sich weiterhin dem Ausbau seiner Geschäfte. Seine Kinder, allen voran Sa'ad, bereisten als seine Vertreter den gesamten Mittleren Osten und betrieben Handel in Istanbul, Damaskus, Beirut und Kairo. Sogar zwei Enkel waren schon in das Familiengeschäft eingestiegen. Manchmal fragte sich Mustafa, ob er immer noch an der Spitze seines Geschäftsimperiums stand oder ob er nur noch ein respektiertes Symbol war wie die englische Königin Victoria, deren Staat faktisch vom Adel regiert wurde. Und wenn schon, tröstete er sich, wenigstens sind die Adligen in meinem Reich meine eigenen Kinder und Erben.

Doch dann, im Sommer 1897, wurde die tägliche Routine jäh unterbrochen. Aus Basel traf eine Nachricht ein, die sie elektrisierte: Der Journalist und Schriftsteller Theodor Herzl hatte eine jüdische Bewegung mit weltweiten Zielen organisiert und den 1. Zionistenkongress einberufen. Diese Bewegung rief alle Juden auf, in ihre biblische Heimat zurückzukehren und dort einen jüdischen Staat zu gründen. Herzl behauptete, das Problem des Antisemitismus könne nur gelöst werden, wenn man den Juden wie allen anderen Völkern ein eigenes Land und eine souveräne Existenz zugestehe. Die Juden, die in Palästina in ihren Bauerndörfern und den Städten Jerusalem, Jaffa, Haifa, Safed und Hebron lebten, nahmen diese Neuigkeit mit tiefer Bewegung auf. Manche glaubten, dass mit Herzl und der zionistischen Bewegung messianische Zeiten angebrochen seien.

10

Jerusalem

– 1898 –

Ein Jahr später wurde Palästina von zwei weiteren aufregenden Meldungen aufgeschreckt: Der deutsche Kaiser Wilhelm II. und Theodor Herzl würden im Oktober 1898 gleichzeitig das Land besuchen. Und nicht nur das – die beiden sollten zusammentreffen und über den jüdischen Wunschtraum von einer Rückkehr ins Land der Väter sprechen.

Auch die muslimische und christliche Bevölkerung sah dem Besuch Theodor Herzls mit Neugier entgegen. Der Begründer der Zionistischen Weltbewegung wurde inzwischen schon spöttisch als »König der Juden« bezeichnet. Doch das größere Aufsehen erregte natürlich der Besuch des deutschen Kaisers, der fast dreißig Jahre nach der Palästinareise seines Vaters Friedrich III., des damaligen preußischen Kronprinzen, stattfand.

Wilhelm II. sollte mit großem Aufwand und Begeisterung empfangen werden. Die Bevölkerung von Jerusalem zählte inzwischen bereits dreißigtausend Einwohner, die zum Teil schon außerhalb der Stadtmauern wohnten. Wilhelm II. war nicht nur der Repräsentant der preußischen Krone, sondern der Kaiser des vereinigten Deutschen Reiches und vor allem ein wichtiger Bündnispartner des Osmanischen Reiches. Das türkische Imperium brauchte solche starken Verbündeten wie die Luft zum Atmen.

So bemühte sich die türkische Regierung nach Kräften, dem hohen Besuch einen ehrenvollen Empfang zu bereiten. Die *Société du Chemin de Fer Ottoman de Jaffa à Jérusalem et Prolon-*

gements hatte natürlich einen Sonderzug für den Kaiser bereitgestellt, doch der Neunundddreißigjährige zog es – vielleicht schon wegen des französischen Namens dieser Gesellschaft – vor, auf der Straße zu reiten und hoch zu Ross in Jerusalem einzuziehen.

Die Türken planten, einen Teil von Jerusalems Stadtmauer niederzureißen, um Platz für den Triumphzug des hohen Gastes zu schaffen. Aber als der Kaiser davon hörte, bezeichnete er diese Maßnahme als barbarische Handlung. So begnügte man sich damit, den Stadtgraben vor dem Jaffator aufzufüllen und eine neue Straße in die Altstadt zu bauen. Wäre irgendjemand in der Stadt noch nicht genügend von der Bedeutung des Kaiserbesuchs überzeugt gewesen, so hätten ihm die Baumaßnahmen am Jaffator diese augenfällig zu Bewusstsein gebracht. Der Sultan und die türkischen Behörden übertrafen sich selbst, um den hohen Gast aus Berlin mit Glanz und Gloria zu empfangen.

Auch David traf seine Vorbereitungen. In rascher Folge erschienen Sonderausgaben seiner Zeitung, die dem Besuch gewidmet waren. Der Wirbel um den hohen Gast hätte allein schon genügt, um seine Nerven und seine Arbeitskraft aufs Äußerste zu strapazieren. Doch zu allem Überfluss sollte ja gleichzeitig auch Theodor Herzl in Palästina eintreffen ... Alle mussten im Verlag aushelfen – die ganze Familie und ein Teil der Freunde, sogar Pinchas Goren, der es genoss, wieder einmal den Geruch von Druckerschwärze einzuatmen.

Der türkischen Regierung ging es bei dem Besuch des Kaisers um mehr als Etikette und Prestige. Im Schatten der wachsenden Bedrohung durch das Zarenreich sahen die Türken in Deutschland einen potenziellen Beschützer – womöglich den einzigen, der am Schicksal des Osmanischen Reiches interessiert war, während Engländer und Franzosen stets ihre eigene Agenda im Blick hatten.

Während David und seine Familie vollauf damit beschäftigt waren, den historischen Wandel zu verfolgen, der sich im Vorfeld der hohen Visite in der Stadt vollzog, sahen auch Oswald und seine Familie dem großen Ereignis mit hochgespannten Gefühlen entgegen. Da der Kaiser vor der Ankunft in Jerusalem auch Haifa und Jaffa besuchen sollte, beteiligten sich die dort ansässigen Templer tatkräftig an den Vorbereitungen. Die Familie Simon kümmerte sich um die Koordination zwischen den Templergemeinden im ganzen Land. Oswald übernahm trotz seines hohen Alters diese Aufgabe mit einem fast kindlichen Enthusiasmus, der seine Kinder in Staunen versetzte. Das bedeutete nicht nur lange Konferenzen in hektischer Atmosphäre, die nach Ansicht der Ärzte seinem Zustand sehr abträglich war, sondern auch Reisen nach Jaffa und Haifa. Seine Angehörigen machten sich Sorgen wegen der langen Fahrten im schwankenden Zug und in holpernden Kutschen.

Der Weg von Jaffa nach Haifa führte nicht an der sumpfigen Küste entlang, sondern über das nordöstlich gelegene Nablus, was die Fahrt wesentlich verlängerte. Zur Überraschung der Familie überstand Oswald diese Strapazen besser als in früheren Jahren.

»Kein Wunder«, sagte Sarah zu seiner Familie, »wenn man aus innerem Antrieb und echter Begeisterung eine Aufgabe anpackt, steigt auch die Leistungsfähigkeit.«

»Und was ist mit seiner Treue zum württembergischen König, der durch die Gründung des Deutschen Reiches ein Untertan des Kaisers wurde?«, fragte Werner.

Sarah und seine Geschwister blickten ihn erstaunt an. Darauf wären sie niemals gekommen! Doch dann merkten sie, dass die Frage nicht ernst gemeint war, und brachen in Lachen aus.

Der älteste Bruder, Christoph, hatte dennoch Bedenken. »Ich bezweifle trotzdem, dass Vater diesen Anstrengungen physisch gewachsen ist.«

»Ein Freund von mir, der in der Armee gedient hat, hat mir einmal erzählt, zu welchen immensen Leistungen der menschliche Körper fähig ist, wenn die psychologische Motivation stimmt«, erwiderte Johanna. »Wenn beispielsweise ein Soldat bei einem Gewaltmarsch hinter den Kameraden zurückbleibt, stellt man ihn an die Spitze der Kolonne. Oft marschiert er dann plötzlich so schnell, dass die anderen ihn auffordern müssen, langsamer zu gehen.«

Schließlich kamen alle überein, dass man dem Vater seinen Willen lassen sollte.

Nur Sarah befand sich in einem Dilemma, wie sie Werner am Abend gestand. Die Templer waren aufgerufen worden, sich an der gründlichen Reinigung ihrer Siedlung, der Dekoration der Straßen mit Pflanzen und Blumen, dem Bau eines Triumphbogens und der Zubereitung verschiedener Erfrischungen für den hohen Besuch zu beteiligen. Doch auch Sarahs Eltern brauchten ihre Unterstützung.

»Wenn die Zeitung schon im Vorfeld täglich erscheint, was die zehnfache Arbeit mit sich bringt, wie soll das erst werden, wenn der Kaiser tatsächlich da ist?«, stöhnte sie. »Wir müssen ja nicht nur den Besuch verfolgen, Material sammeln, Artikel schreiben und den Druck überwachen, sondern auch für die Verteilung der Zeitung sorgen. Sie soll schließlich an allen Veranstaltungsorten rechtzeitig verfügbar sein.«

Werner stand auf und nahm sie fest in den Arm. »Wir schaffen das schon … alle zusammen.«

Tatsächlich wurde Werner beim Wort genommen. »Der Kaiserbesuch bedeutet, dass wir auch nachts arbeiten müssen«, verkündete David am nächsten Tag. »Es wäre schön, wenn deine Neffen und Nichten die Zeitung dann gleich am Morgen verteilen könnten.«

Dass die Kinder diese ehrenvolle Aufgabe mit Freuden übernehmen würden, war zu erwarten, doch David und Neta hatten nicht gewusst, dass die Kinder in der Schule ohnehin nichts versäumen würden. Während des zehntägigen Aufenthalts Kaiser Wilhelms II. in der Stadt waren allgemeine Schulferien angeordnet worden. Sogar die privaten und religiösen Schulen mussten ihre Pforten schließen. Die türkischen Behörden wollten damit erreichen, dass möglichst viele Menschen die Straßen säumten und dem Kaiser zujubelten. Dabei fiel den Schulkindern eine wichtige Rolle zu.

Nicht nur in Jerusalem, auch in Haifa und Jaffa wurden die Besuchstage offiziell zu Feiertagen erklärt. Man würde den Deutschen schon zeigen, was die Türken auf die Beine stellen konnten, wenn der Sultan einen Gast ehren wollte!

Auf Wunsch der türkischen Behörden schickte David eigens einen Reporter nach Haifa, der ersten Station der Reise. Dort hatte man eine neue Mole gebaut, damit die kaiserliche Yacht im Hafen anlegen konnte und die hohen Gäste nicht erst in die fatalen Ruderboote umsteigen mussten. Die Regierung hatte eine von deutschen Templern betriebene Firma mit der Erweiterung des Hafens beauftragt.

Durch Davids Beziehungen zur Familie Simon konnte der Reporter in Haifa Näheres über die Vorbereitungen in Erfahrung bringen, darunter auch einige heikle Details. So musste zum Beispiel der neue Anlegesteg so hoch gebaut werden, dass der Kaiser beim Herabsteigen auf der Gangway seinen verkrüppelten Arm nicht zu zeigen brauchte. Wilhelm II. präsentierte sich zeitlebens nur in Posen, die diesen Makel möglichst kaschierten.

David scheute sich, dieses Detail zu veröffentlichen. Wie würden die Behörden auf einen Bericht reagieren, in dem der Staatsgast so bloßgestellt wurde?

»Keine Sorge«, beruhigte ihn Neta, »die Türken und die Deutschen sind so mit den Vorbereitungen beschäftigt, dass keiner auf eine Meldung in einer kleinen Zeitung achten wird, die außerdem in einer unverständlichen Sprache geschrieben ist. Bis sich ein Denunziant findet, der den Behörden den Bericht aus dem Hebräischen übersetzt und diese ihn zu lesen geruhen, ist das alles längst in Vergessenheit geraten.«

Doch diesmal ließ sie ihren Worten kein fröhliches Gelächter folgen. Anscheinend hatte sie auch Bedenken, war aber nicht bereit, darauf Rücksicht zu nehmen.

Sie ist wirklich eine echte Journalistin geworden, dachte David. Auf eine gute Story kann sie partout nicht verzichten.

Weitere Berichte in Davids Zeitung befassten sich mit dem Großreinemachen in Jerusalem. Im Zuge der Vorbereitungen für die Palästinareise des Kaisers wurde die Stadt zum ersten Mal seit der türkischen Eroberung vierhundert Jahre zuvor von Grund auf gesäubert. Häuser wurden wahllos abgerissen, um Platz für die Kutschen der Gäste zu schaffen.

Seit dem Besuch des österreichischen Kaisers Franz Joseph im Jahr 1869 hatten sich wieder ganze Berge von Schutt und Abfall an den Straßenrändern gesammelt. Man hatte es den Einwohnern überlassen, vor der eigenen Haustür zu fegen, und wie zu erwarten gewesen war, hatte die Begeisterung für diese lästige Tätigkeit sich in Grenzen gehalten. Die Stadtväter standen vor einer gigantischen Aufgabe. Die Bevölkerung hatte sich inzwischen verdreifacht. Obwohl neue Siedlungen außerhalb der Stadtmauern entstanden waren, lebten die meisten Einwohner immer noch in der Altstadt. Die stinkenden Abwässer flossen offen durch die schmalen Gassen.

Die Anordnungen der Regierung in Istanbul waren eindeutig: Jerusalem müsse so reinlich aussehen »wie eine europäische Stadt«. Außerhalb der Mauern solle man überall da säubern, »wo der deutsche Kaiser vorbeizieht«. Wie die Sanierung der Stadt finanziert werden sollte, blieb offen. Die städtischen Beamten waren ratlos.

Mustafa konnte sich sehr gut vorstellen, wie das Problem gelöst werden würde. »Sie werden die Stadt einfach zusperren«, erklärte er David und Neta, als er am Nachmittag in der Redaktion vorbeischaute. »Wer nicht in Jerusalem wohnt, darf rein. Aber die Einwohner dürfen nicht raus, bis sie unter Aufsicht bewaffneter und mit Stöcken ausgerüsteter Polizisten die Straßen und Gassen gereinigt haben.«

David und Neta waren entsetzt.

»Das wird einen Aufstand geben!«, rief Neta.

»Liebe Freunde«, sagte Mustafa lachend, »wie lange lebt ihr schon in diesem Land? Über dreißig Jahre? Lange genug, um die hiesige Mentalität zu kennen. Alle werden den Mund halten und brav zu Besen und Schaufel greifen.«

»Alle?«, fragte David zweifelnd.

»Alle ohne Ausnahme, Muslime, Christen und Juden«, erwiderte Mustafa und fügte mit verschmitztem Lächeln hinzu: »Außer denen, die so klug sind, die zuständigen Beamten, Militärs und Polizisten ein wenig zu schmieren, und das werden nicht wenige sein. Darunter auch ihr und ich.«

»Wem sollen wir ein Bakschisch zustecken und wie viel?«, fragte David besorgt.

»Überlasst das nur mir«, beruhigte ihn Mustafa. »Wenn ihr oder Oswalds Familie mit den Türken verhandelt, geht ihr bankrott. Die Vermittlungsgebühr könnt ihr mir später zahlen«, fügte er lachend hinzu. Doch dann verstummte er plötzlich und klopfte David und Neta beschwichtigend auf die Schultern.

Ich darf mit meinen Scherzen nicht zu weit gehen, dachte er. Die Juden könnten mich am Ende noch ernst nehmen … Sie haben zwar Humor, sind aber sehr empfindlich. Meinem Freund David kann man das sofort ansehen. Wenn er sich Sorgen macht oder Angst hat, erscheinen gleich tiefe Furchen auf seiner Stirn.

Tatsächlich hatte David mit gerunzelter Stirn zugehört, doch

Mustafas Lachen und seine freundschaftliche Geste beruhigten ihn.

Trotz der drakonischen Maßnahmen der Stadtväter waren auch die Jerusalemer Bürger zufrieden. Die Stadt war jetzt sauber. Außerdem erhofften sie sich von dem Kaiserbesuch nicht nur ein grandioses Schauspiel, sondern auch einen finanziellen Gewinn, der die verlorenen Einnahmen während der Säuberungsaktion weit übertreffen würde. Schon strömten von überall Menschen herein, um den Kaiser zu sehen. Die wenigen kleinen Hotels waren ausgebucht und schlugen Zelte in den Höfen auf, in denen die Gäste auf Matratzen oder Matten schliefen. Bald folgten diesem Beispiel auch die ersten Privatleute. Eine Übernachtung im Zelt kostete schon mehr als ein Hotelzimmer in normalen Zeiten. Wie Mustafa immer sagte: »Letztlich profitieren alle und sind zufrieden.«

Davids Redaktionsteam verfolgte die Vorbereitungen für den Besuch in allen Einzelheiten, vermied es jedoch, über die Eifersüchteleien zu berichten, die sich hinter den Kulissen abspielten. Die verschiedenen Gemeinden wetteiferten darum, die größten und prächtigsten Triumphbögen aufzustellen. Man spionierte bei der Konkurrenz, um nicht von den anderen übertroffen zu werden, und verfiel auf die Idee, die Triumphbögen mit hölzernen Rädern zu versehen, damit sie an den verschiedenen Stationen der kaiserlichen Route mehrmals verwendet werden konnten. Die naive Vermutung, dass die Deutschen darauf hereinfallen würden, sollte sich freilich als Irrtum erweisen. Die konkurrierenden Gemeinden sorgten dafür, dass der Trick verraten wurde. Die Deutschen amüsierten sich zwar darüber, freuten sich aber auch, weil sie sahen, wie sehr den Gastgebern an ihrem Kaiser gelegen war.

Die Türken hatten Jerusalem nicht nur auf Hochglanz poliert, sondern auch erstmals für eine Straßenbeleuchtung gesorgt. Während des Kaiserbesuchs berichteten Davids Reporter, unzufriedene Bürger hätten sich darüber beklagt, dass die neue Straßenbeleuchtung fest installiert war, sodass man sie nicht von einer Straße zur anderen tragen konnte wie die Triumphbögen. Doch wenigstens waren sie nicht darauf angewiesen, jeden Abend Laternen in ihre Fenster zu hängen.

Bei einem der traditionellen Essen des Freundeskreises erzählte Mustafa, dass die muslimische Gemeinde, die sich bei den Vorbereitungen zum Kaiserbesuch besonders hervortat, beim Empfang der hohen Gäste eine neue Erfindung vorführen werde, die alle Zuschauer in höchstes Erstaunen versetzen würde. Er selbst habe dergleichen nur in Kairo gesehen. Welcher Art die Überraschung sein würde, verriet er allerdings nicht.

Sie misslang denn auch gründlich: Am Tage des Empfangs überreichte die Tochter eines prominenten Mitglieds der muslimischen Gemeinde der Kaiserin Auguste Viktoria einen riesigen Blumenstrauß. Die Kaiserin wäre fast gestolpert, als sie ihn entgegennahm. Das Mädchen, das wegen seiner Deutschkenntnisse für diese Aufgabe ausgewählt worden war, sagte unter den wohlwollenden Blicken der Gäste seinen Begrüßungsspruch auf. Dann kam die Überraschung: Als Höhepunkt des Empfangs sollte das Mädchen ein Feuerwerk zünden. Doch statt bunte Feuergarben in den Himmel zu schicken, explodierte der Treibsatz und setzte das Kleid des Mädchens in Brand. Der Leibarzt des Kaisers stürzte herbei und versuchte, das Kind zu retten, doch es starb nach wenigen Minuten unter schrecklichen Qualen.

Alle für den Abend geplanten Veranstaltungen fielen aus. David, der über das Feuerwerk als Glanzpunkt des Besuches hatte berichten wollen, konnte vor Erschütterung kein Wort zu Papier bringen. Am nächsten Morgen erschienen die *Chadschot Ha'jischuw* nicht – zum ersten Mal, seit die Vorbereitungen zur Ankunft Wilhelms II. begonnen hatten.

Was David, seine Familie, seine Mitarbeiter und die meisten Juden in Palästina ebenso oder noch mehr faszinierte als der Kaiserbesuch, war die Ankunft von Theodor Herzl. Seit der Veröffentlichung seines Manifests über die Gründung eines jüdischen Staates im Jahre 1896 hatte sich dessen Botschaft wie ein Lauffeuer verbreitet. *Der Judenstaat* löste eine Erschütterung aus, wie sie die Diaspora seit dem Untergang des jüdischen Reiches vor fast zweitausend Jahren noch nicht erlebt hatte. Der Journalist aus Wien, der für die *Neue Freie Presse* schrieb, hatte einen beispiellosen Sturm in der jüdischen Welt ausgelöst.

Die Anhänger der neuen zionistischen Bewegung waren begeistert, aber die liberalen westlichen Juden schraken vor Herzl zurück. Sie fürchteten, dass seine Ideen und Aktivitäten ihre verzweifelten Assimilierungsversuche untergraben würden. Daher bemühten sie sich noch mehr, als gleichberechtigte Bürger in die allgemeine Gesellschaft aufgenommen zu werden, und wurden zu glühenden Patrioten in ihren Gastländern. Als David mit Pinchas über die Integrationsbemühungen der mittel- und westeuropäischen Juden sprach, meinte der alte Mann lächelnd: »Die Reingeschmeckten sind schlimmer als die geborenen Gojim.«

»Das ist leider gar nicht zum Lachen«, entgegnete David. Er prangerte in seiner Zeitung den übertriebenen und manchmal theatralischen Patriotismus der westeuropäischen Juden an, die sich viel mehr mit Deutschland, Österreich, Frankreich und England identifizierten als mit der kleinen Gemeinde in Palästina. Doch im Ausland las niemand seine Artikel, und zu Hause erntete er meistens nur Spott. Dann erhielt er einen Leserbrief, in dem es hieß:

Ich habe Ihre Stellungnahme für Herzl und seine Ideen gelesen. In Ihrem Leitartikel kritisieren Sie die Juden in Mittel- und Westeuropa, die sich gegen den »Zionismus« wenden, wie Herzl ihn bezeichnet. Ich möchte Ihnen etwas erzählen, was ich vor meiner Einwanderung nach Palästina in Wien erlebt habe: Ich war bei meinem Onkel, einem reichen Wiener Juden, eingeladen. Zu den Gästen zählte der allseits hochgeschätzte Theodor Herzl. Mein Onkel hatte ihn gebeten, einen Vortrag über die zionistische Idee zu halten. Nach dem Vortrag trat ein peinliches Schweigen ein. Die Anwesenden waren gutbürgerliche österreichische Patrioten und wollten ihrem Land die Treue halten. Schließlich stand mein Onkel auf, der sich als Gastgeber verpflichtet fühlte, das Eis zu brechen. »Ich befürworte Dr. Herzls Ideen«, sagte er. »Wenn ein jüdischer Staat in Palästina entsteht, werde ich dort österreichischer Botschafter.«

David schwankte, ob er diesen Leserbrief veröffentlichen sollte. Er fürchtete den antizionistischen Spott der orthodoxen Juden. Doch Neta ermutigte ihn.

»Warum nicht?«, meinte sie. »Ein bisschen Polemik wird Herzls Anhänger anfeuern, noch entschlossener für den Zionismus zu kämpfen.«

Als Herzl in Palästina eintraf, brauchten die Juden des Landes keinen weiteren Ansporn, um ihn mit fast hysterischer Begeisterung zu empfangen. Der Kaiserbesuch mochte noch so aufregend sein – Herzls Ankunft in Jaffa wurde von der jüdischen Bevölkerung mit noch größerer Freude begrüßt. Zwei alte Juden drängten sich durch die Menge zu dem großen Mann vor und warfen sich zur Erde, um ihm die Füße zu küssen. Herzl wich erschrocken zurück. In den landwirtschaftlichen Ansiedlungen am Meer und in der Küstenebene wurde ihm ein überwältigender Empfang zuteil. Alle fieberten Herzls Besuch entgegen. Da noch keine telegrafische Verbindung bestand und man nicht genau wusste, wann er eintreffen würde, wurden junge Burschen zu Pferd nach Jaffa geschickt, um Näheres zu erfahren.

David wusste nicht, wo ihm der Kopf stand. Was tun? Sollte er in der Redaktion die Berichte seiner Reporter abwarten oder selbst zu den Stationen des kaiserlichen Triumphzugs und der Fahrtroute Herzls eilen? Er mobilisierte nicht nur seinen Sohn Juval, sondern setzte auch die Kinder seiner Freunde und Schüler als Boten und Läufer ein. Sarah arbeitete Tag und Nacht in der Redaktion. Werner bereitete die Empfänge für den Kaiser in den Templersiedlungen vor. Aus Mangel an Berichterstattern heuerte David in den jüdischen Ansiedlungen einige junge Dorfbewohner als Reporter an.

Die Berichte, die er von ihnen erhielt, waren eigentlich zu überschwänglich, um sie für seriöse Artikel zu verwenden. Aber was tat das zur Sache? David und Neta waren selbst tief bewegt. In den jüdischen Dörfern zogen die jungen Amateurreporter zu Pferd aus, um den Besucher abzufangen und ihn als Ehrenwache zu begleiten. Sie verbrachten Tage und Nächte im Freien, ließen sich aber nicht entmutigen. Im Gegenteil, je länger sie warteten, desto mehr stieg ihre Begeisterung.

Nachdem wir eines Morgens nach unbequemem Schlaf unter freiem Himmel aufgestanden waren, meldete unser Wachposten, der von einem Hügel aus die Straße beobachtete, er habe das Geräusch von anrollenden Kutschen gehört. Wir sprangen auf und löschten schnell das Lagerfeuer, auf dem wir Kaffee kochen wollten. Dann stiegen wir auf die Pferde. Einer von uns galoppierte ins Dorf, um die Ankunft des Gastes zu melden. Als sich die beiden Kutschen näherten, in denen Herzl und seine Begleiter saßen, umkreisten wir sie mit Hochrufen wie bei einer arabischen Fantasia. Die Kutschen hielten an. Dr. Herzl, in einem hellen Sommeranzug und einem Tropenhut aus Kork, stieg aus und kam auf uns zu. Wir sprangen von den Pferden und umringten ihn. Wir waren etwa dreißig junge Burschen. Herzl begrüßte uns alle mit einem festen, herzlichen Hände-

druck. Er dankte jedem von uns mit ein paar hebräischen Worten, aber er sprach vor allem Französisch. Da wir als Bauern keine Übung in langen Reden haben, riefen wir immer wieder im Chor: »Es lebe Dr. Herzl! Willkommen!« Vermutlich genügte ihm das auch. Die langen oder teilweise zu langen Ansprachen hörte er später im Dorf. Es war sicher anstrengend für ihn, denn wenn die Redner kein Französisch konnten, sprachen sie Hebräisch, obwohl der Gast die Sprache nicht beherrschte.

Unter anderem berichtete Davids Reporter weiter, dass Herzl einen seiner Wiener Begleiter, der den Besuch in Palästina organisiert hatte, nach der Einwohnerzahl der Siedlung gefragt habe:

»Hatten Sie mir nicht gesagt, dass in diesem Dorf knapp tausend Menschen einschließlich der Kinder leben?«

»Jawohl«, antwortete der Begleiter in unsicherem Ton.

»Aber hier sind mindestens doppelt so viele versammelt«, erwiderte Herzl. »Ist die Bevölkerung seit unserer Abreise aus Wien so stark gewachsen?«

An diesem Punkt sagte ich, da ich dieses auf Deutsch geführte Gespräch dank meiner Jiddischkenntnisse verstanden hatte, zwar nicht auf Jiddisch, doch auf Französisch zu Herzl: »Sie haben recht, in diesem Dorf leben nicht mehr als tausend Einwohner, einschließlich Kindern und Kranken. Alle sind hier versammelt, keiner fehlt. Niemand ist zur Arbeit gegangen. Die Schule ist geschlossen. Wir brauchen die Kinder für den Empfang zu Ihren Ehren. Aber die vielen Zuschauer, die etwas scheu in den hinteren Reihen stehen, gehören nicht zu unserer Siedlung. Es sind Nachbarn aus den arabischen Dörfern der Umgebung. Hören Sie, was sie murmeln? Malik el jahud, der König der Juden. *Auch sie werden sich noch viele Jahre an diesen Tag erinnern.«*

Herzl sagte erstaunt: »Araber? Mohammedaner?«

»Ja, Mohammedaner«, erwiderte ich. »In dieser Gegend gibt es keine christlichen Araber.«

Herzl warf mir einen etwas ungläubigen Blick zu, bis die Umstehenden sich anfangs noch zögernd und dann eifriger in das Gespräch einmischten.

»Ja, ja, es ist wahr«, riefen sie wie aus einem Munde, »das sind unsere mohammedanischen Nachbarn!«

Herzl blieb stehen, zog einen Schreibblock aus der Tasche und machte sich einige Minuten lang Notizen.

Solche und ähnliche Berichte strömten von allen Seiten auf David ein. Die Schilderungen der Besuche Wilhelms II. in Haifa und Jaffa und seiner Fahrt auf einer in den letzten drei Jahren entstandenen hundert Kilometer langen Straße zwischen Jaffa und Haifa, bei deren Bau viele zur Zwangsarbeit verpflichtete Fellachen ums Leben gekommen waren, häuften sich auf seinem Schreibtisch. So viel Material!

»Was machen wir damit?«, fragte er Neta. »Wir brechen ohnehin schon unter der vielen Arbeit zusammen.«

Doch Neta ließ sich nicht aus der Ruhe bringen. Sie hatte die Arbeitsteilung oder, genauer gesagt, eine zusätzliche Facette der Berichterstattung von langer Hand vorbereitet. Dabei ließ sie sich von dem Gedanken leiten, dass man nicht nur die offiziellen Zeremonien beschreiben, sondern die Berichte auch mit kleinen Anekdoten und Klatschgeschichten würzen sollte. Dafür würden sie und Gertrud gemeinsam sorgen. Seit sie sich gegen Oswalds Willen für die Heirat ihrer Kinder eingesetzt hatten, fühlten sie sich als Komplizinnen. Während des Kaiserbesuchs würden sie sich gegenseitig die Geschichten zutragen, die sie hier und dort aufschnappten. Gertrud war zwar nicht an der Zeitungsarbeit beteiligt, schrieb aber hinter dem Rücken ihres Mannes ein Tagebuch, das sie zu einem späteren Zeitpunkt der Tempelgemeinde zu übergeben gedachte.

Auf diese Weise gelangte beispielsweise eine Meldung in die Zeitung, in der es hieß, der Kaiser habe aus Deutschland vorgefertigte Wohnbauten und Fachleute mitgebracht, die Unterkünfte für ihn und sein großes Gefolge errichten sollten. Es hieß aber auch, dass der Kaiser und seine Begleiter noch vor der Ankunft in Jerusalem am 29. Oktober 1898 beschlossen hätten, diese Fertigbauten wegen der für diese Jahreszeit ungewöhnlichen Hitze nicht zu verwenden. Stattdessen wurden auf einem großen Gelände vor dem Damaskustor prunkvolle Zelte errichtet. In der Mitte stand das Zelt für den Kaiser, das wegen seines runden, von einer Spitze gekrönten Dachs von manchen als »preußische Pickelhaube« bezeichnet wurde.

Eingerichtet hatte das luxuriöse Zeltdorf aus 230 Zelten das Londoner Reiseunternehmen Cook, das die gesamte kaiserliche Orientreise vorbereitet und organisiert hatte. Schon in den 1870er-Jahren hatte Cook Jerusalem in sein Programm aufgenommen und am Jaffator eine Niederlassung gegründet.

Weitere Details, die Neta ihm zutrug, wollte David nicht veröffentlichen. Sie hatte aus einer »geheimen« Quelle erfahren, dass der Kaiser sich bei seiner Entourage über den Gestank in Jerusalem beschwert hatte. Er hatte behauptet, man könne kaum atmen.

David schüttelte ärgerlich den Kopf. »Hat man diesem verwöhnten Deutschen nicht von der Säuberungsaktion erzählt, die hier zu seinen Ehren stattgefunden hat? Wäre er vorher gekommen, dann hätte er erleben können, was Gestank und verpestete Luft sind. Aber das werden wir natürlich nicht schreiben!«

Neta, die nicht auf ihre Exklusivmeldung verzichten wollte, wandte ein: »Man könnte versuchen, den Geruch mit der brütenden Hitze zu erklären, mit der man Anfang November niemals gerechnet hätte. Der Kaiser ist ja nicht schuld daran, dass ihm unter solchen Umständen das Atmen schwerfällt. Weißt du übrigens«, fügte sie hinzu, »dass er wegen der Hitze seine Reise nach Jericho abgesagt hat? Die armen Türken haben ein Vermögen investiert, um seinetwegen eine Telegrafenleitung nach Jericho zu verlegen, und jetzt wird sie nur von den Kamelen benutzt!«, rief sie lachend.

Doch diesmal ließ David sich nicht überzeugen. »Es geht nicht nur darum, dass wir die Türken nicht verärgern dürfen«, wandte er ein. »Wir sollten es auch mit den Deutschen nicht verderben. Der Kaiser und sein Volk haben sich uns Juden gegenüber vorbildlich verhalten. Ich habe auch gehört, dass Herzl große Hoffnungen auf sie setzt.«

11

Jerusalem

– 1898 –

Wie Theodor Herzl hatten auch Pinchas, Werner und Sarah bei ihrem Paris-Aufenthalt aufgrund der Zeitungsberichte den Eindruck gewonnen, dass Alfred Dreyfus der Spionage schuldig war. Doch drei Jahre später wurde nach seiner Verurteilung und Verbannung auf die französische Teufelsinsel in Südamerika der Fall wieder aufgerollt und erregte beispielloses Aufsehen in der Öffentlichkeit.

Der französische Schriftsteller Émile Zola hatte am 13. Januar in *L'Aurore*, der Zeitung von Georges Clemenceau, unter der Schlagzeile *»J'accuse …!«* dem französischen Kriegsgericht vorgeworfen, es habe Dreyfus zu Unrecht verurteilt. In Wirklichkeit habe ein anderer französischer Offizier namens Ferdinand Esterhazy den Deutschen Militärgeheimnisse verkauft, um seine Spielschulden zu begleichen. Als die französische Gegenspionage die einschlägigen Dokumente aufdeckte, habe man Dreyfus, der eine ähnliche Handschrift hatte wie Esterhazy, die Schuld an dem Verrat zugeschoben. Doch als sich herausstellte, wer der eigentlich Schuldige war, ignorierte der französische Generalstab diese Erkenntnis, um das Ansehen der Armee zu retten, und überließ Dreyfus seinem Schicksal.

Als Zolas Artikel mit mehrmonatiger Verspätung in der Redaktion der *Chadschot Ha'jischuw* landete, hatte David wegen der Besuche des Kaisers und Theodor Herzls alle Hände voll zu tun. Ein höchst seltsamer Fall, dachte er und rief Werner zu sich.

»Hast du mir nicht mal von einer Spionageaffäre erzählt, als du mit Sarah und Pinchas aus Paris zurückkamst?«, fragte David.

»Gewiss«, antwortete Werner, »aber das ist eine alte Geschichte. Seitdem sind ja ein paar Jahre vergangen. Warum interessierst du dich plötzlich dafür? Gibt es etwas Neues? Ist Dreyfus auf der Teufelsinsel gestorben?«

Statt einer Antwort reichte ihm David wortlos die Zeitung mit der riesigen Schlagzeile: *J'accuse …!*

Werner las den Artikel mit wachsender Erregung. Zola behauptete nicht nur, dass Dreyfus unschuldig sei. Er warf auch einigen führenden Militärpersönlichkeiten vor, sich gegen den jüdischen Offizier verschworen zu haben.

»Was machen wir damit?«, fragte er.

»Einstweilen gar nichts«, erwiderte David. »Ich werde Sarah bitten, den Fall in der französischen Presse zu verfolgen. Sobald die Besucher aus Berlin und Wien abgereist sind, werde ich darauf zurückkommen. Wenn die Affäre wieder in Vergessenheit gerät, werden wir sie ignorieren. Falls sie weitere Kreise zieht, können wir alle, ihr und Neta und ich, immer noch darüber sprechen. Ihr seid doch unsere Frankreich-Experten«, fügte er lächelnd hinzu.

Am 29. Oktober 1898 ritt Kaiser Wilhelm auf einem Schimmel durch das Jaffator in Jerusalem ein. Zu seinem großen Gefolge gehörten ein Reiterzug preußischer Husaren und eine Gruppe osmanischer Lanzenträger.

Der Kaiser trug eine weiße, mit blitzenden Orden geschmückte Paradeuniform, darüber, wie Kaiserin Auguste Victoria, einen weißen Staubmantel. Auf seiner Pickelhaube prangte ein riesiger goldener Adler, der größer war als der Kopf des Monarchen. Rund um den Helm war ein weißer Schleier geschlungen, der über den Rücken herabhing und den Kaiser fast wie einen orientalischen Herrscher aussehen ließ. Die Hände Kaiser Wilhelms ruhten auf dem Griff eines Säbels, der von der Brust bis zum Steigbügel reichte. An seinen kniehohen Stiefeln blitzten lange, spitze Sporen.

»Mir tut das Pferd leid, das diese Sporen zu spüren bekommt«, flüsterte Neta, als Wilhelm II. langsam herangeritten kam. Sie stand mit ihrem Mann auf der etwas erhöhten Terrasse eines Cafés an der Jaffa-Straße und beobachtete den Einzug des deutschen Herrschers. Zahllose Schaulustige säumten die Straße – die Einwohner Jerusalems, türkische Offiziere mit ihren Frauen und Bauern aus den landwirtschaftlichen Siedlungen standen auf Balkonen, Flachdächern und Mauern. Auch einige Beduinen ließen sich das Spektakel nicht entgehen. Hoch aufgerichtet saßen sie stolz auf ihren Pferden.

Neta fühlte ein seltsames Unbehagen. Ihr Blick glitt über das Gesicht des Herrschers und blieb an seinem großen, hochgezwirbelten Schnurrbart hängen. Die Schnurrbartspitzen sahen wie Spieße aus. Wer weiß, ob sich diese bedrohlichen Spitzen nicht einmal gegen uns richten, dachte sie.

David sah ihr an, dass ihr der Kaiser unheimlich war. »Stell ihn dir im Evakostüm vor«, flüsterte er.

Neta hielt sich die Hand vor den Mund, um nicht laut zu lachen. »Eva hatte aber keinen Schnurrbart«, sagte sie leise.

In den nächsten Tagen – der Kaiser erkundete die Stadt, weihte am Reformationstag die Erlöserkirche ein und besuchte den Tempelberg – erreichte die Anspannung in der Redaktion ihren Höhepunkt. Bald würde Theodor Herzl den Kaiser zu einem Gespräch treffen.

Nach einer ersten Begegnung in Istanbul hegte man in Herzls Umgebung hoch gespannte Erwartungen. Der Kaiser hatte den Zionistenführer in der osmanischen Hauptstadt huldvoll empfangen. Bei der zweiten Begegnung in der jüdischen Landwirtschaftsschule Mikwe Israel, die er bei dem Ritt von Jaffa nach

Jerusalem besucht hatte, war er sogar vom Pferd gestiegen, um Herzl die Hand zu drücken. Auf dem offiziellen Foto von dieser Begegnung, das um die Welt ging, saß der Kaiser allerdings hoch zu Ross, während Herzl ehrerbietig den Hut zog. Das Bild war allerdings eine Fotomontage: Auf dem Original hatte der Fotograf nur die Fußspitze Theodor Herzls erwischt.

Das dritte, entscheidende Treffen am 2. November im kaiserlichen Zeltlager vor den Toren Jerusalems war zu wichtig, um die Berichterstattung jungen, unerfahrenen Reportern zu überlassen. Es ging um eine einmalige Chance im Leben eines Journalisten und erst recht eines jüdischen Journalisten. Die Pressevertreter, darunter David, Neta und Juval, staunten über das Heer der Kutscher, Treiber, Pferde, Köche und Kellner im Zeltlager Wilhelms. Aus einiger Entfernung konnten sie beobachten, wie der Kaiser Herzl und seine vier Begleiter am Eingang seines Zeltes empfing.

Eifrig brachte sich der Schwarm der Fotografen, von denen es in Jerusalem inzwischen sehr viele gab, in Stellung. An der Jaffa-Straße reihten sich die offenen Ateliers, in denen sich Pilger und Touristen aus aller Herren Länder in Kulissen und Gewändern »aus 1001 Nacht« ablichten lassen konnten.

Nach langem, nervenaufreibendem Warten sahen David, Neta und Juval, wie Herzl und seine Begleiter das Zeltlager wieder verließen. Der Pulk von Journalisten musste sich allerdings mit wenigen dürren Worten des Zionistenführers begnügen.

»Seine Majestät, der Kaiser, war sehr freundlich und entgegenkommend«, erklärte er und richtete die dunklen, mandelförmigen Augen auf seine Zuhörer. »Er hat mein Ersuchen und meine Vorschläge wohlwollend und verständnisvoll aufgenommen. Er versprach, sie ernsthaft zu erörtern und auf uns zurückzukommen.«

Herzl war nicht bereit, Fragen zu beantworten. Er sprach mit keinem Menschen, stieg in die Kutsche und fuhr davon.

Während sich die Journalisten zerstreuten, blieben David, Neta und Juval wie angewurzelt stehen und sahen sich stumm an.

»Wollt ihr wissen, was ich denke?«, brach schließlich Juval das Schweigen. »Bei dem Gespräch ist nichts herausgekommen. Nicht das Geringste. Ich weiß nicht, warum, aber ich habe so ein Gefühl.«

Weder David noch Neta widersprachen ihm. Doch sie wagten auch nicht, ihm zuzustimmen. Das wäre allzu schmerzlich gewesen.

Der Leitartikel, den David an jenem Abend verfasste, enthielt viele Einzelheiten über den feierlichen Empfang, der Theodor Herzl im kaiserlichen Zeltlager zuteil geworden war. Er zitierte dessen Äußerungen nach der Audienz beim Kaiser, erwähnte aber die pessimistische Einschätzung seines Sohnes mit keinem Wort. Er wich auf die Formulierung aus: *Der Inhalt des Gesprächs war von derart schicksalhafter Bedeutung, dass er einstweilen mit Diskretion behandelt werden muss.*

Am 20. November schrieb der Kaiser an seine Mutter, die sich bei einem ihrer häufigen Besuche bei Königin Victoria in London aufhielt. Die persönlichen Beziehungen zwischen Wilhelm II. und seiner britischen Mutter waren nie besonders herzlich gewesen, und auch politisch klaffte zwischen ihnen ein Abgrund. Doch zumindest nach außen hin begegnete ihr Wilhelm stets mit Respekt. Auf der Heimfahrt von seiner Orientreise nach Berlin verfasste er in Messina, wo sein Schiff kurz anlegte, einen seiner seltenen Briefe an sie.

Er beschrieb seine Reise auf eine Art, die seine Gastgeber in Palästina nicht wenig befremdet hätte. Während er Damaskus und Beirut in höchsten Tönen pries, bezeichnete er Jerusalem als einen trostlosen Steinhaufen:

Der Mangel an Schatten und Wasser ist entsetzlich ... Jerusalem ist gänzlich verdorben durch die vielen ganz modernen Vororte ... voller jüdischer Kolonisten. 60 000 von diesen Leuten waren da, schmierig, erbärmlich und verkommen, die nichts zu tun haben, außer sich bei den Christen und Muselmanen gleichermaßen verhasst zu machen, indem sie diesen Nachbarn jeden schwer verdienten Groschen abzuknöpfen suchen. Lauter Shylocks allesamt.

Über die protestantischen Kirchen und die anglikanische Kirche äußerte er sich freundlicher. Die Grabeskirche beschrieb er allerdings als eine Mischung aus Basar und chinesischem Tempel. Die heiligen Stätten des Islams erwähnte er gar nicht. Er bat darum, seiner Großmutter, der Königin Victoria, herzliche Grüße und Küsse zu übermitteln, und unterzeichnete den Brief mit *Willy*, dem Kosenamen, den ihm seine Mutter gegeben hatte.

Nachdem der Kaiser und sein Gefolge am 4. November 1898 mit der Eisenbahn nach Jaffa abgereist waren und auch Herzl das Land verlassen hatte, luden die Simons Pinchas und die Familien Zemach und Samara zum Abendessen ein. Das Haus in der Templerkolonie war fast zu klein, um alle Gäste zu fassen. Außer den vier Freunden und deren Frauen waren auch die Kinder mit ihren Ehepartnern und die Enkel erschienen. Sie wollten gemeinsam das Ende des historischen Besuchs feiern, der »ihrer« Türkei so wichtig gewesen war. Nach langen Wochen, in denen jeder das Äußerste gegeben hatte, herrschte nun allgemeine Zufriedenheit und Erleichterung. Sie konnten sich auf ihren Lorbeeren ausruhen.

Am Rande des fröhlichen Getümmels setzte Neta sich mit Juval zusammen, nachdem die anderen Männer sich mit Kaffee, Zigarren und Kognak in eine Ecke zurückgezogen hatten.

»Wie siehst du die Ergebnisse des Besuchs?«, fragte Juval seine Mutter.

»*Je suis restée bredouille* – ich habe keine Idee. Ich bin mir nicht sicher, zumindest was die Zukunft der zionistischen Idee in unserem Land betrifft«, erwiderte Neta. »Die Frage ist«, fügte sie nachdenklich hinzu, »ob es nicht ein Fehler war, unsere geheimen Hoffnungen auf Deutschland zu setzen.«

Juval nickte. »Unsere Enttäuschung ist sicher nicht unbegründet. Ich weiß zwar auch nicht, wie das Treffen zwischen Wilhelm II. und Herzl genau verlaufen ist. Die Rede war ja nur von einem sehr freundschaftlichen Gespräch in einer angenehmen und entspannten Atmosphäre. Aber ich habe mich umgehört. Aus seiner Delegation verlautet, dass nach dem erfolgreichen Treffen in Istanbul eine Wende eingetreten ist. Sultan Abdülhamid hat sich dem deutschen Kaiser gegenüber dort offenbar nachdrücklich gegen den Zionismus und noch mehr gegen ein deutsches Engagement in Palästina ausgesprochen. Du weißt ja, dass er wegen der Massaker an Rebellen oder vermeintlichen Rebellen auch ›der rote Sultan‹ genannt wird«, fügte er hinzu. »Jedenfalls hat Wilhelm II. wahrscheinlich auf den Plan verzichtet, den er mit Herzl erörtert hatte, und wichtigeren deutsch-türkischen Interessen den Vorrang eingeräumt.«

»Sehr wahrscheinlich«, erwiderte Neta nach leichtem Zögern. »Was du mir gesagt hast, ist nicht gerade erfreulich, aber wenigstens sehe ich jetzt klar. Wir werden gründlich und realistisch darüber nachdenken müssen, wie es weitergeht.«

Ende November kam Werner im Gespräch mit David auf das Thema zurück, das ihm, seit er Zolas Artikel in *L'Aurore* gelesen hatte, immer wieder durch den Kopf gegangen war.

»Was geschieht in Frankreich? Hast du etwas Neues von dem angeblichen Verräter gehört?«

Der Fall Dreyfus hatte sich inzwischen zur sensationellsten

Affäre seit der Gründung der Dritten Republik vor über einem Vierteljahrhundert entwickelt. Er wurde nicht nur in Frankreich und Europa, sondern in der ganzen Welt auf den Titelseiten der Zeitungen diskutiert. In Frankreich kam es beinahe zu einem Bürgerkrieg. Émile Zola hatte mit Unterstützung des Herausgebers Georges Clemenceau einen Sturm ausgelöst, indem er die Verschwörung gewisser Militärkreise gegen den jüdischen Offizier aufdeckte. Je mehr sich das Volk und die Pariser Eliten über das Unrecht empörten, das man Dreyfus angetan hatte, desto hartnäckiger verteidigten die Verschwörer ihre Meinung, dass er zu Recht verurteilt worden sei.

Sarah und Werner interessierten sich immer mehr für den Fall. Schließlich waren sie in Paris Zeuge der Degradierung des jüdischen Offiziers gewesen. Doch seit ihrer Reise hatten sie kaum noch daran gedacht. Von Jerusalem aus schienen Paris und seine Skandale unendlich fern. *Loin des yeux, loin du cœur* – aus den Augen, aus dem Sinn.

Doch inzwischen betrachteten sie die Dreyfus-Affäre als ihr persönliches Anliegen. Ihr intensives Engagement führte dazu, dass sie nach und nach einen Teil der leitenden Funktionen in der Redaktion der *Chadschot Ha'jischuw* übernahmen, die nun wieder wie zuvor als Wochenzeitung erschien.

»Langsam, aber sicher macht mir die junge Generation meine Position streitig«, brummte David.

»Freu dich doch darüber«, sagte Neta, die den Abendbrottisch abräumte. »Wie lange willst du denn noch alles allein machen? Nicht nur die Zeitung, sondern auch alle geschäftlichen Angelegenheiten? Merkst du nicht, dass du auch älter wirst? Wenn du den jungen Leuten keine Chance in deiner Zeitung gibst, wird sie mit dir sterben.«

David sah Neta aufmerksam an. Ihr glänzendes dunkelblondes Haar war von grauen Strähnen durchzogen. Seit wann ist das so?, fragte er sich. Ich habe gar nicht darauf geachtet. Auch die Falten um ihre Augen sind tiefer geworden. Vielleicht habe ich wirklich nicht gemerkt, dass ich gealtert bin. Plötzlich überwältigte ihn wieder die Liebe zu seiner Frau. Er ging auf sie zu und küsste sie zärtlich.

»Du hast recht, Nadja«, sagte er. Ihr früherer Name war ihm unwillkürlich von den Lippen gekommen.

»Ich liebe dich, Dimitrij«, erwiderte sie. Sie umarmten sich lange und gingen eng umschlungen ins Bett.

»Es stimmt schon, was du gestern gesagt hast, Neta«, sagte David am nächsten Morgen. »Auch Mustafa beklagt sich scheinbar entrüstet über seine Kinder, die sich ins Geschäft einmischen und ihn auf einen Ehrenposten abschieben wollen. Ihm bleiben die Titel, und sie machen die Arbeit. ›Ich bin nur noch der Ehrenpräsident meiner Firma‹, hat er neulich zu mir gesagt, aber ich habe ihm angesehen, dass er nicht wirklich traurig darüber ist. Insgeheim ist er stolz auf seine Kinder.«

»Allerdings bist du zwölf Jahre jünger als Mustafa«, entgegnete Neta und sah ihn an. »Du kannst dir noch Zeit lassen. Aber du wirst dich allmählich an den Gedanken gewöhnen müssen, dass du nicht mehr alles allein machen kannst.« In Netas Blick lagen Liebe und ein Anflug von Wehmut.

Laut den Presseberichten war Frankreich wegen der Dreyfus-Affäre in zwei feindliche Lager zerfallen – auf der einen Seite die Republikaner, auf der anderen die Konservativen, Klerikalen und Monarchisten. Seit der Französischen Revolution vor über hundert Jahren hatte es keinen solchen Hass in der Bevölkerung gegeben.

»Ich habe heute keine Lust zu kochen«, sagte Sarah, als Werner und sie die Redaktion am späten Nachmittag verließen.«

»Dann lass uns etwas essen gehen«, entgegnete Werner. »Worauf hast du Appetit?«

Sie entschieden sich für ein neu eröffnetes Restaurant, das Massouade in der Salak-e-din-Straße. Während sie auf ihre Bestellung warteten, empörte sich Werner über den Antisemitismus der reaktionären Kreise in Frankreich.

»Aus dem ›Verräter‹ Dreyfus ist inzwischen schon ›der jüdische Verräter‹ geworden. Und jetzt heißt es sogar: ›die jüdischen Verräter‹«, schimpfte er laut und hieb mit der Faust auf den Tisch.

Sarah legte ihm die Hand auf den Arm. »Du hast ja recht mit deiner Empörung, aber geht es ein bisschen leiser?«

Werner schnaubte, dämpfte aber seine Stimme.

»Ich bin zwar Christ, aber zum Leidwesen meines Vaters kein praktizierender Christ«, sagte Werner. »Doch ich glaube an ein humanes, menschenfreundliches Christentum, wie es unsere Templergemeinde vorlebt. Mein Vater predigt, dass wir nur so der Wiederkehr Jesu oder seines Geistes den Weg ebnen können. Dann wird es auch zur Versöhnung zwischen Christen und Juden kommen. Die radikale, klerikale Rechte in Frankreich verstößt gegen den christlichen Glauben, mit dem sie sich brüstet. Von mir aus können sie trotz aller Gegenbeweise glauben, dass Dreyfus schuldig ist, selbst wenn inzwischen der wirkliche Verräter entlarvt ist. Sie können sogar die absurde These vertreten, das Ansehen der Armee sei wichtiger als das Schicksal eines zu Unrecht verurteilten Soldaten. Aber was hat das mit Antisemitismus zu tun? Wie kann man *den* Juden die Schuld an der Affäre geben?«

Während er seinen Gefühlen freien Lauf ließ, zog Sarah ihr Notizbuch hervor und schrieb. Wie Werner hatte sie sich angewöhnt, es immer bei sich zu tragen.

»Was schreibst du die ganze Zeit?«, fragte er schließlich unwirsch. »Hörst du mir überhaupt zu? Langweile ich dich? Rede ich Unsinn?«

»Beruhige dich, Liebster«, sagte Sarah. »Ich werde dir alles vorlesen. Oder vielmehr übersetzen, weil ich es auf Hebräisch geschrieben habe. Ich habe nur notiert, was du gerade gesagt hast. Das kannst du als Entwurf für deinen ersten Leitartikel in unserer Zeitung verwenden.«

Sarah und Werner verwendeten viel Zeit darauf, Zeitungen aus dem Ausland aufzutreiben. Manchmal waren die Blätter schon vergilbt, die sie in den Firmenniederlassungen, Klöstern und Konsulaten ausfindig machten, doch hier und da fanden sie auch Zeitungen, die erst zwei oder drei Wochen alt waren. Sarah las die französische Presse, während Werner vor allem nach deutschen Zeitungen suchte.

Dabei stießen sie auf mysteriöse Andeutungen. Émile Zolas *J'accuse* war an den französischen Präsidenten Félix Faure gerichtet worden. Aber es gab noch eine andere Beziehung zwischen den beiden Herren. Offenbar frequentierten sie beide den privaten Salon von Marguerite Japy, der Frau des Malers Adolphe Steinheil. Faure bestellte bei Steinheil ein Porträt, das ihm als Vorwand diente, durch häufige Besuche bei dem Künstler die Fortschritte der Arbeit an seinem Konterfei zu überprüfen und auch manchmal in Abwesenheit des Malers bei Madame Marguerite vorzusprechen. Ja, die junge Frau besuchte ihn sogar gelegentlich im Élysée-Palast.

Nachdem Zola die Öffentlichkeit zum Protest gegen die ungerechte Verurteilung von Dreyfus aufgerufen hatte, gerieten der Präsident, die Regierung und die Armee immer mehr unter Druck. Die Revision des Urteils wäre nicht nur eine Schande für die Armee gewesen, sondern hätte auch bedeutet, dass Köpfe rollen mussten. Die radikale Rechte tobte, und der Präsident steckte in der Klemme. Was sollte er auf Zolas offenen Brief antworten? Sein Zögern nahm ein unerwartetes Ende, wie Sarah erfuhr: Kurz nach der Veröffentlichung von Zolas Aufruf erlag der Präsident im Februar 1899 im Blauen Salon seines Palastes mitten im Liebesakt mit Madame Japy einem Herzschlag, der wohl durch eine Überdosis eines Aphrodisiakums verursacht wurde.

Wieder einmal konnte Sarah nicht widerstehen, den Lesern der *Chadschot Ha'jischuw* auch dieses pikante Detail mitzuteilen. Werner hielt sich dagegen mehr an die Politik.

Frankreich ist in Aufruhr, schrieb er in einem Artikel:

> *Immer mehr Stimmen fordern eine Rehabilitierung des jüdischen Offiziers, doch die reaktionäre Minderheit kämpft wild entschlossen dagegen an. Ich würde es sehr bedauern, wenn die Auseinandersetzung mit einem Kompromiss und nicht mit einer mutigen Entscheidung für Recht und Gesetz enden würde.*

Aber seine Befürchtungen sollten sich bestätigen. Das Kriegsgericht entzog sich feige einer Entscheidung. Statt eines Freispruchs wurde Dreyfus begnadigt. Werner brannte vor Zorn. Er beklagte in einem Leitartikel das schmähliche Versagen der Französischen Republik, der ersten und einzigen parlamentarischen Demokratie in Europa. Anscheinend sei man noch weit vom Zeitalter der Demokratie entfernt, schrieb er. Er schloss mit einem Talmud-Zitat: *Wenn die Mächtigen erliegen, wie sollen die Schwachen obsiegen?*

Dreyfus, der inzwischen nach Paris zurückgekehrt war, kämpfte noch einige Jahre lang um seine Rehabilitierung und berief sich dabei auf die Mehrheit, die in der Presse und der öffentlichen Meinung für ihn Partei nahmen. Letzten Endes hob das Berufungsgericht das frühere Urteil auf. Er wurde wieder in die Armee aufgenommen, befördert und zum Ritter der Ehrenlegion ernannt.

Werner verfasste einen Leitartikel unter der Schlagzeile: »*Halleluja!*« Sarah erklärte er, dass er mit dieser Überschrift nicht nur die Leser, sondern auch sie habe ansprechen wollen.

Sie hatte seinerzeit den Tenor seines Artikels, in dem er mit übertriebenem Zorn gegen Frankreich gewettert hatte, weil es seine Ideale der Gerechtigkeit und der Demokratie verraten habe, bei der Übersetzung beträchtlich gemildert. Er hatte sich über ihren Eingriff geärgert und wollte sich nun durch seine jubilierende Schlagzeile bei ihr entschuldigen.

12

Jerusalem

– 1905 –

Das 20. Jahrhundert begann für die vier Freunde und Partner in trauriger Stimmung. Pinchas Goren war in hohem Alter gestorben. Er war friedlich eingeschlafen, ohne zu leiden. Noch zu Lebzeiten hatte er sich auf dem Friedhof auf dem Ölberg seine Grabstätte ausgesucht.

Es war ein warmer Frühlingstag im April, als sie ihn zu Grabe trugen. Kein Baum spendete Schatten, kein Vogelgezwitscher war zu hören, als der Rabbiner das Kaddisch sprach.

»Was kann man sich mehr wünschen nach einem solch langen, erfüllten und ereignisreichen Leben?«, sagte David, als sie nach der Bestattung mit den anderen Freunden und ihren Frauen und Kindern den schmalen, steilen Weg hinunter zur Stadt gingen.

»Religiös war Pinchas nie«, entgegnete Oswald nachdenklich. Er stützte sich auf Werners Arm und setzte schwerfällig Fuß vor Fuß. »Aber er hat die Religion als nationale und weltumspannende Tradition geachtet, unter deren Fittichen Menschen jahrtausendelang gelebt haben. Er glaubte nicht an Gott oder an ein Leben nach dem Tod.«

Warum hat er sich dann wohl um eine letzte Ruhestätte an dem Ort bemüht, von dem aus nach Ansicht der frommen Juden die Toten als Erste auferstehen werden, wenn der Messias kommt?, fragte sich Neta und schaute über die niedrige Mauer zu den Gräbern, auf denen die weißen Grabsteine lagen.

»Wie heißt es bei euch, wenn ihr auf eine schwierige Frage

keine Antwort habt?«, fragte Oswald. »Der Prophet Elias wird alle Probleme lösen. Das bedeutet, dass wir mit unserem menschlichen Verstand solche Fragen nicht beantworten können. Das kann nur der Messias.« Nach einer kleinen Pause fuhr er nachdenklich fort: »Das gilt allerdings nur für die Juden. Wir Christen glauben ja, dass Jesus der Messias war und dass er wieder auferstehen wird.«

Die Kinder und Enkel, die an dem Begräbnis teilgenommen hatten, hörten schweigend zu.

Nur Sarah flüsterte Werner ins Ohr: »Die Alten denken nicht an Pinchas, sondern an ihr eigenes Ende. Sogar meine Eltern, die jünger sind als die anderen, beschäftigen sich im Geist schon mit diesen Dingen.«

Mustafa, der ihre Gedanken erriet, sagte leise zu dem jungen Paar: »Abgesehen von der Gesundheit hat das Alter keine Bedeutung. Wenn man einen Lebensinhalt hat, ist alles andere unwichtig. Man darf sich nur nicht zur Ruhe setzen wie Pinchas, sondern sollte immer arbeiten und beschäftigt sein. Aber eigentlich habe ich kein Recht, so zu reden. Auch ich habe praktisch die ganze Arbeit meinen Kindern überlassen«, fügte er mit einem resignierten Lächeln hinzu und gesellte sich zu den Älteren.

Nach und nach hatte Sarah die Leitung der Zeitung übernommen, für die David und Neta inzwischen nur noch Leit- und Meinungsartikel schrieben. Werner war für die laufende Berichterstattung verantwortlich. Sein Hebräisch wurde immer besser. Die steigende Auflage der *Chadschot Ha'jischuw* hing mit der wachsenden jüdischen Gemeinschaft zusammen. Hebräisch wurde nach und nach zur vorherrschenden Umgangssprache der jungen Generation. In den jüdischen Ansiedlungen und Kleinstädten in der Küstenebene wurde schon Hebräisch gesprochen. Auch in den alten Städten wie Jerusalem, Safed und Hebron wuchs ein Teil der Jugend bereits in dieser Sprache auf. Die Ideen Theodor Herzls trugen zu dieser Entwicklung bei, von der auch die hebräische Presse profitierte. Während des Kaiserbesuches 1898 waren täglich Sonderausgaben der *Chadschot Ha'jischuw* erschienen. Ende 1903 drängte Werner nun darauf, sie endgültig in eine Tageszeitung umzuwandeln.

Es folgten endlose Diskussionen in der Redaktion, die sich auch zu Hause fortsetzten. Vor allem David und Neta fürchteten das geschäftliche Risiko und sprachen von drohendem Konkurs. Doch am Ende konnte sich Werner durchsetzen.

Als die Entscheidung gefallen war, griff er unter seinen Schreibtisch und holte zwei Flaschen Wein aus den Templerkellern hervor. Er schenkte der ganzen Runde ein, und sie tranken auf das Wohl der neuen Tageszeitung.

»Was hättest du mit dem Wein gemacht, wenn wir uns dagegen entschieden hätten?«, fragte David seinen Schwiegersohn.

»Dann hätten wir ihn erst recht gebraucht, um uns aufzuheitern«, sagte der junge Mann. »Wie heißt es im Psalm? Der Wein erfreut des Menschen Herz.«

Damit war Werners Bestreben, die *Chadschot Ha'jischuw* voranzubringen, allerdings noch nicht erschöpft.

»Vielleicht sollten wir den Kreis der Mitarbeiter erweitern«, sagte er bei einer der Redaktionssitzungen. »Wir schaffen es sowieso nicht, täglich die Seiten mit eigenen Berichten und Kommentaren zu füllen.« Er stand auf, um das Fenster zu öffnen. Es war Mitte August und unerträglich stickig in dem kleinen Raum. Vom Garten her drang zwar Hitze, aber auch ein wenig frische Luft herein. »Außerdem sollten wir von der sektoralen und konfessionellen Orientierung loskommen. Ich schreibe ja auch als Christ für eine hebräisch-zionistische Zeitung. Warum können wir nicht ab und zu einen Beitrag von einem muslimischen Araber bringen? Vielleicht ist Mustafa dazu bereit. Er ist mittlerweile nicht mehr sehr beschäftigt, verfolgt aber das Geschehen ganz genau und vertritt in allen möglichen Bereichen eine entschiedene Meinung. David oder Neta, ihr könntet seine Beiträge aus dem Französischen übersetzen. Was haltet ihr davon?«

»Wenn er schreibt, was er manchmal in unseren privaten Gesprächen sagt, verlieren wir unsere Leser.« David lehnte sich in seinem Stuhl vor und runzelte die Stirn. »Er kritisiert die zionistische Siedlungsbewegung und behauptet, sie nähme keine Rücksicht auf die Alteingesessenen und die arabische Bevölkerung.«

Neta warf ihm einen prüfenden Blick zu. Eine derart besorgte Miene hatte sie lange nicht mehr an ihm wahrgenommen.

»Ich habe keine Bedenken«, erklärte Sarah und verschränkte die Arme im Nacken. »Im Gegenteil, ich denke, Mustafa würde unsere Zeitung bereichern. Dank Werners Mitarbeit ist sie jetzt schon nicht mehr so provinziell. Und wenn auch Mustafa seinen Standpunkt einbringt, gewinnen wir an Glaubwürdigkeit. Natürlich wird es auch ablehnende Stimmen geben. Sicher werden wir ein paar Leser verlieren und Schmähungen einstecken müssen, aber wir werden eine richtige Zeitung machen und kein Gemeindeblättchen.«

»Ach ja?«, erwiderte David und zog die Augenbrauen hoch. »Warum gibt es dann auf der ganzen Welt nur so wenige Zeitungen, die nicht einer Regierung, Partei oder sonst irgendwem nach dem Mund schreiben?«

»Das stimmt«, gab Sarah zu. »Selbst in progressiven Staaten gibt es nur eine oder zwei Zeitungen dieser Art. Egal, dann müssen wir eben journalistische Pionierarbeit leisten.« Sie stand auf, um die Kanne mit frischem Zitronenwasser zu füllen.

»Also gut«, sagte David schließlich. »*Laissez la place aux jeunes* – macht Platz für die Jugend!« Er rang sich ein resigniertes Lächeln ab, und Neta atmete erleichtert auf.

Nach einem kurzen Schweigen, das ihr Mitgefühl mit ihrem Mann ausdrücken sollte, wandte sie sich an ihre Tochter: »Sag mal, Kind, hast du in letzter Zeit nicht ein bisschen zugenommen? Liegt das daran, dass ihr, du und dein Mann, schon in dem Gedanken schwelgt, die Zeitung ganz zu übernehmen, oder …«

Sarah und Werner wechselten verlegene Blicke.

»Es ist wohl die zweite Möglichkeit«, brachte Sarah zögernd hervor.

»Wie wunderbar!«, rief Neta strahlend. »Ich habe mich schon gefragt, ob ihr etwas falsch macht und euch darauf verlasst, dass der Storch euch die Arbeit abnimmt.«

Sarah sah, dass Werner puterrot wurde, und wechselte schnell das Thema. »Liebe Mama«, sagte sie, »du denkst sicher schon darüber nach, wer meine Arbeit übernehmen soll, wenn die Geburt ansteht.«

Statt einer Antwort standen ihre Eltern auf und umarmten sie. »Endlich!«, sagte David. »Du kannst dir nicht vorstellen, wie sehr wir uns freuen.« Sie umarmten auch ihren Schwiegersohn, dessen Wangen immer noch glühten, und beglückwünschten das junge Paar.

Sarahs Befangenheit löste sich allmählich. »Vielen Dank, liebe Eltern, ihr macht mich sehr glücklich«, sagte sie lächelnd. »Trotzdem bleibt die Frage, wer mich in der Redaktion ablöst, wenn das Kind auf die Welt kommt. Nein, nein«, rief sie, als Neta und David einen aufmunternden Blick wechselten, »ich meine nicht euch! Seid mir nicht böse, aber wir müssen vorwärtsschauen und nicht wieder in die gute alte Zeit zurückfallen. Das ist nun einmal der Lauf der Welt. Ich schlage vor, Juval in die Redaktion aufzunehmen. Bis zur Geburt werden Werner und ich und, ja, natürlich auch ihr ihn das Handwerk lehren. Ich denke mir, dass er das Kutschengeschäft allmählich leid ist. Er braucht einen anderen Umgang als Pferde und Kutscher. Wie lange kann man Pferdehintern anstarren?«

Ihren Eltern und Werner verschlug es für einen Augenblick die Sprache. Doch Sarahs fröhliches Lachen brach den Bann.

»So ist die heutige Jugend«, sagte sie, »frech und vorlaut, aber wir haben euch lieb.« Sie ging zu David und Neta und küsste sie. »Ich bin sicher, dass ihr viel Freude an eurem Enkel haben werdet.«

»Jaja«, meinte David mit breitem Lächeln zu Neta, »am Ende dürfen wir das Kind hüten, und sie kümmert sich um die Zeitung. Mir wird langsam klar, warum die Samaras und unsere Templerfreunde immer weniger arbeiten und immer mehr Zeit mit ihren Enkeln verbringen. Wann soll das Baby kommen?«

Auf dem Heimweg lachten er und Neta noch einmal darüber, wie verlegen ihre Tochter und ihr Schwiegersohn gewesen waren, als Neta die Rede auf Sarahs Schwangerschaft gebracht hatte.

»Ich bin so glücklich über die frohe Nachricht«, sagte sie leise und sah David an, dessen Miene wieder ernst geworden war. »Was ist mit dir?«

»Alles gut und schön, aber was wird aus der Zeitung?«

Dass Juval eigentlich keinen beruflichen Hintergrund dafür hatte, um als Redakteur eingesetzt zu werden, machte ihm weniger zu schaffen als der Gedanke, dass sein Sohn keine Lust auf eine journalistische Tätigkeit haben könnte, obwohl er sich in den Tagen, als Wilhelm II. und Theodor Herzl in Jerusalem gewesen waren, durchaus interessiert gezeigt hatte.

»Vielleicht ist er den Kutschenbetrieb, die Pferde und vor allem die Kutscher wirklich ein bisschen leid«, sagte er, »und es kann auch sein, dass er in dieser Branche keine Herausforderung und vor allem keine Zukunft mehr sieht. Als er siebzehn war und in den Betrieb eingestiegen ist, blühte das Geschäft, aber seit der Konkurrenz durch den Schienenverkehr geht es bergab. Und in Europa redet man über motorbetriebene Wagen, die ohne Pferde und Schienen fahren. Das ist wohl das Ende der Kutschenära.«

Vor einigen Jahren hatte es noch so ausgesehen, als hätten Pferdekutschen in Palästina nach wie vor Zukunft. In Vorbereitung der Orientreise des deutschen Kaisers Wilhelm II. hatten die Türken enorme Anstrengungen unternommen, um das Wegenetz und insbesondere die Straße von Haifa nach Jaffa auszubauen.

»Die Geschichte wiederholt sich«, sagte David kopfschüttelnd. »Ich weiß noch, wie die Türken damals die Straße von Jaffa nach Jerusalem gebaut haben, damit der österreichische Kaiser mit der Kutsche zur Heiligen Stadt gelangen konnte. Übrigens haben die beiden Kaiserbesuche noch ein Detail gemeinsam«, fuhr er fort und machte ein Gesicht, als sei er selbst erstaunt über seine Entdeckung. »Beide Monarchen waren neununddreißig Jahre alt, als sie Palästina besuchten!«

Von dieser Idee beflügelt, setzte er sich hin und schrieb, inspiriert von Charles Dickens' *Geschichte zweier Städte*, einen Leitartikel mit der Überschrift *Geschichte zweier Kaiser*.

Neta lächelte verlegen, als sie den Artikel sah, verzichtete aber auf eine ironische Bemerkung, um ihm nicht die Freude zu verderben.

Im September 1903 fuhr Juval nach einem geschäftlichen Termin mit der Bahn von Jaffa zurück nach Jerusalem. Unter den Mitreisenden war eine orthodoxe sephardische Familie, zu der eine schöne, junge Dame gehörte, die etwa in seinem Alter war. In Jerusalem angekommen, verteilte sich die Familie auf zwei Kutschen, die zur Altstadt fuhren. Das Mädchen stieg in die zweite Kutsche. Juval beeilte sich, eine Droschke anzuhalten, und bat den Kutscher, dem Gefährt zu folgen. Der Kutscher sah den jungen Mann mit den etwas abstehenden Ohren zweifelnd an.

Juval hatte das Aussehen seines Vaters geerbt. Das kantige Gesicht mit der hohen Stirn, die welligen dunklen Haare. Aber eben auch die Ohren. Als Kind hatte er nachts die Fäuste darauf gepresst, in der Hoffnung, sie würden sich anlegen.

»Kannst du dir überhaupt allein eine Fahrt leisten?«, fragte der Kutscher. »Willst du nicht lieber auf weitere Fahrgäste warten?«

Juval zog ein Bündel Geldscheine hervor, hielt es dem Mann unter die Nase und befahl ihm in gereiztem Ton, der Kutsche des Mädchens so dicht wie möglich zu folgen. Als sie an der Altstadt anlangten, übergab er dem Kutscher fast seine gesamte Barschaft, um ihn möglichst schnell loszuwerden und die Schöne nicht aus den Augen zu verlieren. Schließlich verschwand die Gesellschaft in einem großen Haus. Anscheinend waren es wohlhabende Leute. Ein Typ wie ich hat hier nichts verloren, dachte er und machte sich auf den Heimweg.

Doch früh am nächsten Morgen stand er wieder vor dem Haus. Er ahnte nicht, dass die geheimnisvolle Schöne aus dem Fenster geblickt und ihn lange gemustert hatte.

Auf der anderen Straßenseite gab es ein kleines Lebensmittelgeschäft. Als Juval kurz hinübersah, trat das Mädchen aus dem Laden. Er lief ihr so rasch entgegen, dass er sie beinahe angerempelt hätte.

Sie blieb stehen und sagte freundlich: »Mein Herr, darf man erfahren, warum Sie mir nachstellen?«

»Äh … Nein, nein, ich stelle Ihnen nicht nach«, sagte Juval erschrocken.

»Aber gestern sind Sie mir mit Ihrer Kutsche bis zu meinem Haus gefolgt«, erwiderte sie, »und heute Morgen stehen Sie wieder da. Aus welchem Grund?«

Juval zögerte einen Moment, bevor er atemlos hervorstieß: »Ehrlich gesagt, hoffte ich, Ihnen zu begegnen.«

Er ließ den Blick über ihre Gestalt gleiten. Sie trug ein langes braunes Kleid, das den Hals und die Arme vollständig bedeckte.

Das weite orientalische Gewand gab nichts von ihren Körperformen preis.

Das Mädchen reichte ihm ihre lange, schmale Hand und sagte schlicht: »Ich heiße Miriam. Miriam Benvenisti.«

Juval zuckte zusammen, beeilte sich jedoch, ihren Händedruck zu erwidern. »Es ist mir eine Ehre, Sie kennenzulernen«, stammelte er. »Mein Name ist Juval Zemach.«

»Juval«, erwiderte sie, »auch ich freue mich, Ihre Bekanntschaft zu machen. Obwohl ich glaube, dass Sie mir Probleme bereiten werden. Und zwar gewaltige.«

Sie drückte ihm lächelnd einen Zettel in die Hand, wandte ihm den Rücken zu und ging mit eiligen Schritten davon.

Juval entfaltete den Zettel, den sie ihm zugesteckt hatte. Darauf standen der Name *Sa'ada Marsuk* und die Worte *Heute um fünf oder morgen früh um zehn*. Er konnte nur mit Mühe einen Aufschrei unterdrücken. »Heute«, flüsterte er mit erstickter Stimme, »heute um fünf.« Nicht morgen, heute.

Die Wohnung von Sa'ada Marsuk lag in einem alten Gebäude im muslimischen Viertel der Altstadt. Juval durchquerte einen muffig riechenden kleinen Hof, in dem Wäsche zum Trocknen hing und der anscheinend an heißen Tagen als Essplatz diente. Als er anklopfte, ging die Tür sofort auf, als hätte man schon auf ihn gewartet.

Vor ihm stand eine alte Frau, die nach muslimischer Art von Kopf bis Fuß verhüllt war. Sie winkte ihn herein, ohne ihm die Hand zu geben, und sagte nur: »Kommen Sie, Sie werden erwartet. Ich werde natürlich bei Ihnen sein, aber ich muss noch kurz etwas einkaufen, bevor die Geschäfte schließen.« Sie schob ihn in ein Zimmer, ging hinaus und zog die Tür hinter sich zu.

Juval stand in einer winzigen, düsteren Wohnung, die aus anderthalb kleinen Kammern bestand. Seine Augen mussten sich erst an die Dunkelheit gewöhnen. Dann erblickte er Miriam, die halb versteckt in einer Ecke stand. Sie setzten sich, er auf ein Sofa, sie auf einen Stuhl am Tisch. Lange redeten sie über alle möglichen Dinge. Mitten im Gespräch stand Miriam plötzlich auf und sagte, ihr sei es zu heiß in diesem Zimmer. Sie legte ihr schweres, dunkles Obergewand ab und stand in einem dünnen, geblümten Sommerkleid vor ihm, wie es seine Mutter und Schwester trugen. Juval sprang auf, stürzte auf sie zu, als wollte er sich durch diesen Überfall jeden Rückzug abschneiden, und küsste sie auf beide Wangen.

Miriam blieb einen Augenblick reglos stehen. Ihr Gesichtsausdruck verriet nichts von ihren Gefühlen. Er fragte sich, ob er zu weit gegangen war. Doch Miriam rührte sich nicht. Von plötzlichem Übermut beflügelt, näherte er sein Gesicht noch einmal dem ihren, und da sie immer noch keinen Widerstand leistete, fasste er sich ein Herz und küsste sie auf den Mund. Miriam begegnete seinem behutsamen Kuss mit entflammter Leidenschaft. Sie öffnete die Lippen und umspielte seine tastende Zunge mit der ihren.

So standen sie eng umschlungen da und küssten sich immer wieder. Dann hörten sie ein Geräusch an der Tür. Sa'ada war nach fast zwei Stunden zurückgekehrt und versuchte scheinbar vergeblich, den Schlüssel im Schloss umzudrehen.

»Warte, Sa'ada«, rief Miriam, »ich helfe dir gleich.«

Sie stieg mit den Füßen voran in ihr schweres Oberkleid, beugte sich vor, um es hochzuziehen, und entblößte dabei den Ansatz der vollen Brüste. Aus den Augenwinkeln nahm sie Juvals Blick wahr, der sie wie gebannt anstarrte. Sie stieß einen tiefen, beglückten Seufzer aus und ging zur Tür.

Nachdem sie aufgesperrt und die Alte hereingelassen hatte, ließ sie Juval gehen. Bevor er hinausging, flüsterte sie ihm ins Ohr: »Morgen bin ich um dieselbe Zeit in dem Laden bei meinem Haus.«

Am nächsten Morgen fand sich Juval in dem Lebensmittelgeschäft ein. Miriam war noch nicht da. Als sie von ihrem Fenster aus sah, dass er den Laden betreten hatte, lief sie schnell hinunter. Im Laden versuchte sie, ein Brot von einem hohen Regal herunterzuholen, und blickte sich hilfesuchend um.

Juval verstand den Wink, ging zu ihr und fragte, als ob er sie noch nie gesehen hätte: »Kann ich Ihnen helfen, Mademoiselle?«

»Gern«, erwiderte sie erleichtert, weil sie gefürchtet hatte, er werde ihren Wink nicht verstehen. Als der Verkäufer sich einen Augenblick abwandte, schob sie Juval, der auf eine Stufenleiter gestiegen war, um das Brot herunterzuholen, einen Umschlag in die Hosentasche.

»Vielen Dank, Monsieur«, sagte sie, als Juval ihr das Brot reichte, wandte ihm den Rücken, zahlte und ging nach Hause.

Diesmal war es kein Zettel, sondern ein kleiner Brief.

Lieber Juval,
wir können uns nicht mehr in Sa'adas Wohnung treffen. Die Gute war meine Kinderfrau. Sie ist Jüdin, hat einen Muslim geheiratet und ist sehr früh Witwe geworden. Da sie keine Kinder hat, behandelt sie mich wie ihre eigene Tochter. Doch gestern haben Nachbarn sich beschwert, weil ein fremder Mann ihr Haus betreten hatte, und ihr Angst eingejagt. Dort können wir nicht mehr hingehen. Hast du eine Idee? Ich werde morgen früh wieder um dieselbe Zeit im Laden sein. Bitte bring mir eine Nachricht mit.

Statt mit ihrem Namen zu unterzeichnen, hatte Miriam mit roter Tinte ein halb geöffnetes Lippenpaar hingemalt.

Juval konnte sich lange nicht beruhigen. Die Beziehung zu Miriam erschien ihm schwierig, gewagt und aussichtslos. Aschkenasen und Sepharden passen nicht zusammen, sagte er sich.

Dennoch sollte er bald eine Lösung finden, die besser war als alles, was Sa'ada ihnen bieten konnte.

Obwohl Miriam all seine Gefühle und Gedanken beherrschte, musste Juval auch Zeit für seine alltäglichen Verpflichtungen finden. Der Vorschlag seiner Familie, den Beruf zu wechseln, war genau im richtigen Moment gekommen. Ihm war schon seit einiger Zeit klar geworden, dass er trotz des zeitweiligen Aufschwungs des Kutschendienstes ein neues Leben beginnen wollte. Er hatte seinen Eltern diesen Wunsch verschwiegen, um dem Unternehmen nicht untreu zu werden, doch als sie ihm von sich aus anboten, die Stellung seiner Schwester in der Redaktion zu übernehmen, griff er ihren Vorschlag erleichtert auf.

David und Neta wussten nichts von dem schicksalhaften Ereignis in Juvals Leben. Und er wagte nicht, den Eltern zu gestehen, dass auch er eine Familie gründen und auf eigenen Füßen stehen wollte.

Das größere Problem war jedoch, dass Miriam die Beziehung zu ihm geheim halten musste. Sie kam aus einer sephardisch-syrischen Kaufmanns- und Rabbinerfamilie, die nicht erfahren durfte, dass ihre Tochter einen jungen Mann heiraten wollte, der nicht nur ein Freigeist, sondern auch ein aschkenasischer Jude war. Die osteuropäischen Juden, die früher Jiddisch gesprochen hatten, galten den Sepharden noch immer als ungebildete Bauern. Dazu kam, dass Juval mit seinem hellen Haar und den blauen Augen wie ein westlicher Europäer aussah, ganz zu schweigen von seinem Akzent, der sofort verriet, welcher Herkunft er war.

»Meine Eltern werden dich nie akzeptieren«, sagte Miriam und zog das lange blassblaue Fransentuch enger, das sie über dem Kleid trug.

»Lass uns fliehen«, schlug Juval vor. »Wir können in Jaffa oder Haifa wohnen.«

»Unmöglich!«, erwiderte Miriam entschieden. »Ich kann nicht mit dir zusammenleben, bevor wir verheiratet sind. Und ich kann dich nicht ohne die Zustimmung meiner Eltern heiraten.«

»Dann haben wir keine Chance!«, rief Juval verzweifelt.

Miriam ergriff seine Hand und sah ihn mit ihren großen dunklen Augen an. »Überlass das mir! Du musst nur Geduld haben.«

»Was bleibt mir anderes übrig?«, entgegnete Juval bitter.

Miriam musste all ihren Mut zusammennehmen, um den Eltern ihr Geheimnis zu offenbaren. Wie ein durchgehendes Pferd, das vor Angst davongaloppiert, platzte sie heraus: »Ich will heiraten! Das wird euch nicht gefallen, aber daran ist nichts zu ändern. Ich bin verliebt und will heiraten.«

Die Eltern starrten sie bestürzt an. Trotz ihrer zwanzig Jahre war sie in ihren Augen immer noch ein Kind. Sie wechselten einen vielsagenden Blick.

»Ist er aus unseren Kreisen?«, fragte der Vater. »Aus einer befreundeten Familie?«

»Nein«, sagte Miriam vor Aufregung zitternd. »Er ist nicht religiös. Er hält sich nicht an die Gebote.«

»Ist er etwa kein Jude?« Die Stimme der Mutter bebte.

»Doch, aber ein weltlicher«, sagte Miriam.

»Woher stammt seine Familie?«, fragte der Vater. »Aus Syrien? Aus der Türkei? Aus Marokko?«

»Er ist in Jerusalem geboren«, stammelte Miriam, »aber seine Eltern kommen aus Russland.«

Wie vom Blitz getroffen zuckten die Eltern zusammen. »Aschkenasim!«, riefen sie wie aus einem Mund. »Das kommt überhaupt nicht infrage. Das wäre eine Katastrophe! Ein Armer kann reich werden, ein Freigeist kann sich bekehren, sogar ein Goi kann Jude werden, aber ein Aschkenasi bleibt, was er ist. Wir verbieten dir, ihn zu heiraten! Du musst sofort jede Beziehung zu ihm abbrechen! Und wenn du dich trotzdem mit ihm triffst, sperren wir dich in dein Zimmer ein!«

Miriam stand wie versteinert da. Ihre Augen füllten sich mit Tränen. Sie hatte mit einem schwierigen Gespräch gerechnet, aber diese Reaktion übertraf ihre schlimmsten Erwartungen.

»Ihr seid meine Eltern, und ich schulde euch Gehorsam. Ohne eure Erlaubnis werde ich nicht heiraten. Aber eines solltet ihr wissen: Ich werde nie einen anderen als Juval heiraten. Wenn ihr mir das nicht erlaubt, bleibe ich ledig.«

Die Eltern ließen sich von dieser Erklärung nicht sehr beeindrucken. Ihre drei Söhne hatten Frauen geheiratet, die sie selbst ausgesucht hatten. Es gab keinen Grund, warum die Tochter ihrem Beispiel nicht folgen sollte.

Zwei Jahre waren seit jenem Gespräch vergangen, und nach wie vor beharrte Miriam auf ihrer Weigerung. Zu Hause benahm sie sich vorbildlich und zwang sich manchmal sogar zu einem Lächeln. Ihr war daran gelegen, die Stimmung nicht zu trüben und jeden Streit mit ihren Eltern und Brüdern zu vermeiden. Niemand wusste, dass sie sich heimlich mit Juval traf. Dies gelang, weil sie einen heimlichen Verbündeten hatten.

Werner hatte in der Templersiedlung einen Ort ausfindig gemacht, wo sie sich treffen konnten. Auch diesmal war mit Ausnahme von Vater Oswald die ganze Familie Simon eingeweiht.

Miriams Eltern gerieten derweil unter Druck. Immer wieder wurden sie in ihrem Freundeskreis mit der Frage bedrängt, warum denn ihre Tochter noch nicht verheiratet sei. Mit zweiundzwanzig Jahren hätte sie doch schon Kinder haben können! Stimmte vielleicht etwas nicht mit ihr?

Schließlich waren es nicht die Herzensnöte der Tochter, sondern die gesellschaftlichen Konventionen, die Miriams Eltern bewogen, der Heirat mit Juval zuzustimmen. Ein Aschkenasi war immer noch besser als gar kein Schwiegersohn. Zum Glück wussten sie wenigstens nicht, dass Juvals Schwester sogar mit einem Nichtjuden verheiratet war.

Die Hochzeit im August 1902 wurde zweimal gefeiert. Zuerst fand die Trauung in der Synagoge nach allen Regeln des orthodoxen Ritus statt. Miriam war vom Scheitel bis zur Sohle in ein bodenlanges Kleid mit langen Ärmeln gehüllt. Sogar ihre Hände steckten in Handschuhen. Juval trug ein Hochzeitsgewand aus schwerem Stoff, das durch einen orientalischen Hut gewaltigen Ausmaßes ergänzt wurde, und schwitzte erbärmlich. Der Gottesdienst vor der Trauung war lang, aber niemand protestierte, nicht einmal Werner, der seinen nervösen Schwager zu beruhigen versuchte: »*Pourvu que ça se passe tranquillement et sans éclats. Après, on fait ce qu'on veut* – Hauptsache, dass alles glatt und ohne Misstöne verläuft, danach machen wir, was wir wollen.«

Nach den endlosen Gebeten und einem festlichen, viel zu üppigen Mittagessen zerstreuten sich die Gäste. Miriams Eltern und Brüder forderten sie und den Bräutigam auf, in der kommenden Woche die Scheva Brachot mit ihnen zu feiern, eine Folge von festlichen Mahlzeiten im Kreise der Familie und der Freunde, bei denen das Brautpaar sieben Tage lang mit traditionellen Segenssprüchen gefeiert wurde. Miriam erklärte mit gespieltem Bedauern, ihr Mann habe ihr eine Hochzeitsreise versprochen, und sie wolle ihn nicht enttäuschen. Es gelang ihr schließlich, die Eltern mit Bitten und Tränen so weit umzustimmen, dass sie fahren durfte.

»So ist es, wenn man seiner Tochter erlaubt, einen halben Goi zu heiraten«, sagte ihr Vater seufzend.

Miriam umarmte ihn und ihre Mutter und verkündete: »Wir ziehen uns jetzt in das Hotelzimmer zurück, das ihr für uns gemietet habt, um uns nach diesem aufregenden Tag auszuruhen.«

»Ausruhen nennen sie das«, flüsterte Neta ihrem Mann zu. »Sie genieren sich, unsere sittenstrengen Kinder! Sie werden sich erst morgen früh ausruhen müssen!«

Miriam und Juval hatten allerdings gar nicht vor, sich auszuruhen. Am Abend fand nämlich im Garten des großen Hauses der Samaras noch eine Feier statt, die von der Familie Zemach organisiert worden war. Das Brautpaar wurde von zweihundert Gästen und orientalischen Musikern mit Oud und Zimbel empfangen. Zwischen blühenden Oleanderbüschen wurde getanzt und getrunken. Praktisch alle sprachen dem Alkohol zu, allerdings tranken nicht alle aus Gläsern, manche Gäste bevorzugten unverdächtige Teetassen.

13

Jerusalem

– 1905 –

Für Palästina war die Jahrhundertwende mit einem Aufbruch in die Moderne verbunden. Die wachsenden Templergemeinden führten neue landwirtschaftliche Geräte und Anbaumethoden ein. Manche der Bauern konzentrierten sich auf den Anbau von Zitrusfrüchten. Viele der Einwanderer waren Tischler, Bäcker oder Fleischer. Aus einem kleinen Schlosserbetrieb in Jaffa entwickelte sich in den 1890er-Jahren die Eisengießerei und Maschinenfabrik der Brüder Wagner in Jaffa. Wie das ebenfalls dort ansässige Unternehmen Leon Stein & Co. lieferten sie Dampfmaschinen, etwa für Getreidemühlen, Bewässerungssysteme und Pressen, zum Beispiel für Olivenöl, die im ganzen Land gefragt waren. Neue Bewässerungsanlagen verhalfen dem Orangenanbau zu einem großen Aufschwung, und auch die Wasserversorgung einiger Städte und Dörfer wurde erheblich verbessert.

Gleichzeitig setzte sich auch die jüdische Einwanderung gegen die Hindernisse durch, die ihr von türkischer Seite in den Weg gestellt wurden. Im Laufe der zweiten Alija kamen mehr als 35 000 Menschen aus Russland und Polen ins Land.

Die Gründung der ersten modernen Stadt – Tel Aviv – im Jahre 1909 gab der jüdischen Bevölkerung großen Auftrieb. Jaffa wurde zu eng für die Juden, die sich in der vorwiegend arabischen Stadt niedergelassen hatten. Ein neues Stadtgebiet mit größeren Entwicklungsmöglichkeiten musste erschlossen werden. Die zionistische Bewegung erwarb unter der energischen

Führung des ein Jahr zuvor aus Preußen gekommenen Sozialwissenschaftlers Arthur Ruppin ein großes, ödes Dünengelände nördlich von Jaffa.

Dem Kauf waren lange Verhandlungen mit den geschäftstüchtigen arabischen Grundeigentümern vorausgegangen, die plötzlich begriffen, dass ihre wertlosen Dünen vielleicht eine Goldgrube waren, und ihre Verhandlungsposition nach Kräften zu nutzen versuchten. Doch damit waren die Hindernisse auf dem Wege zu einer jüdischen Stadt noch nicht beseitigt. Die türkischen Beamten witterten die Chance, bei diesem Geschäft Schmiergelder einzuheimsen. Der nächste Rückschlag ließ deshalb nicht auf sich warten.

Salman Jacobson, ein Reporter der *Chadschot Ha'jischuw*, der den Beginn der Erdarbeiten auf dem neuen Gelände verfolgte, beschrieb, was er dort erlebt hatte:

Als die Arbeiter kamen, um die Dünen zu planieren, entdeckten sie, dass das Gelände nicht mehr unbewohnt war. Ein ganzer Beduinenstamm, Männer, Frauen und Kinder, hatte über Nacht ein großes Zeltlager aufgeschlagen und sich dort niedergelassen. Sobald die Arbeiter mit ihren Geräten auftauchten, brachen die mit Säbeln bewaffneten Männer in gewaltiges Gebrüll aus. Die Kinder klopften mit Steinen auf Blecheimer, und die Frauen stießen gellende Schreie aus. Durch den ohrenbetäubenden Lärm erschreckt, ergriffen die Arbeiter die Flucht, und auch ich machte mich davon. Ich sah mich schon in Stücke zerhackt in den tiefen Dünen begraben.

Wie sollen wir dieses neue Problem lösen?, fragten sich die Zionistenführer. Was machen wir mit den Beduinen? Die fieberhaften Beratungen führten zu dem einstimmigen Beschluss, keine Gewalt gegen die Eindringlinge anzuwenden. Man hätte die mutigen Wächter der Pionierdörfer zu Hilfe rufen können, doch das wäre keine Lösung gewesen. Jedes Blutvergießen würde der zionistischen Bewegung und der jüdischen Ansiedlung in Palästina unabsehbaren Schaden zufügen. Das Siedlungswerk durfte nicht auf der Basis einer Feindschaft zwischen Juden und Arabern entstehen. Außerdem würden sich die Türken einmischen, wenn es zu Gewalttaten käme. Gewiss, sie würden die Ordnung wiederherstellen, daran zweifelte niemand, aber zu welchem Preis? Es war auch gar nicht sicher, ob sie nach dem Empfang der üblichen Bestechungsgelder den legalen jüdischen Eigentümern das Gelände übergeben würden. Man beschloss, sich gütlich mit den Beduinen zu einigen.

»Aber wer wird sich in das Beduinenlager wagen und die Verhandlungen führen?«, fragte einer der Siedler. Alle schwiegen. Kein Freiwilliger hob die Hand. Da bat ich, Salman Jacobson, als Berichterstatter der Chadschot Ha'jischuw *um das Wort, obwohl ich nur als Beobachter anwesend war. Ich schlug den Anwesenden vor, sich an die Familie Samara zu wenden, die mit den Herausgebern meiner Zeitung befreundet ist.*

»Der älteste Sohn Sa'ad wohnt hier in Jaffa«, sagte ich, »vielleicht kann er vermitteln.«

Die ratlosen Siedler atmeten auf.

Sa'ad Samara erklärte sich bereit, die heikle Aufgabe zu übernehmen. Doch er warnte seine Auftraggeber: »Die Beduinen haben nicht vor, euer Land auf Dauer zu besetzen. Sie wollen nur eine Abfindung. Aber wenn sie die nicht bekommen, kann es passieren, dass sie jahrelang dort kampieren. Auf die türkischen Behörden könnt ihr euch nicht verlassen. Sie werden das Gerangel zwischen beiden Seiten voller Schadenfreude verfolgen und saftige Bestechungsgelder verlangen, wenn sie sich einmischen. Und selbst dann weiß man nicht, wie das ausgeht.«

»Wie viel werden sie verlangen?«, fragte jemand.

»Das kommt auf die Verhandlungen an, die meistens lang und wechselvoll sind«, sagte Sa'ad. »Wir müssen uns den Sitten dieser Leute anpassen. Ich kenne mich in ihren schwierigen Verhandlungstaktiken nicht aus, obwohl ich selbst Araber bin. Aber ich könnte einen befreundeten Händler aus Jaffa mitnehmen, der aus einem Beduinenclan stammt.«

Die zionistischen Führer wechselten bestürzte Blicke. »Noch jemand, den wir bezahlen müssen!« Doch sie hatten keine andere Wahl.

Sa'ad und sein Freund kämpften verbissen um eine Lösung und brachen die Verhandlungen mit den Beduinen sogar mehrmals ab.

»Einigt euch selbst mit den Juden«, sagte Sa'ad zu den Landbesetzern, »aber merkt euch eins: Es gibt keine zäheren und schlaueren Verhandlungspartner als die Juden. Sie werden ein anderes Gelände finden, das weniger kostet als eure Abfindung, und dann könnt ihr in euren Dünen verdorren.«

Die Geduld und Hartnäckigkeit der beiden Unterhändler hatte Erfolg. Die Beduinen wurden unsicher und begnügten sich schließlich mit einem Viertel der ursprünglich geforderten Summe. Sie steckten das Geld ein und zogen sich in ihre Negev-Wüste zurück.

Das Problem der Finanzierung der neuen Stadt war bald gelöst. Die jüdischen Einwohner von Jaffa rissen sich darum, Grundstücke auf dem neuen Baugelände in den Dünen nördlich der alten Hafenstadt zu erwerben. Da es nicht genug Land für alle Interessenten gab, wurden die begehrten Grundstücke verlost – der Legende nach mit nummerierten Muscheln. Durch deren Verkauf konnten die Zionistenführer nach kurzer Zeit die Kredite zurückzahlen, mit denen sie die Erschließung des Geländes finanziert hatten – einschließlich der Bestechungsgelder für die Türken und die Beduinen.

Sa'ad und sein Beduinenfreund, die den Handel zustande gebracht hatten, begnügten sich mit einer bescheidenen Vermittlungsgebühr. Der Beduine hatte eingesehen, dass die Juden, die immer mehr Einfluss im Lande gewannen, sich für seine Großzügigkeit revanchieren würden, wenn es galt, mit ihnen Geschäfte zu machen.

Wie sollte man die erste hebräische Stadt in Palästina nennen? Die *Chadschot Ha'jischuw* schrieben einen Wettbewerb zur Namensgebung aus. Einige Leser schlugen biblische Namen vor, aber die Mehrheit stimmte dafür, sie nach Theodor Herzl zu benennen, der 1904 verstorben war. Die Zionistenführer in Jaffa waren beeindruckt von dem öffentlichen Echo auf die Umfrage, lehnten jedoch den Namen Herzl ab. Jede neue jüdische Stadt würde sich Herzl-Stadt nennen wollen. Wo sollte das hinführen? Sie beschlossen, nur die Hauptstraße nach Herzl zu benennen. Die Städte, die noch entstehen würden, konnten diesem Beispiel ja folgen. Um den Namen des Gründers der zionistischen Bewegung dennoch zu verewigen, beschloss man, den Titel seines bahnbrechenden Buches *Altneuland* ins Hebräische zu übertragen und die Stadt Tel Aviv zu nennen, wobei das Wort *Tel*, ein durch wiederholte Besiedlung entstandener Hügel, das Vergangene und *Aviv*, das hebräische Wort für Frühling, den Neubeginn symbolisierte.

Von der beispiellosen Entwicklung Palästinas zu Beginn des 20. Jahrhunderts profitierten alle: die jüdische Bevölkerung, die durch die Einwanderung stark angewachsen war, die Templer, deren Kolonien sich verglichen mit Ersteren weitaus langsamer entwickelten, und die Araber aus den umliegenden Ländern, die durch die steigende Nachfrage nach Arbeitskräften angelockt wurden.

Mit Unterstützung seines Vaters Oswald, der sich als Pfarrer in der Geschichte der Templerbewegung gut auskannte, verfasste

Werner eine Artikelserie über diese Glaubensgemeinschaft und die Entwicklung ihrer Kolonien in Palästina.

An einem regnerischen Märznachmittag saß er an seinem Schreibtisch und sah aus dem Fenster zu, wie die Palme vor dem Haus heftig im Wind schwankte. Er hatte angefangen, den letzten Beitrag der Artikelserie zu schreiben, und fragte sich gerade, ob sein Vater die Endzeiterwartung seiner Gemeinde wohl teilte, als sie beschlossen hatten, nach Palästina zu gehen, als plötzlich Sarah hereinstürzte.

»Oswald ist gestorben«, brachte sie schluchzend hervor. »Heute Nacht. Er ist eingeschlafen und nicht mehr aufgewacht. Johanna hat seinen Enkel Friedrich geschickt, um uns zu informieren.«

Eine Weile saß Werner wie versteinert da. Dann stand er auf und nahm seine Frau in den Arm. »Er war siebenundachtzig. Vielleicht ist es kein Zufall, dass idealistische Männer wie Vater oder Pinchas so alt werden«, sagte er nachdenklich. »Ich frage mich, ob sie ihr langes Leben ihrem unbändigen Tatendrang verdanken.«

Sarah sah ihn mit verweinten Augen an. »Ja«, entgegnete sie leise, »ich glaube schon.«

»Weißt du«, sagte Werner, »in unseren letzten Gesprächen über die Artikelserie ist er von dem Mantra abgerückt, das er früher immer gepredigt hat – dass Jesus als leibhaftiger Messias auferstehen würde. Er sagte, sein Geist werde auferstehen und die traditionelle Kirche in eine menschliche Kirche umwandeln.« Er stieß einen tiefen Seufzer aus. »›Die Templergemeinschaft muss ein Vorbild an Wahrhaftigkeit, Gerechtigkeit und Nächstenliebe in Palästina werden‹, hat er noch vor ein paar Tagen zu mir gesagt. ›Sie muss die Unwissenheit bekämpfen und die Menschen durch moralische und geistige Bildung befähigen, auch materiellen Wohlstand zu erlangen.‹ Wunderst du dich, dass ich ihn wörtlich zitieren kann?«, fragte er. »Ich habe mir seine Worte damals gleich aufgeschrieben, weil sie mir so nahegegangen sind. Was für ein Unterschied zwischen den mechanisch rezitierten Texten der Kleriker und dieser tief empfundenen Erkenntnis, zu der mein Vater sich erst nach langen inneren Kämpfen durchgerungen hat.« Nun füllten sich auch Werners Augen mit Tränen. Sarah umarmte ihn fest, und sie weinten zusammen.

Die Familie Simon und die Freunde hatten sich auf dem Templerfriedhof versammelt, um Oswald zu Grabe zu tragen. Sarah wandte den Kopf zu Mustafa, der tief gebeugt neben ihr stand.

»Mustafa«, sagte sie, »ich brauche dich.«

Der alte Mann sah erstaunt zu ihr auf. Er trug seit einiger Zeit eine dunkle Brille, die seine Augen noch schwärzer erscheinen ließ.

»Wieso denn?«, sagte er und lächelte schief. »Mich braucht niemand mehr.« Er schwieg einen Augenblick und fügte in bitterem Ton hinzu: »Und ich selbst brauche mich auch nicht mehr.«

»Du irrst dich«, antwortete Sarah. »Wir brauchen dich in der Redaktion …«

»Wirklich?«, unterbrach er sie. »Wozu soll ich noch gut sein? Zum Kaffeekochen?«

»Bitte hör auf, Mustafa«, sagte Sarah. »Ist der Anlass nicht schon traurig genug? Willst du es uns noch schwerer machen? Ich meine es ernst. Willst du für uns eine Artikelserie über die Muslime in Palästina schreiben? Ihre ganze Geschichte seit der Eroberung des Landes im 7. Jahrhundert bis heute – über ihre Probleme und Nöte und über ihre Wünsche und Hoffnungen.«

Mustafa sah sie überrascht an. »Das ist nicht der richtige Ort und der richtige Moment«, erwiderte er nach kurzem Nachdenken. »Lass uns nach der Beerdigung darüber reden.«

Sarah nickte.

Nach der Beisetzung griff sie das Thema wieder auf. »Wenn du zustimmst«, sagte sie zu Mustafa, »könntest du in gewisser Weise Oswalds Arbeit fortsetzen. Er hat Werner bei der Serie über die Templer geholfen und hätte sich bestimmt darüber gefreut, wenn du als sein lieber und geschätzter Freund in unserer Zeitung über die Muslime schreibst, und zwar aus der Sicht eines Glaubensgenossen und nicht der eines Außenseiters wie Werner.«

»Aha«, entgegnete Mustafa mit ironischem Lächeln, »und wenn dies die letzte Aufgabe ist, die ich auf Erden erfüllen werde, wie der gute Oswald mit seiner Templerserie, schickt ihr mich danach auf den Friedhof ...«

»Hör auf mit deinem Zynismus«, bat Sarah mit Tränen in den Augen.

»Schon gut, schon gut«, murmelte Mustafa und strich ihr liebevoll über den Rücken. »Verzeih einem alten Sünder.«

Sarahs Idee erwies sich als richtig. Mustafa verfasste Artikel, die von einer überraschenden Schreibbegabung zeugten. Je länger er sich als Amateurjournalist betätigte, umso flüssiger wurde sein Stil. Mit der Zeit verbesserten sich auch die Beziehungen zu seinen Kindern. Er nahm ihnen nicht mehr übel, dass sie ihn aufs Altenteil gesetzt hatten, und mischte sich weniger in die Geschäfte seiner Handelsfirmen ein. Abgesehen vom Artikelschreiben war er auch mit Recherchen über die behandelten Themen beschäftigt. Sarah hatte ihm einen neuen Lebensinhalt verschafft, und er war ihr dankbar dafür.

Sarah ihrerseits freute sich, dass seine Beiträge der Zeitung eine pikante Würze gaben und hitzige Diskussionen auslösten. Manchmal fiel es ihr allerdings schwer, seine Angriffe auf einige Aspekte der zionistischen Aktivitäten zu akzeptieren. Flammende Zionisten protestierten gegen Mustafas Kritik, und es gab sogar anonyme Morddrohungen.

Als Sarah wieder einmal einen solchen Drohbrief gelesen hatte, legte sie ihn seufzend aus der Hand.

»Ein Glück, dass ich mich bald in den Mutterschaftsurlaub verabschieden kann«, sagte sie in einer Anwandlung von schwarzem Humor. »Sonst kommt es noch so weit, dass ich vor lauter Angst eine Missgeburt auf die Welt bringe.«

Auch Mustafa selbst blieb nicht von Beschimpfungen und Drohungen verschont, die in seinem Fall nicht nur von Juden, sondern vor allem von Arabern ausgingen. Doch bei ihm wirkten diese Angriffe wie ein Adrenalinstoß und stachelten ihn zu polemischen Auseinandersetzungen mit den Lesern an, die manchmal derart ausarteten, dass Werner begütigend eingreifen musste. Seine Vermittlungsversuche gelangen nicht immer, aber er mochte Mustafa keine Zensur auferlegen.

»Um der Wahrheit auf den Grund zu gehen, muss man gegen den Strom schwimmen«, wetterte Mustafa. »Bekanntlich schwimmen nur tote Fische mit dem Strom.«

Aus der deutschen Presse erfuhr Werner von dem Besuch eines Mitglieds des deutschen Generalstabs in Istanbul. Otto Liman von Sanders hatte den Auftrag, die osmanische Regierung bei der Modernisierung ihrer Armee zu beraten.

Dieser Besuch wirft Fragen auf, schrieb Werner in seinem Kommentar:

Was hat sich in der Türkei verändert? Das Osmanische Reich gilt schon seit Langem als »der kranke Mann am Bosporus«. Es hat sich seit Mitte des 19. Jahrhunderts nur dank der massiven Militärhilfe Englands und Frankreichs gegen die russische Aggression behaupten können. In Südosteuropa haben die Türken Gebiete verloren, die jahrhundertelang unter ihrer Herrschaft gestanden hatten. Warum werden die Deutschen gerade jetzt auf den Plan gerufen?

Zwar hatte der deutsche Kaiser schon vor fünfzehn Jahren auf dem Weg nach Jerusalem die Türkei besucht, um die gegenseitigen Beziehungen zu stärken. Doch diesmal ging es um mehr. General von Sanders, dessen Großvater ein getaufter preußischer Jude war, stattete Istanbul keinen Blitzbesuch ab. Er war mit einem Stab von über hundert Offizieren auf unbegrenzte Zeit in die Türkei entsandt worden. Die deutsche Presse berichtete sogar, dass er von den Türken zum Marschall ernannt worden war und das Kommando über eine ihrer Armeen übernommen hatte.

Da er sich keinen Reim auf diese Entwicklungen machen konnte, verfolgte Werner das Thema in der deutschen Presse. Juval, der frischgebackene Redakteur, geriet in wachsende Erregung, als sein Schwager ihm davon erzählte, und drängte ihn, mehr darüber zu schreiben.

»Du hast gut reden«, sagte Werner missmutig, »wenn ich weniger wüsste, könnte ich vielleicht mehr schreiben. Ich lese so viele deutsche Zeitungen, dass ich wahrscheinlich den Wald vor lauter Bäumen nicht sehe. Logisch wäre die Folgerung, dass sich hier ein Krieg anbahnt. Aber wer will einen Krieg anfangen? Die Deutschen? Wenn man sich ansieht, was sie in die Türkei investieren, wäre das durchaus möglich. Doch gegen wen wollen sie Krieg führen? Und die Türken? Warum sollten sie an einem Krieg interessiert sein? Um Gebiete in Südosteuropa zurückzuerobern? Das halte ich für unwahrscheinlich. Die Türkei ist heute schwächer als zu der Zeit, in der sie diese Gebiete verloren hat, während die neuen südosteuropäischen Staaten viel stärker geworden sind. Vielleicht denken die Türken wie jener General, der gesagt haben soll: ›Mein linker Flügel ist geschlagen, mein rechter Flügel ist aufgerieben, und das Zentrum ist vernichtet. Ich gehe zum Generalangriff über.‹ Wer weiß? In diesem maroden Vielvölkerstaat ist alles möglich. Aber warum investieren die Deutschen in das geschwächte Imperium? Das Ganze ist so verworren.«

Am 28. Juni 1914 wurden der österreichische Thronfolger Erzherzog Franz Ferdinand und seine Gemahlin von einem serbischen Nationalisten ermordet. Das Attentat löste weltweit ungeheures Aufsehen aus, doch niemand ahnte, dass es das Ende der bisherigen Weltordnung bringen würde. Österreich würde Serbien hart bestrafen, dachte man, und das musste genügen. Österreichs engster Verbündeter, der deutsche Kaiser Wilhelm II., machte gerade Urlaub auf seiner Yacht *Hohenzollern* und hielt es jedenfalls nicht für nötig, deshalb nach Berlin zurückzukehren.

Doch es sollte anders kommen. Österreich erklärte Serbien den Krieg. Zar Nikolaus beschloss, Serbien zu schützen, was zu einer Krise mit Kaiser Franz Joseph führte. Russland begann mit der Generalmobilmachung. Das wiederum konnte Deutschland nicht tatenlos hinnehmen. Zwischen Berlin und St. Petersburg flogen Drohungen hin und her. Schließlich erklärten Deutschland und Österreich Russland und damit auch Frankreich den Krieg. Italien, das mit den Achsenmächten ein Bündnis geschlossen hatte, blieb zunächst neutral und trat erst ein halbes Jahr später in den Krieg ein – allerdings aufseiten der Gegner! Als England sich Russland und Frankreich anschloss, weil die Deutschen die belgische Neutralität verletzt hatten, sah sich der deutsche Kaiser in eine Situation gedrängt, die er weder gewollt noch vorausgeahnt hatte.

»Warum haben wir eigentlich Frankreich den Krieg erklärt?«, fragte der Kaiser seine Politiker und Generäle, »wir haben doch gar keinen Konflikt mit den Franzosen. Ziehen Sie die Kriegserklärung zurück! Ich will nicht gegen Frankreich kämpfen.«

»Zu spät, Eure Majestät«, war die Antwort. »Die Armee marschiert bereits gegen Frankreich, wir haben zu diesem Zeitpunkt keine technische Möglichkeit mehr, sie zu stoppen.«

So brach im Sommer 1914 der Weltkrieg aus.

Warum und wozu?, rätselte Juval in einem Leitartikel.

Wer hat das gewollt? Und was wird bei uns geschehen? Die Welt ist verrückt geworden. Jeder kämpft gegen jeden. Werden wir uns in unserem kleinen Land aus dem Krieg heraushalten können? Es gibt keinen Grund, der dagegenspricht, konstatierte er. Was haben wir mit all dem zu tun?

Mustafa warf in seinem Artikel, der am folgenden Tag erschien, eine andere Frage auf:

Es stimmt zwar, dass wir mit den kriegführenden Mächten nichts zu tun haben. Doch wir werden zumindest wirtschaftlich unter dem Krieg leiden. Unsere Wirtschaft wird sehr schmerzliche Einbußen erfahren. Wir können unsere Zitrusfrüchte und unsere Olivenölseifen nicht exportieren und keine dringend benötigten Waren einführen, weil das Mittelmeer vermutlich für den zivilen Schiffsverkehr gesperrt werden wird. Doch wir brauchen wenigstens nicht um unser Leben und unseren Besitz zu fürchten.

Ausgerechnet in diesen stürmischen Tagen lag Sarah im Krankenhaus. Sie hatte Zwillinge geboren, einen Jungen und ein Mädchen. Die stolzen Eltern schwankten, wie sie die Kinder nennen sollten. Es mussten Namen sein, die weder bei der christlichen noch bei der jüdischen Familie Anstoß erregen würden. Schließlich einigten sie sich auf Iris und Josef. Sie beschlossen, die Kinder dreisprachig aufwachsen zu lassen. Sarah würde Hebräisch und Werner Deutsch mit ihnen sprechen. Französisch würden sie in der Schule lernen.

Doch das größte Hindernis musste noch genommen werden.

»Meine Familie wird darauf bestehen, dass unser Sohn am achten Tag nach der Geburt beschnitten wird«, sagte Sarah, als Werner sie und die Kleinen aus dem Krankenhaus abholte. »Wie wird deine Familie darauf reagieren?«

»Wer redet von einer Beschneidung?«, protestierte Werner entrüstet. »Ich bin doch kein Jude!«

Sarah atmete tief durch. »Werner«, entgegnete sie, »ich habe dir doch schon erklärt, dass ein Kind jüdisch ist, wenn es von einer jüdischen Mutter geboren ist.«

»Wieso?«, rief Werner. »Die Religion des Kindes richtet sich nach dem Vater, und nicht nur bei uns Christen, sondern in der ganzen Welt. Auch bei den Muslimen. Du kannst Mustafa fragen.«

»Das weiß ich«, erwiderte Sarah. »Aber bei den Juden bestimmt die Mutter die Religion und die Nationalität eines Kindes. Das macht schon deshalb Sinn«, fügte sie augenzwinkernd hinzu, »weil man sicher sein kann, wer die Mutter ist, was auf den Vater nicht immer zutrifft ...«

»Da haben wir die Bescherung. Wir sind beide nicht religiös. Mir ist es gleich, ob unsere Kinder getauft werden oder nicht. Jetzt, wo mein Vater tot ist und meine Mutter fast schon senil und ...«

»Gertrud ist völlig senil«, unterbrach ihn Sarah.

»Schon gut«, winkte Werner gereizt ab und schloss die Tür zu ihrer Wohnung auf. »Jedenfalls übt von meiner Seite niemand mehr Druck auf mich aus. Meinen Geschwistern ist das nicht wichtig.« Er dachte einen Moment nach. »Wer würde in deiner Familie auf den religiösen Vorschriften bestehen? Nicht mal deine Schwägerin Miriam!«

»Da irrst du dich«, entgegnete Sarah. »Was die Beschneidung betrifft, sind wir uns alle einig. Selbst fanatische Freidenker wollen nicht darauf verzichten. Und frag mich bitte nicht, warum von all den jüdischen Gesetzen gerade dieses für so wichtig gehalten wird. Ich weiß es nicht. Es ist nun einmal tief in unserem Volk verwurzelt, und ich kann mich dem nicht entziehen. Glaub mir, mein Lieber«, fuhr sie zögernd fort, »ich habe selbst große Angst davor. Allein die Vorstellung, dass ein großer, schwarz gekleideter Rabbiner mein winziges Baby verletzt und der arme Wurm vor Schmerz und Schreck schreit ...«

Werner beruhigte sich etwas, als ihm klar wurde, dass seine und ihre Meinung sich eigentlich gar nicht so sehr unterschieden.

Nach einem bedrückten Schweigen sagte Sarah: »Heute Abend ruhen wir uns erst mal aus. Morgen reden wir mit Dr. Hammerschlag. Er ist kein Freidenker wie ich, sondern ein liberaler Jude, und er steht in Kontakt mit einer Synagogengemeinde. Ich denke, er kann uns einen Rat geben.«

Dr. Fritz Hammerschlag, ein österreichischer Jude, lächelte, als er die Bitte des Elternpaars hörte, das ihm verlegen gegenübersaß.

»Ich möchte Ihnen sagen, dass ich die Entfernung der Vorhaut aus Gesundheitsgründen empfehle«, erklärte der Arzt. »Das würden Ihnen auch manche nicht jüdischen Ärzte in der westlichen Welt raten. Deshalb möchte ich Ihnen eine kleine Intrige vorschlagen.«

Das junge Paar sah ihn entgeistert an.

»Sehen Sie«, fuhr der Arzt schmunzelnd fort. »Wir Österreicher sind flexibler als die Deutschen und die frommen osteuropäischen Juden. Ich könnte das Kind bei Ihnen zu Hause untersuchen und zu dem Schluss kommen, dass sein Gesundheitszustand weitere Untersuchungen im Krankenhaus nötig macht. Dort werden sich meine angeblichen Befürchtungen als nichtig erweisen, aber wir werden das Kind während der Untersuchung unter Narkose beschneiden. Diese medizinische Beschneidung findet unter sterilen Bedingungen im Operationssaal statt. Auf diese Weise«, sagte er zu Sarah gewandt, »brauchen Sie sich nicht zu rechtfertigen, nicht einmal gegenüber dem Rabbiner, der die Beschneidung vorgenommen hätte. Gegen einen medizinischen Beschluss kann man nichts machen. In diesem Fall würde alles andere wegfallen – der Rabbiner, das Ritual, die Gebete, die Synagoge.« Zu Werner sagte er: »In der Deutschen Kolonie wird kein Mensch davon erfahren, und niemand wird Ihrer Frau etwas vorwerfen können.«

Als Sarah und Werner die Praxis des Arztes erleichtert verließen, fielen sie einander lachend in die Arme.

»Was für ein schlauer Fuchs«, rief Werner. »Kein Wunder: Er ist nicht nur Jude, sondern auch Österreicher!«

Letzten Endes verlief alles ohne Zwischenfälle und Kontroversen. Familie Simon feierte die Geburt der Zwillinge mit ungetrübter Freude.

»Wir dachten schon, ihr würdet nie zur Erweiterung der Familie beitragen«, sagten Werners Geschwister. Sie bestanden auch nicht auf einer kirchlichen Zeremonie, obwohl sie das Andenken des geliebten Vaters noch immer hochhielten. Sarahs Familie, die vollzählig zur Feier erschienen war, hatte auch Dr. Hammerschlag und seine Frau eingeladen, hütete sich aber, die Beschneidung zu erwähnen. Werner machte sich keine Gedanken darüber, ob jemand dem Geheimnis auf die Spur kommen würde. Wer würde schon die Windel lüpfen, um den kleinen Josef genauer zu untersuchen?

Im Leben der beiden Familien und ihrer Freunde und Bekannten kehrte wieder der Alltag ein. Und Alltag bedeutete, dass sie alle mit großer Sorge den furchtbaren Krieg in Europa verfolgten.

Sarah widmete sich von nun an ausschließlich den Zwillingen. Sie war selbst überrascht, wie grundlegend sich ihr Leben verändert hatte. Sie stillte die Kinder bei Tag und Nacht. Kaum war eines satt, bekam das zweite schon wieder Hunger. Danach wickelte sie die beiden, wusch mit Werners Hilfe die schmutzigen Windeln, hing sie zum Trocknen auf ... und schon war es wieder Zeit zu stillen. Ihr Tageslauf war ein einziges Perpetuum mobile. Werner half ihr, so gut er konnte. Er putzte das Haus, kaufte ein und kochte sogar, wenn Sarah es ihm erlaubte. Doch trotz aller Hilfsbereitschaft zog ihn die Arbeit immer wieder in die Redaktion. Die Welt geriet aus den Fugen, und er wusch Windeln! Der brave Esel der Familie, auf dem er zur Arbeit ritt, pendelte in jenen Tagen ständig zwischen dem Haus und der Redaktion hin und her. Er war zwar nicht so klug wie das Tier, das Pinchas vor vielen Jahren David geschenkt hatte, aber dafür sanftmütig und zuverlässig.

Juval und seine Mitarbeiter bemühten sich nach Kräften, die Kriegsereignisse in Europa zu verfolgen. Die wachsende Nervosität der türkischen Regierung beunruhigte sie. Der Druck der Obrigkeit auf die Bevölkerung nahm zu. Nach und nach wurden die Ein- und Ausreisekontrollen verschärft. Wer sich dem entziehen wollte, musste enorme Schmiergelder aufbringen.

In Tel Aviv mischten sich die türkischen Behörden in das Alltagsleben ein. So wurde plötzlich ein verstaubtes Gesetz ausgegraben, das Straßenschilder in türkischer Sprache vorschrieb. Hebräische Straßennamen waren nicht zulässig, nicht mal als kleinformatiger Zusatz. In diesem Fall gelang es, Abhilfe zu schaffen. Die Fez tragenden Inspektoren drückten nach entsprechenden Zahlungen ein Auge zu. Doch die Lage blieb weiter gespannt.

Juval kam zu dem Schluss, dass die Nervosität der Türken und der zunehmende Druck auf das Volk nur einen Grund haben konnte: Die Türkei hatte vor, in den Krieg einzusteigen. Ihm war inzwischen auch klar geworden, was General von Sanders, der »Marschall des Osmanischen Reiches«, in der Türkei machte.

Bald werden die Türken zuschlagen, prophezeite er in einem Leitartikel. *Und was wird dann passieren? Wird die Türkei die massive deutsche Unterstützung benutzen, um Russland anzugreifen und sich für alles zu rächen, was es seit über hundert Jahren dem Osmanischen Reich angetan hat?*

»Wenn du recht hast und die Türkei in den Krieg eintritt«, sagte Werner, nachdem er den Artikel gelesen hatte, »dann wird das auch für uns Folgen haben, auch wenn sie sich nur auf die russische Front beschränkt. Die Türken werden ihre gesamte Streitmacht und alle Ressourcen mobilisieren. So gut wir auch mit den Deutschen stehen, wir werden kein leichtes Leben haben. Und das gilt auch für uns Templer.«

14

JERUSALEM

– 1914 –

Anfang Oktober stürzten Neta und David eines Morgens aufgeregt in Juvals Redaktionszimmer und fragten ihren Sohn, ob er wisse, was in Odessa los sei.

»In Odessa?«, fragte Juval überrascht und strich sich das wellige Haar aus der Stirn. »Das ist doch weit von der Front entfernt …«

»Sieh bitte nach, ob es telegrafische Nachrichten gibt«, bat seine Mutter. »Man hört so schlimme Gerüchte, und wir haben schließlich Verwandte dort!«

Juval ging zum Telegrafen, der allerdings nicht immer funktionierte. Woran das lag, wusste niemand. Seit dem Ausbruch des Kriegs in Europa gab es immer mehr technische Probleme mit diesem Wundergerät. Doch als Juval ungeduldig daran rüttelte, erwachte es zum Leben und fing an zu rattern.

So erfuhr die Familie Zemach, was sich ereignet hatte: Zwei deutsche Kriegsschiffe, die wegen der französischen und britischen Dominanz im Mittelmeer unter türkischer Flagge fuhren, hatten Sewastopol und Odessa beschossen.

Netas Gesicht verdüsterte sich vor Sorge und Angst um ihre Verwandten.

Kurz darauf traf Werner in der Redaktion ein. Seine Schwiegereltern teilten ihm sofort die schlimme Nachricht mit.

»Wisst ihr, was das bedeutet?«, rief er. »Die Türkei wird in den Krieg eintreten. Wenn sie Russland direkt oder indirekt durch die Deutschen angreift, wird Sankt Petersburg ihr den

Krieg erklären. Genau das streben die Jungtürken an, die jetzt den Ton angeben.«

Neta und David sahen sich verwirrt an. Ein Krieg zwischen der Türkei und Russland? Selbst wenn er nicht auf den Nahen Osten übergreifen würde, wäre das eine Katastrophe für die Familie Zemach und viele andere Juden mit russischer Staatsangehörigkeit.

»Das kann doch nicht sein! Wir sind womöglich zu Feinden unserer Regierung geworden!«, rief David erschüttert.

»Und das in Kriegszeiten!« Neta legte die Hände vor den Mund.

Juval warf seinen Eltern einen besorgten Blick zu.

Werner unterbrach das beklommene Schweigen, das eingetreten war. »Es gibt nur einen Weg, der Gefahr zu entrinnen«, sagte er ruhig. »Ich werde die Beziehungen meiner Familie zum deutschen Konsulat nutzen und versuchen, euch die deutsche Staatsbürgerschaft zu verschaffen.«

»Wie soll das denn gehen?« Davids Miene drückte Zweifel aus.

»Glaubst du, die Deutschen werden uns alle retten?«, fragte Neta ängstlich.

»Ich hoffe, dass sie *euch* retten«, entgegnete Werner. »Ihr gehört zu meiner Familie, und darauf müssen wir pochen.«

»Warum sollten sie das tun?«, fragte David.

»Hast du vergessen, dass wir im Nahen Osten leben?«, erwiderte Werner in einem Ton, der keine Spur von Ironie verriet. »Auch wir Templer und die Mitarbeiter der deutschen Konsulate leben in der Levante.« Er war sich selbst nicht sicher, ob seine Zuversicht gerechtfertigt war, doch er sagte sich, dass seine Templerbrüder schon einen Weg finden würden, um der Familie zu helfen.

»Alles gut und schön«, warf David ein, »aber was ist mit den Tausenden oder sogar Zehntausenden jüdischen Russen, die in

Palästina leben? Können sie alle bei den deutschen Konsulaten in Jerusalem und Jaffa die deutsche Staatsbürgerschaft beantragen? Es wird ihnen nicht mal gelingen, sich unter deutschen Schutz zu stellen«, murmelte er.

»Um alle kann ich mich nicht kümmern«, entgegnete Werner bestimmt, »aber euch kann ich helfen.«

Werners ältester Bruder Franz, der die Interessen der Templer in den Beziehungen mit Deutschland vertrat, nahm Kontakt zu dem Konsulat auf. Es war nicht leicht, das Einbürgerungsverfahren einzuleiten. Die Simons brachten viele Stunden im Konsulat zu. Unter anderem mussten sie Empfehlungsbriefe von ihrer Templerfamilie in Deutschland beibringen. Sie verrieten ihren Freunden nicht, wie viel Geld sie in das Verfahren investierten.

Schließlich wurde die Familie Zemach unter konsularischen Schutz gestellt. Außerdem hatte das deutsche Konsulat der türkischen Regierung mitgeteilt, dass in Berlin ein Einbürgerungsverfahren im Gange sei. Es vergingen noch lange Monate der Ungewissheit, aber Ende Dezember 1914 kam die erlösende Nachricht, dass sie jetzt deutsche Staatsbürger in Palästina waren.

»Ich bin trotzdem dafür, dass wir bei dem, was wir in der Zeitung schreiben, mit äußerster Vorsicht vorgehen«, sagte Werner, als er die Gläser für das festliche Abendessen auf den Tisch stellte. Sarah und er hatten die Familien und Freunde eingeladen, um das Ereignis zu feiern.

Sarah nickte ein bisschen abwesend, während sie Geschirr und Besteck verteilte. Es war ein stürmischer, kalter Abend, und es regnete in Strömen. Sie dachte an ihre Gäste, die hoffentlich trotz aller Widrigkeiten gut gelaunt eintreffen würden.

Alle waren zwar ein wenig zerzaust und nass, aber sie schälten sich plaudernd und lachend aus ihren Wintermänteln. Schließlich hatten alle an der langen Tafel in dem behaglich geheizten Raum Platz genommen, und die Frauen trugen, unterstützt von den Kindern, das Essen auf.

Werner war, wie fast immer, mit den Gedanken bei der Zeitung. »Auch als Staatsbürger des wichtigsten Verbündeten der Türkei müssen wir darauf achten, nicht zu sehr aufzufallen«, sagte er, während er die erste Flasche Wein entkorkte. »Die Türken werden immer nervöser. Sie haben den *Jihad*, den heiligen Krieg, ausgerufen, was bedeutet, dass sie jeden bekämpfen, der kein Muslim ist. Das heißt, dass auch nicht muslimische Deutsche und nicht nur Russen, Franzosen oder Engländer als Feinde betrachtet werden können. Erst mal wird zwar nichts passieren, denn die Türken brauchen die Deutschen und die Österreicher, aber wir sollten mindestens bis zum Ende des Kriegs unsere religiöse Identität nicht nach außen hin demonstrieren.«

»Was glaubst du, wie lange der Krieg dauern wird?«, fragte Juval so eifrig, als wolle er die Antwort sofort als sensationelle Schlagzeile veröffentlichen.

»Wer weiß«, erwiderte sein Schwager. »Noch vor Kurzem waren alle der Meinung, dass das Ganze nach ein paar Wochen vorbei sein würde wie die früheren Kriege. Aber wer kann das heute voraussehen? Der Krieg zieht immer weitere Kreise. Die Türkei beteiligt sich daran, auch Italien macht mit, und das Ende ist noch nicht abzusehen.«

Alle saßen ratlos und nachdenklich da. Ihnen war klar, dass sie in den *Chadschot Ha'jischuw* in Zukunft jedes Wort auf die Goldwaage legen mussten, bevor es gedruckt wurde.

Die nächste Redaktionssitzung Anfang Januar 1915 fand in angespannter Atmosphäre statt.

»Glaubt ihr, es ginge um ein religiöses Problem?« Mustafa schüttelte den Kopf. »Aus Syrien und dem Libanon wird fast täglich über öffentliche Hinrichtungen berichtet. Und wen hängen sie auf? Die meisten sind Muslime. Die Türken knüpfen jeden Verdächtigen auf. Ob es sich um Christen, Juden oder Muslime handelt, ist ihnen egal. Der Widerstand gegen die türkische Regierung ist es, der die Menschen an den Galgen bringt. Mit anderen Worten«, fuhr er in bitterem Ton fort, »ein österreichischer oder deutscher Christ hat einen besseren Stand als ein arabischer Nationalist, der gegen das osmanische Regime ist.«

Die Tür öffnete sich, und Mustafas Sohn Sa'ad trat herein. Mit ihm drang ein Schwall kalter Luft in den Raum. Sa'ad schaute immer in der Redaktion vorbei, wenn er seine alten Eltern in Jerusalem besuchte, und berichtete den Freunden über das Geschehen in der arabischen Welt.

»Jeder junge Mann wird eingezogen, die Steuerlast wird immer drückender«, sagte er, während er sich aus seinem dicken Umhang schälte. Sarah stand auf und holte ihm eine Tasse Tee.

»Glaubt bloß nicht, dass nur ihr Juden und Christen leidet«, fuhr Sa'ad fort. »Die Araber leiden mehr, weil sie keine europäischen Mächte haben, die mit den Türken verbündet sind und ihnen Schutz gewähren.«

»Was sollen wir machen?«, fragte David.

»Gar nichts«, erwiderte Sa'ad. »Den Kopf einziehen und warten, bis der Sturm sich legt, in der Hoffnung, dass er uns nicht alle vernichtet. Wir können nicht mehr tun, als uns die Worte von Jean-Jacques Rousseau zu Herzen zu nehmen«, sagte der junge Mann. »*Die Freiheit des Menschen liegt nicht darin, dass er tun kann, was er will, sondern dass er nicht tun muss, was er nicht will.* Und das hat Rousseau in Friedenszeiten gesagt! Umso mehr gilt das für den Krieg.«

Trotz aller Vorsicht und Zurückhaltung fingen die Türken an, Einwohner mit ausländischer Staatsbürgerschaft, Franzosen, Russen und andere aus dem Land auszuweisen. Die Vertreibung geschah immer überraschend und verlief brutal, sodass die Unerwünschten nicht einmal Zeit hatten, sich darauf vorzubereiten. In kurzer Zeit reduzierte die Zahl der jüdischen Einwohner von Palästina sich um die Hälfte.

Unter den Ausgewiesenen war auch ein brillanter und einflussreicher junger Mann, ein untersetzter Russe mit einem unbändigen Haarschopf namens David Ben Gurion. Zusammen mit ihm wurde sein Freund Jitzchak Ben Zwi vertrieben. Die beiden hatten versucht, sich auf jede mögliche Art den Türken anzunähern. Sie hatten vor dem Krieg in Istanbul Jura studiert, beherrschten die Sprache und unterstützten anfangs auch die türkischen Kriegsbemühungen. Sie riefen sogar junge Juden in Palästina auf, der türkischen Armee beizutreten. Ihr Appell wurde regelmäßig in den *Chadschot Ha'jischuw* veröffentlicht und von der Zeitung in vollem Umfang gebilligt. Doch all das nützte nichts. Alle russischen Staatsangehörigen wurden vertrieben.

Ende Januar 1915 kehrte Sa'ad von einem Besuch in Ägypten zurück und erzählte aufgeregt, es sei etwas Wunderbares geschehen. »Türkische Streitkräfte sind in Ägypten eingedrungen, haben die Briten geschlagen und das gesamte Suezkanalgebiet erobert.«

»Nicht zu glauben«, staunte Mustafa. »Die Türken? Auf eigene Faust? Die deutsche Unterstützung ist ja noch gar nicht eingetroffen!«

Am Abend versammelten sich Familien und Freunde, diesmal im Haus von David und Neta, zu ihrem traditionellen Treffen. Sa'ad erzählte von dem überraschenden Angriff, und auch seine jüdischen Freunde und die Templer konnten es kaum glauben.

»Das heißt also«, erklärte Franz, Oswalds ältester Sohn, »dass wir uns hier nicht mehr vor dem Krieg zu fürchten brauchen.

Die englische Gefahr ist gebannt, die Türken werden von jetzt an nur mit der russischen Front beschäftigt sein und uns in Ruhe lassen. Ihr wisst doch, dass ich morgen fünfundfünfzig werde«, rief er. »Lasst uns ein großes Fest feiern – zu Ehren meines Geburtstags und der Abwendung der Kriegsgefahr in Palästina.«

Doch die Anwesenden ließen sich nicht von seiner Begeisterung anstecken.

Seine Schwester Johanna brach das bedrückte Schweigen. »Du erinnerst mich an deinen Namensvetter, den österreichischen Kaiser Franz. Als Napoleon 1809 gegen Wien marschierte, gelang es der österreichischen Armee, ihn kurz vor der Hauptstadt aufzuhalten. Vor lauter Begeisterung über seinen Erfolg schickte Kaiser Franz Eilboten in alle wichtigen Hauptstädte Europas und ließ sie melden, er habe Napoleon besiegt und bitte die europäischen Mächte, ihm bei der endgültigen Niederschlagung des französischen Kaiserreichs beizustehen. Alle sandten herzliche Glückwünsche und stellten in Aussicht, dass sie sich Österreich anschließen würden, wenn es ihm gelingen würde, Napoleon noch ein wenig mehr zu besiegen. Doch als die Glückwünsche eintrafen, hatte der kleine Korse schon Wien erobert.«

»In der Thora, die ihr das Alte Testament nennt, gibt es eine Geschichte über eine ähnliche Situation«, sagte David. »Im Buch der Könige ist die Rede vom König von Aram, Ben-Hadad, der den israelitischen König Ahab provozierte. Er erklärte Ahab den Krieg und kündigte an, er werde ihn vernichtend schlagen. Ahab antwortete: ›Wer den Gürtel anlegt, soll sich nicht rühmen wie einer, der ihn wieder ablegen kann.‹ Mit anderen Worten, wer sein Schwert anlegt und in den Krieg zieht, sollte nicht frohlocken, als habe er den Sieg schon errungen. Am Ende hat Ahab den König von Aram besiegt. So was kann auch in dem türkisch-englischen Krieg passieren. Er hat ja gerade erst angefangen.«

»Streiten wir nicht darüber«, sagte Mustafa, der bisher schweigend zugehört hatte. »Lasst uns abwarten. Das Geschehen können wir ohnehin nicht beeinflussen. Wir werden sehen, wie es mit den Türken steht, wenn sie aus Ägypten zurückkommen.« Er zwinkerte David zu. Ihm war klar, dass die Türken keine Chance gegen die Engländer hatten. Wenn sie einen weiteren Sieg erringen wollten, waren sie auf deutschen Beistand angewiesen. »Warten wir noch ein wenig mit dem Feiern«, schlug er vor. »Einstweilen sollten wir uns damit begnügen, eine kleine Geburtstagsfeier für unseren Franz auszurichten.«

Mustafa ahnte nicht, wie richtig er die Lage beurteilt hatte. Die Engländer in Ägypten bekamen rasch Verstärkung, schlugen die Türken und drängten sie durch den Sinai bis an die Grenze von Palästina bei Rafah zurück. Gaza konnten die Engländer und Australier allerdings nicht einnehmen. Sie wurden Anfang Februar 1915 mit Hilfe deutscher und österreichischer Truppen gestoppt. Der Befehlshaber der türkischen Streitkräfte, der versucht hatte, nach Ägypten einzudringen, war der Generalgouverneur von Palästina und Großsyrien, Cemal Pascha. Er gehörte zum Triumvirat der Jungtürken, die sich des Osmanischen Reiches bemächtigt hatten, und hielt sich abwechselnd in Istanbul, Damaskus oder Jerusalem auf. Es gelang ihm, einige Zehntausend Juden mit französischer, englischer oder russischer Staatsbürgerschaft aus dem Land zu vertreiben. Die Grausamkeit dieses kleinwüchsigen Mannes versetzte die Bevölkerung, die seiner Herrschaft direkt unterstellt war, in Angst und Schrecken. Nachdem er im Februar mit Schimpf und Schande aus Ägypten verjagt worden war, ging er dazu über, Verräter oder vermeintliche Verräter auf öffentlichen Plätzen zu hängen.

15

Jaffa

– 1915 –

Ende Februar starb Raissa. Seit sie Mitte Januar erkrankt war, hatte Mustafa an ihrer Seite ausgeharrt und sich nicht mehr in der Redaktion in Jerusalem sehen lassen. Die Beerdigung, die nach muslimischer Tradition wie bei den Juden noch am selben Tag stattfinden musste, konnte höchstens um einen Tag verschoben werden, wenn man die Ankunft entfernt lebender Verwandter und Freunde abwarten wollte.

David und Neta brach es das Herz, als sie von Raissas Tod hörten, und sie machten sich mit den anderen Familien auf den Weg zur Beerdigung. In Jaffa erwarteten sie Sa'ad und seine Frau Lubna am Bahnhof.

»Du hast jetzt eigentlich andere Sorgen, als Trauergäste am Bahnhof abzuholen«, sagte Neta zu Sa'ad und umarmte ihn herzlich.

»Gerade deshalb bin ich gekommen«, erwiderte er. »Sosehr ich um meine Mutter trauere – für sie kann ich nichts mehr tun. Was mich und meine Familie erschüttert, ist der Zustand meines Vaters«, sagte er, während sie durch die Straßen zu Mustafas Haus gingen. »Über Wochen hat er an ihrem Krankenbett gesessen, und auch nach ihrem Tod ist er nicht von ihrer Seite gewichen. Nichts konnte ihn bewegen, sich von ihr zu trennen. Er ist völlig heruntergekommen. Erschreckt nicht, wenn ihr ihn seht. Er ist nicht nur tieftraurig, sondern hat auch so viel Gewicht verloren, dass er wie ein Schatten seiner selbst aussieht. Vielleicht gelingt es euch, ihn ein wenig aufzumuntern.«

»Du weißt ja«, entgegnete David, »dass bei uns Juden die Familie des Verstorbenen sieben Tage lang zu Hause sitzt und Kondolenzbesuche empfängt. Die Besucher sollen die Trauernden ablenken und mit ihnen über andere Dinge sprechen. Wir werden also eine Woche in Jaffa bleiben und zusammen mit euren Angehörigen und Freunden versuchen, deinen Vater aufzuheitern.«

»Das wird sicher nicht leicht«, sagte Sa'ad, »aber ich danke euch im Namen meiner Familie für eure Bemühungen.«

Mustafas Anblick war tatsächlich erbarmungswürdig. Die Trauergäste aus Jerusalem konnten ihm kein Wort entlocken. Er sah aus, als lebte er schon in einer anderen Welt.

Als Raissa am nächsten Tag auf dem muslimischen Friedhof in Jaffa beerdigt wurde, lag eine bleigraue Wolkendecke über der Stadt. Mustafa schleppte sich, auf Sa'ads Arm gestützt, zum Grab. Wie versteinert standen die Angehörigen und Freunde da, als er während der Beisetzung plötzlich zusammenbrach. Und sie konnten es gar nicht fassen, als sich herausstellte, dass er tot war.

Die doppelte Tragödie verschlug allen die Sprache. Obwohl sie alle fürchterlich froren, brachten sie es kaum über sich, das Grab zu verlassen und nach Hause zu gehen. Als der erste Schock überwunden war, wurde beschlossen, Mustafa neben seiner Frau zu beerdigen.

In jener Nacht konnten die Trauergäste lange nicht einschlafen. Die Familien und Freunde trafen sich am nächsten Tag, doch keiner brachte ein Wort hervor. Mustafa und Raissa waren in den letzten Jahren sehr gealtert und hatten nach und nach ihre früheren Beschäftigungen aufgegeben. Doch die beiden waren immer noch ein wichtiger Bestandteil ihres Lebens gewesen, den sie nun plötzlich verloren hatten. Eine große Leere tat sich vor ihnen auf. David und Neta ließen Erinnerungen aufleben, erzählten über den Beginn ihrer Freundschaft und bekannten, dass ohne Mustafa und seine Frau und ohne Oswald ihr Lebenswerk nie entstanden wäre.

Doch die Herausgeber der *Chadschot Ha'jischuw* konnten sich nicht lange ihrer Trauer hingeben. Die wachsenden Alltagsprobleme und die Angst vor den Folgen des immer näher rückenden Krieges zwangen sie, gleich nach der Trauerwoche nach Jerusalem zurückzukehren. Nur Miriam bestand darauf, bei Verwandten in Jaffa zu bleiben und der Familie Samara in ihren schweren Stunden zu helfen. Juval war darüber erstaunt. »Ausgerechnet du als strenggläubige sephardische Jüdin willst hier bei den Nichtjuden bleiben?«

»Du irrst dich«, entgegnete Miriam, »gerade wir Orthodoxen und vor allem die Sepharden unter uns sind dafür bekannt, dass sie Menschen in Not helfen und Mitgefühl zeigen, ganz gleich, ob es Juden oder Nichtjuden sind. Dir zuliebe bin ich ein wenig von den strengen religiösen Vorschriften abgewichen, aber an den menschlichen Werten meiner Religion werde ich immer festhalten.«

»Auch wenn es um Aschkenasim geht?«, fragte Juval augenzwinkernd und umarmte sie. »Du wirst mir zu Hause sehr fehlen, aber ich bin auch sehr stolz auf dich. Genauer gesagt: Ich liebe dich immer mehr!«

Als die Familien Zemach und Simon in Jerusalem aus dem Zug stiegen, wurden sie von Werners Bruder Christoph empfangen, der zwischenzeitlich das Büro der *Chadschot Ha'jischuw* geleitet hatte.

»Wie kommen wir zu dieser Ehre?«, fragte ihn Werner.

»Das hat nichts mit Ehre zu tun«, erwiderte der Bruder. »Ihr habt vermutlich noch nichts von den dramatischen oder auch schicksalhaften Ereignissen der letzten Tage gehört. Es heißt, die Engländer hätten mit französischer Unterstützung die Türkei angegriffen. Nicht etwa die türkisch beherrschten Regionen, sondern die Gegend bei Istanbul.«

Einen Augenblick lang herrschte betretenes Schweigen.

»Bei Istanbul? Das geht uns also auch an«, sagte Werner und bückte sich nach dem Gepäck. Die bestürzten Gesichter der anderen schienen ihn nicht aus der Ruhe zu bringen.

David, der sich offenbar berufen fühlte, Oswalds und Mustafas Nachfolge als der abgeklärte Patriarch anzutreten, bemerkte trocken: »Wer sagt denn, dass das stimmt? Seit der Krieg angefangen hat, kursieren hierzulande täglich Gerüchte … meistens entpuppen sie sich als barer Unsinn.«

»Du hast recht«, erwiderte Christoph, »aber diesmal ist es anders. Die Aufregung im türkischen Militärlager bei Jerusalem ist nicht zu übersehen. Die Soldaten werden immer nervöser. Die Gefahr rückt näher. Selbst bei uns Templern wird darüber gemunkelt, obwohl wir in dieser Hinsicht bekanntlich zurückhaltender sind als die Juden und die Araber.«

»Gelinde gesagt«, spottete David.

Sarah war in letzter Zeit den Redaktionssitzungen ferngeblieben. Da sie seit der Geburt ihrer Kinder nicht mehr ständig an der laufenden Arbeit beteiligt war und den Überblick über die Materie teilweise verloren hatte, zog sie es vor, das Ganze aus der Ferne zu beobachten. Doch diesmal mischte sie sich ein.

»Lasst uns diese Gespräche nicht am Bahnhof führen«, sagte sie in dem entschiedenen Ton, der an frühere Zeiten erinnerte. »Wir gehen jetzt nach Hause, erholen uns ein wenig von der Reise und treffen uns am Nachmittag in der Redaktion. Inzwischen können die Professionellen unter uns Informationen über das Geschehen einholen«, sagte sie mit ironischem Lächeln und sah ihren Bruder Juval an.

Die Gerüchte, die Christoph erwähnt hatte, sollten sich sehr bald bewahrheiten. Die Ereignisse waren noch viel dramatischer, als man zunächst geglaubt hatte. Hunderttausende britische Soldaten und eine britische Zerstörerflotte, unterstützt von einem kleinen, ebenfalls von Kriegsschiffen begleiteten französischen Hilfskorps, waren auf dem Weg zum Bosporus, der in Friedenszeiten auch von den Russen als Seeweg benutzt wurde. Wenn die russischen Häfen im Norden im Winter zufroren, war diese schmale Meerenge für Russland der einzige Zugang zur westlichen Welt.

»Diesmal sind die Russen fast von der Welt abgeschnitten«, sagte Werner bei der Redaktionssitzung am Nachmittag. »Auch im Norden ist ihnen der Zugang zum Meer versperrt, weil die Ostsee von der deutschen Flotte beherrscht wird.«

»Aber Wladiwostok liegt doch am japanischen Meer«, wandte Sarah ein, »und in diesem Krieg sind Russland und Japan keine Gegner mehr.«

David erinnerte sich daran, wie die Russen in seiner Kindheit über Wladiwostok geredet hatten. »Für die Russen ist Wladiwostok doch das Ende der Welt. Zehntausend Kilometer von Moskau entfernt – wie können sie sich auf die Versorgung durch den Hafen von Wladiwostok verlassen? Das ist völlig ausgeschlossen. Seit fünfundzwanzig Jahren bauen sie an einer Bahnlinie und sind immer noch nicht fertig. Selbst wir haben die Eisenbahnverbindung zwischen Jaffa und Jerusalem schneller hinbekommen«, fügte er augenzwinkernd hinzu.

»Interessant«, murmelte Juval. »Schade, dass wir über so etwas nicht schreiben dürfen. Allerdings – wenn ich Russlands Schwäche ansprechen würde, müsste das der türkischen Zensur doch eigentlich gefallen!«

»Ganz bestimmt nicht!«, riefen die anderen im Chor.

»An allem, was du über den Krieg schreibst, haben die türkischen Zensoren etwas auszusetzen«, sagte Werner. »Sie belauern uns ständig und warten nur auf einen Vorwand, unsere Zeitung zu schließen.«

»Außerdem«, bemerkte Sarah, »hängt die ganze russische Geschichte mit dem englisch-französischen Angriff zusammen, über den wir noch gar nichts Genaues wissen.«

Als Juval an diesem Abend nach Hause kam und nach seiner Frau rief, erwartete ihn eine Überraschung.

Miriam stürzte ihm entgegen und legte den Finger auf die Lippen. »Bitte sei leise! Er schläft …«

Juval blinzelte verwirrt. »Wer schläft?«

»Der kleine Hund. Ich habe ihn oben an der Straße gefunden … verletzt. Sie müssen sich gebissen haben.«

Er folgte ihr ins Wohnzimmer, wo der Patient auf dem Sofa lag. Mit einigem Widerwillen betrachtete Juval das schwarzweiße Bündel, dessen magerer Brustkorb sich leise pfeifend hob und senkte. Vermutlich ist er voller Läuse, dachte er. Doch Miriams Blick war voller Zärtlichkeit.

»Schau nur«, sagte sie und zeigte auf das blutverkrustete Ohr des kleinen Tieres. »Ich habe ihn Parosch genannt«, fügte sie hinzu.

Es dauerte eine ganze Weile, bis die Redaktion Genaueres über den Kampf um die Dardanellen erfuhr. Einem Verwandten von Werner namens Herbert Simon aus Stuttgart, der zur Templergemeinde gehörte und sich geschäftehalber in Istanbul aufhielt, war es gelungen, zu einem Gespräch in der deutschen Botschaft vorgelassen zu werden. Dabei half ihm der Umstand, dass der Diplomat, der ihn dort empfing, Konstantin von Neurath, ebenfalls aus Württemberg stammte.

Die beiden Herren führten ein langes, freundschaftliches Gespräch in ihrem alemannischen Dialekt. Von Neurath, der in der letzten Zeit nur mit Berlin Kontakt gehabt hatte, freute sich, Neuigkeiten und Klatschgeschichten aus seiner Heimat zu hören, und Herbert Simon, der die Türkei wegen seiner Geschäftsbeziehungen zu diesem Land kannte, war seinerseits an Informationen über das Kriegsgeschehen interessiert.

»Auf unsere Presse kann man sich nicht verlassen«, beklagte er sich. »Alles wird von der Propaganda diktiert, und das ist seit Kriegsbeginn noch schlimmer geworden.«

»Was wollen Sie wissen?«, fragte von Neurath.

»Was alle wissen wollen«, erwiderte Herbert. »Ich frage mich, was wirklich am Bosporus los ist. In Deutschland und auch hier in der Türkei habe ich gehört, dass die Briten von den Türken und Deutschen unter dem Befehl von General Liman von Sanders aufgehalten werden. Man spricht von einem dreiunddreißigjährigen türkischen General, der die türkischen Truppen anführt. Anscheinend sind die Invasionsversuche auf der Halbinsel Gallipoli gescheitert. Die Türkei soll seit vielen Jahren keinen so kühnen und brillanten General gehabt haben. Der Name des jungen Mannes ist mir im Moment –«

»Sein Name ist Mustafa Kemal«, unterbrach ihn von Neurath.

»Richtig, so ähnlich hat der Name geklungen.«

»Nicht so ähnlich«, erwiderte von Neurath stirnrunzelnd. »Genau so heißt er. Merken Sie sich den Namen.«

»Ist das denn alles wahr?«, fragte Herbert.

»Zum ersten Mal in der Geschichte hat die türkische Armee Großbritannien entscheidend geschlagen«, erklärte Neurath. »Das war nicht nur eine militärische Schlappe, sondern eine vernichtende Niederlage! Es stimmt zwar, dass unser General, Liman von Sanders, den Oberbefehl geführt und die Kampfstrategie geplant hat und dass auch unsere Truppen an den Kämpfen beteiligt waren. Doch auf dem Schlachtfeld haben die Türken unter Mustafa Kemal den Ausschlag gegeben. Im Übrigen«, fügte der Diplomat hinzu, »ist dieser Kampf noch nicht zu Ende.«

»Wie meinen Sie das?«, fragte Herbert. »Sie haben doch gesagt, dass die Briten eine totale Niederlage erlitten hätten. Was können sie jetzt noch unternehmen?«

»Da sind immer noch die französischen Hilfstruppen, die in Çanakkale auf der asiatischen Seite der Meerenge stationiert sind«, erwiderte von Neurath. »Sie sollten anscheinend unsere Streitkräfte ablenken. General von Sanders ist nicht darauf hereingefallen und konnte deshalb die Briten schlagen. Aber wir haben es auch nach dem Sieg über die Briten, die fünf Mal so stark sind, nicht geschafft, die Franzosen aus Çanakkale zu vertreiben.«

»Wie wird das enden?«

»Die türkische Armee hat keine Kraft mehr, die Franzosen anzugreifen. Sie hat genau wie die Briten enorme Verluste erlitten. Und was nicht weniger schwer wiegt, ist der Mangel an Munition. Wir müssen die türkischen Streitkräfte wieder aufrüsten, und das wird lange dauern. Ich schätze, dass wir die Franzosen zu einem Gentlemen's Agreement über einen freiwilligen Abzug bewegen können. Sie werden sicher einsehen, dass sie nach der Niederlage der Briten von dieser Seite nichts mehr zu erwarten haben.«

»Hochinteressant, was Sie mir da erzählen«, bemerkte Herbert. »Sogar in der deutschen Presse wird nur teilweise darüber berichtet. Warum?«

»Bis der endgültige Sieg errungen ist, besteht von Sanders darauf, keine näheren Informationen preiszugeben, weil die Veröffentlichung uns nur schaden würde«, erwiderte der Diplomat. »Vergessen Sie nicht, dass die Franzosen immer noch hier sind. Doch das Ende ist abzusehen. Bald wird alles bekannt gemacht werden.«

Herbert dachte: Seltsam, sehr seltsam das alles.

Von Neurath las ihm seine Zweifel von den Augen ab. »Die Fehlkalkulation der Briten hat ihren Grund«, sagte er. »Wissen Sie, wer in London diese Militäraktion geplant hat? Der britische Marineminister, ein äußerst begabter und ehrgeiziger junger Mann namens Churchill.«

»Nie gehört«, sagte Herbert.

»Werden Sie auch nicht. Nach der Niederlage, die die Briten – angeblich seinetwegen – hinnehmen mussten, wird sein Stern bald sinken. Churchills Fehler war, dass er auf die Schwäche des türkischen Gegners spekuliert hat. Er hat vergessen, dass auch wir hier sind«, setzte von Neurath mit einem selbstzufriedenen Lächeln hinzu.

Als Herbert Simon Ende März aus Istanbul zurückkehrte, nahm die Familie seine Geschichte mit großer Erleichterung auf.

»Wenn den Briten und Franzosen ihr Plan gelungen und die Türkei geschlagen wäre, würde es uns schlecht gehen«, sagte Werner beim traditionellen Abendessen in seinem Haus. »Sie würden auch Palästina besetzen, und dann weiß keiner, was sie mit uns machen.«

»Und was wäre mit uns?«, sagte Sa'ad. »Würden die Franzosen und Engländer uns für Verbündete halten oder für Feinde? Das weiß kein Mensch.«

»Und wir Juden?«, fragte Sarah. »Auf welcher Seite stehen wir ihrer Meinung nach? Wir kämpfen ja zum Teil mit den Türken.«

»Daran ist ja nichts auszusetzen«, meldete sich Juval zu Wort. »Wenn türkische Juden in der türkischen Armee dienen und französische Juden für Frankreich kämpfen, werden keine Fragen gestellt. Das Problem ist, dass hier im Land die Lage nicht klar ist. Wir ziehen den Kopf ein oder kämpfen auf türkischer Seite. Aber habt ihr schon von den Freiwilligen aus den jüdischen Ansiedlungen gehört, die in der britischen Armee kämpfen?«

»Nein, aus Jerusalem sind keine Juden dabei, aber in den Kollektivdörfern der Küstenebene soll es Juden geben, die für die Engländer spionieren. Angeblich kämpft schon eine ganze Kompanie von palästinensischen Juden auf britischer Seite«, wusste Franz zu berichten. »Das macht mir große Sorgen. Was sollen wir Templer machen, wenn unsere jüdischen Nachbarn sich als Agenten und Kollaborateure des Feindes entpuppen?«

»Schön und gut«, meinte Neta, »aber warum sollen wir uns den Kopf zerbrechen? Die Gefahr ist vorüber, die Engländer sind geschlagen. Die Regierung wird uns in Ruhe lassen. Sie können ihren Sieg feiern und brauchen nicht nach Sündenböcken zu suchen.«

Und wirklich trat für die Bevölkerung Palästinas wieder Ruhe ein. Jedenfalls ein paar Monate. Die Lebensbedingungen wurden zwar zusehends härter, doch die Obrigkeit übte weniger Druck aus. Manche schrieben diese Ruhe den Deutschen zu.

Juval war beunruhigt. »Ich verstehe nicht, warum die Deutschen uns schützen«, sagte er zu seinem Schwager. »Sind sie wirklich auf unserer Seite? Ein österreichischer Offizier hat mir erzählt, dass vor dem Krieg kein Jude Offizier oder auch nur Unteroffizier in der preußischen Armee werden konnte, während im österreichischen Kaiserreich und auch in Frankreich ein Jude sogar General werden konnte. Ich würde mich nicht zu sehr auf die deutschen Sympathien verlassen.«

Sie saßen im Schatten einer großen Zeder vor einem Kaffeehaus.

»Tatsache ist«, erwiderte Werner, »dass von Sanders, der oberste Befehlshaber der deutschen Armee im Nahen Osten, voll und ganz zu uns hält. Das hast du ja selbst von türkischen Juden gehört.«

»Das stimmt.« Juval nickte und nahm einen Schluck Mokka. »Aber er ist auch der Enkel eines getauften Juden! Vielleicht erklärt das seine Haltung.«

»Und ich hatte geglaubt«, entgegnete Werner gereizt, »dass die Juden, die wie du im Land geboren sind, ihre jüdischen Komplexe schon überwunden hätten. Jedenfalls sagt das deine Schwester.« Er stand auf, ohne auf eine Antwort zu warten.

16

Jerusalem

– 1915 –

Ende April 1915 wurden über fünfzig jüdische Honoratioren aus ganz Palästina in den Gouverneurssitz von Jerusalem »eingeladen«. Als Herausgeber einer »subversionsverdächtigen« Zeitung wurde auch David zu Cemal Pascha bestellt. Er hielt sich gerade in Tel Aviv auf, als ein Bote am Abend vor dem anbefohlenen Treffen die Nachricht überbrachte.

In aller Frühe fand sich David am Bahnhof ein, wo ein Zug für die »Gäste« des Gouverneurs bereitgestellt worden war. Über zwanzig Vertreter von jüdischen Gemeinden aus der Gegend von Tel Aviv und Jaffa saßen bereits in dem Waggon, der von bewaffneten türkischen Soldaten umringt war. Dieser wurde verriegelt, niemand konnte ein- oder aussteigen. Der Zug fuhr nach Lod, wo die Türen nur kurz geöffnet wurden, um zehn weitere prominente Juden aus den Rothschild-Kolonien einzulassen. Diesmal konnte der mächtige Baron in Paris ihnen nicht helfen. Frankreich gehörte in diesem Krieg zu den Feinden der Türkei. In Jerusalem fanden sie noch etwa zwanzig weitere jüdische Honoratioren vor, die auf ihre Glaubensbrüder aus der Küstenebene warteten.

Die türkischen Offiziere hatten Befehl, die Juden gefangen zu halten, bis der gefürchtete Gouverneur geruhte, sie zu einem Gespräch zu empfangen. Am Nachmittag wurden sie zu Cemal Pascha gerufen, wo sie sich in zwei Reihen aufstellen und stehend die Ankunft des mächtigen Mannes erwarten mussten.

David notierte seine Erlebnisse von dem Augenblick an, als

er in seinem Zimmer im Hotel Palatin in der Benjaminstraße in Tel Aviv die »Einladung« des Gouverneurs erhielt, bis zum Ende der Schreckensreise.

Die Juden saßen während der vierstündigen Zugreise wie betäubt auf ihren Sitzen, schrieb er:

> *Sie waren schon vorher in Angst geraten, als Polizisten ihnen die Vorladung brachten und ein weiterer Polizist zur Bewachung am Eingang ihres Hauses postiert wurde. Während der Fahrt musterten die Männer sich gegenseitig und stellten zu ihrer Bestürzung fest, dass alle prominenten jüdischen Vertreter in dem Waggon saßen. Sie konnten sich diesmal nicht mit dem Sprichwort trösten, dass geteiltes Leid halbes Leid ist, denn sie hegten den Verdacht, dass die Türken alle Juden in Palästina vernichten wollten, obwohl niemand diese apokalyptische Vorstellung auszusprechen wagte. Sie hatten es schließlich mit dem berüchtigten Cemal Pascha zu tun, und die Anwesenheit der bewaffneten Wächter im Zug trug nicht dazu bei, ihre pessimistischen Vermutungen zu entkräften.*

Was tun? David fühlte einen kaum erträglichen Druck in der Brust. Wie die anderen Passagiere war auch er nicht imstande, ein Gespräch anzufangen. Doch plötzlich zog jemand eine Flasche Kognak aus der Tasche, ein anderer tat es ihm nach, und die Flaschen machte die Runde, bis Meir Dizengoff, der Bürgermeister von Tel Aviv, ein Lied anstimmte, in das bald alle einfielen. Sie sangen, bis der Zug Jerusalem erreichte.

Der Druck in der Brust war von mir gewichen, schrieb David in sein Tagebuch. Das Gefühl, ein gemeinsames Schicksal zu teilen, gab ihnen Mut und Kraft. Vermutlich hatte auch der Alkohol ein wenig dazu beigetragen.

Doch die Angst kehrte verdoppelt zurück, als sie im Wartezimmer des Gouverneurs standen. David sollte sich noch lange daran erinnern, wie heftig in diesen Minuten seine Schläfen klopften.

Endlich betrat der kleinwüchsige, bärtige Gouverneur den Saal. Sein Schnurrbart mit den emporgezwirbelten Spitzen erinnerte David an Kaiser Wilhelm II. Cemal Pascha trug einen hohen runden Fez, der offenbar seine fehlende Größe wettmachen sollte. Der Pelzhut, der ihm bis zu den Augenbrauen reichte, verlieh seinem Gesicht einen drohenden Ausdruck. *Vielleicht war dieser Effekt auch gewollt*, schrieb David in sein Notizbuch.

Der Gouverneur schritt die beiden Reihen der Versammelten ab, blieb vor fast jedem stehen und blickte ihm aus seinen tief liegenden schwarzen Augen direkt ins Gesicht, als wollte er ihn mit seinem flackernden, bösen Blick noch mehr ängstigen.

»Und wer sind Sie?«, wandte er sich auf Französisch an Meir Dizengoff, den Vorsitzenden des Siedlungskomitees von Tel Aviv.

»Mein Name ist Dizengoff, Eure Exzellenz«, antwortete dieser. Als Sorbonne-Absolvent sprach er deutlich besser Französisch als der Gouverneur.

David, der das Gesicht des Bürgermeisters ganz aus der Nähe beobachten konnte, bewunderte seine Furchtlosigkeit. *In diesem Augenblick fragte ich mich*, notierte David, *ob die selbstsichere Art des vierundfünfzigjährigen großen Mannes mit dem ausdrucksvollen Gesicht und dem ergrauenden, straff nach hinten gekämmten Haar den Gouverneur nicht noch mehr reizte.* Doch anscheinend war Cemal von seinem Gegenüber beeindruckt, denn es ergab sich, dass Meir Dizengoff sein bevorzugter Gesprächspartner wurde.

Nachdem er die jüdischen Vertreter gemustert hatte, verkündete der Gouverneur, sie müssten ihre Wohnungen in den Städten und jüdischen Ansiedlungen räumen und sich an einen weit entfernten neuen Wohnort begeben, wo sie als »Gäste des

Osmanischen Imperiums« leben würden. Davids spürte wieder ein schmerzhaftes Pochen in seinen Schläfen. Er wartete voll Bangen auf weitere Erklärungen des tyrannischen Gouverneurs, doch dieser schwieg beharrlich. Er fixierte die Juden minutenlang, und als keine Reaktion oder Frage von ihnen kam, wandte er sich abrupt um und verließ mit schnellen Schritten den Saal.

Die Juden blieben noch einige Augenblicke wie gelähmt stehen, bevor sie schweigend mit zögernden Schritten hinausgingen. Draußen erwarteten sie die Wachen, die sie hergeführt hatten. Die Juden und die Soldaten standen sich verlegen gegenüber. *Ich hatte das Gefühl*, schrieb David, *dass der Gouverneur den Soldaten nicht gesagt hatte, was sie mit den Juden machen sollten.*

Dann verkündete der wachhabende Offizier: »Sie können jetzt gehen, aber Sie dürfen die Stadt nicht verlassen. Wer in Jerusalem wohnt, geht nach Hause, muss aber dort bleiben, bis neue Befehle ergehen. Die anderen können sich ins Hotel begeben. Sie müssen zusammenbleiben und weitere Anweisungen abwarten.«

Im Hotel Eden, einem jüdischen Familienbetrieb in der Gil'adi-Straße, gab es nicht genug Zimmer für so viele Gäste. Die Hotelleitung verteilte in aller Eile Matratzen und Matten in den wenigen Zimmern, die zur Verfügung standen. »Ein Paradies ist dieses Eden nicht«, murmelte einer der Juden aus Jaffa. Noch schwieriger war es, Essen für die unerwarteten Gäste aufzutreiben, die seit dem Morgen nichts zu sich genommen hatten.

David durfte als Journalist sein Haus verlassen und die jüdischen Vertreter im Hotel besuchen. Er sah ihre ratlosen Mienen und überlegte, wie man ihnen helfen könnte, als sich Meir Dizengoff von dem zusammengerollten Teppich, auf dem er gesessen hatte, erhob und verkündete: »Ich gehe noch mal zum Gouverneur und rede mit ihm!«

Alle blickten ihn überrascht und ängstlich an. Keiner wagte

ein Wort zu sagen oder sich von der Stelle zu rühren. Nur Davids schreibende Hand blieb in Bewegung. *Dizengoff geht zum Moloch*, schrieb er, *wir werden ihn nie wiedersehen!*

Doch Dizengoff kam zurück, wenn auch erst spät am Abend. Der Gouverneur war zu seinem Erstaunen bereit gewesen, ihn nach nicht allzu langer Wartezeit zu empfangen. Anscheinend wusste er selbst nicht, was er mit seinen jüdischen »Gästen« anfangen sollte, deren Schweigen bei dem Treffen ihn überrascht hatte. Vielleicht hatte er erwartet, dass sie ihn um Gnade anflehen würden. Dann hätte er sie mit sadistischem Vergnügen abgewiesen. Doch ihr Schweigen hatte ihn in Verlegenheit gebracht.

Während Dizengoff nervös vor dem Büro des Gouverneurs wartete, kam eine Gruppe von vier Männern in preußischen und österreichischen Uniformen aus der Tür. Dizengoff schwirrten so viele Gedanken und Sorgen im Kopf, dass er nicht auf die Uniformträger achtete. Als er zu Cemal Pascha gerufen wurde, setzte dieser sogleich mit erhobener Stimme zu einer langen, gewundenen Rede an.

Entgegen seinen Erwartungen bekam er von dem Gouverneur keine detaillierten Anweisungen für die Umsiedlung der Juden. Die Ausweisung, von der die Rede gewesen war, wurde gar nicht mehr erwähnt. Stattdessen wurde er, wie David später notierte, nur mit einer Fülle von Vorwürfen überhäuft: Die Juden seien ihrem osmanischen Vaterland nicht treu und würden nicht davor zurückschrecken, sich mit dem Feind zu verbünden.

Trotzdem war Dizengoff sehr verstört. »Ich habe die ganze Zeit an die Armenier denken müssen«, sagte er, als er wieder im Hotel Eden war. »Wie ihr wisst, kursieren haarsträubende Gerüchte über die Dinge, die mit den Armeniern passieren.« Der Vorwurf gegen sie sei ganz ähnlich gewesen. Erst hatte man sie aus der Armee entfernt, weil man ihnen unterstellte, als Christen hielten sie insgeheim zu den Russen. Dann hieß es, die ganze armenische Bevölkerung müsse weg.

An diesem Punkt mischte David sich ein. »Ein deutscher Freund ist dieser Tage aus Smyrna zurückgekommen. Nach allem, was er sagt, entsprechen die Gerüchte über die Gräueltaten der Wahrheit.«

Alle Köpfe wandten sich ihm zu.

»Unser Bekannter war aus geschäftlichen Gründen in Smyrna«, begann David. »In der Nähe der Stadt befindet sich das Hauptquartier der deutschen Truppen. Dort hat ihm jemand erzählt, dass die türkische Polizei mit Unterstützung des Militärs in das armenische Viertel eingedrungen ist und Warnschüsse abgegeben hat. Die Einwohner wurden mit Lautsprechern aufgefordert, ihre Häuser zu verlassen und sich auf dem zentralen Platz der Stadt zu versammeln. Wer in seinem Haus bliebe, so hieß es, würde auf der Stelle erschossen. Der Platz füllte sich in wenigen Minuten mit Tausenden Männern, Frauen und weinenden Kindern. Sie wurden von Polizisten und Soldaten mit gezogener Waffe umringt, die anscheinend im Begriff waren, in die Menge zu feuern.«

Die Anwesenden schüttelten fassungslos den Kopf.

»Der Befehlshaber der deutschen Einsatztruppen in der Türkei, General Otto Liman von Sanders«, fuhr David fort, »traf gerade noch rechtzeitig mit einer großen deutschen Militäreinheit auf dem Platz ein. Er forderte den Kommandeur der türkischen Truppen auf, die Armenier sofort freizulassen und zu verschwinden. Als sich der Mann weigerte, befahl von Sanders seinen Begleitern auf Deutsch, die Gewehre anzulegen und auf die türkischen Truppen zu zielen. Er wiederholte seinen Befehl auf Französisch, damit die Türken ihn verstehen konnten. Der türkische Kommandeur zögerte einen Moment und ordnete dann den Rückzug an … Ich glaube, die Türken wollen die Armenier ausrotten«, schloss David düster.

»Vielleicht ist diese Geschichte in Smyrna ja auch der Grund für den Stimmungswechsel, den Sie beim Gouverneur wahrgenommen haben, Herr Dizengoff?«, sagte einer der Anwesenden.

Dizengoff dachte einen Augenblick nach. »Sie könnten recht haben«, sagte er. »Ich habe eine Weile vor dem Amtszimmer des Gouverneurs gewartet, während er österreichische und deutsche Offiziere empfing. Allerdings habe ich ihren Besuch nicht mit unserer Angelegenheit in Zusammenhang gebracht. Die Türken und die Offiziere der Mittelmächte haben ohnehin viel zu besprechen. Aber vielleicht hat das Treffen mit ihnen wirklich den Umschwung bei Cemal Pascha bewirkt. Er sprach zwar auch diesmal wütend und gehässig mit mir, aber er hat die Ausweisung mit keinem Wort erwähnt. Sehr interessant«, sagte Dizengoff und versank in Nachdenken.

Am nächsten Tag hinderte niemand die dreißig jüdischen Vertreter aus der Küstenebene, mit der Bahn nach Jaffa zurückzukehren.

David begleitete sie zum Bahnhof. *Diesmal waren keine türkischen Soldaten zu sehen*, schrieb er in sein Notizbuch. *Die Atmosphäre war eine ganz andere als auf der Hinfahrt, bei der eine angstvolle Stimmung geherrscht hatte. Dürfen wir nun wieder aufatmen?*

Eine Weile sah es tatsächlich so aus, als werde der Gouverneur die Juden in Ruhe lassen. Der Bürgermeister von Tel Aviv kehrte nach Hause zurück und widmete sich weiter dem Aufbau und der Entwicklung der neuen Stadt. Nachdem die erregten Gemüter sich beruhigt hatten, empfing er David zu einem Gespräch. Doch David ließ sich von Dizengoffs Optimismus nicht anstecken. Er glaubte nicht, dass die Größe und die wachsende Einwohnerzahl von Tel Aviv das Schicksal der jüdischen Bevölkerung beeinflussen würden, wenn Cemal Pascha seine bösen Pläne wiederaufleben ließe.

Wer weiß, notierte er, *wie lange die Deutschen und die Österreicher uns noch schützen werden:*

> *Vielleicht ist ihnen die Meinung der deutschen und österreichischen Juden, die sie nach Kräften bei ihren Kriegsbemühungen unterstützen, wichtiger als der humanitäre Aspekt des Schutzes der Juden in Palästina. So jedenfalls haben die Simons mir die Motivation der Deutschen zu erklären versucht. Möglicherweise wollen sie auch erreichen, dass die amerikanischen Juden das bisher neutrale Amerika hindern, sich aufseiten der Briten am Krieg zu beteiligen.*
>
> *Möglich ist alles*, schrieb David weiter, *die Frage ist nur, inwieweit es Deutschland gelingt, die Türken und insbesondere Cemal Pascha unter Druck zu setzen. Zwar hat der oberste Befehlshaber der Deutschen im türkischen Reich, General Liman von Sanders, in einer Stadt ein Massaker an einigen Tausend Armeniern verhindert, doch das war nur eine Episode. Den Völkermord an anderthalb Millionen Armeniern hat er nicht verhindern können. Letzten Endes interessiert die Deutschen und die Österreicher nur der Ausgang des Krieges, und unter diesem Aspekt wiegt das Osmanische Reich ungleich schwerer als das armenische Volk. Wenn anderthalb Millionen Armenier kein ausschlaggebendes Argument sind, warum sollten sie dann Rücksicht auf hunderttausend Juden nehmen?*

David fand keine Antwort auf diese Fragen. Seine Frustration war umso größer, als er seine Meinung nicht in der Zeitung zum Ausdruck bringen konnte, da die Redaktion der *Chadschot Ha'jischuw* sich eine strikte Zensur auferlegt hatte. Seit Kriegsbeginn konnte die Zeitung jederzeit vorübergehend geschlossen werden, wenn ein Bericht oder Kommentar der Obrigkeit missfiel. Darüber hinaus musste man befürchten, dass der Herausgeber oder der Autor des Artikels ins Gefängnis kamen. Zeitungen wie die *Chadschot Ha'jischuw* konnten auch auf unbegrenzte Zeit verboten werden. Dazu kam die ständige Angst der jüdischen Bevölkerung, dass Cemal Pascha sich mit derselben Mordlust an ihnen vergreifen würde, die er bei der Verfolgung der Armenier an den Tag gelegt hatte. Schließlich hatte er Hunderttausende von Menschen vertrieben, ermordet und in der syrischen Wüste verhungern und verdursten lassen.

An einem Dienstag Mitte Juni 1915 verließ Juval die Redaktion etwas früher, weil Miriam am nächsten Tag Geburtstag hatte. Parosch hatte wie immer vor der Redaktion auf ihn gewartet. Er stellte dem kleinen Hund noch einmal eine Schüssel mit Wasser hin, die dieser gierig leer trank. Juval brauchte noch ein Geschenk für seine Frau. In einem der Läden im muslimischen Viertel, deren Wände von farbenfrohen Tellern und Schalen bedeckt waren, erstand er eine pistaziengrüne Terracotta-Schüssel mit einem hübschen Muster. Juval bezahlte und klemmte sich die in Papier eingeschlagene Schale unter den Arm. Er trat aus dem Laden und machte sich, Parosch im Schlepptau, auf den Weg zum jüdischen Viertel.

»Juval! Was machst du denn hier?«

Juval schaute zu dem Rufer. Sa'ad saß vor einem Teehaus und winkte ihn herbei. Am Nebentisch spielten zwei Männer Schach und rauchten Wasserpfeife.

»Miriam hat doch morgen Geburtstag«, erklärte Juval und wies auf das Paket unter seinem Arm.

»Das feiern wir ja morgen Abend alle zusammen. Lubna ist schon fleißig bei den Vorbereitungen für ihren Beitrag zum Festmahl. Aber du schaust so ernst«, sagte er. »Was ist denn los?«

»Ich habe Angst um unsere Zeitung«, sagte Juval. »Meine größte Sorge sind jüdische Denunzianten. Es gibt Leute, die hebräische Zeitungen lesen und bereit sind, jedes Wort zu kolportieren, das nicht im Sinne der Regierung ist.«

Sa'ad nickte. »Und Nachrichten aus dem Ausland sind schwer zu bekommen.«

»Wir beschränken uns auf Berichte über lokale Ereignisse und das Leben in den verschiedenen Gemeinden. Es fehlt nicht nur an Nachrichten, sondern auch an Papier. Die Zeitung erscheint nur noch als zweiseitiges Wochenblatt, wie in den Anfängen.« Er bestellte sich einen Minztee und versank in Gedanken. »Weißt du, das tägliche Leben wird immer schwerer«, sagte er nach einer Weile. »Wenigstens scheint die Gefahr der Ausweisung einstweilen gebannt. Aber was wird nach dem Krieg?«

Sa'ad sagte nur: »*Allahu akbar* – Gott ist groß.«

17

Jerusalem

– 1917 –

Anfang 1917 rief Cemal Pascha seinen »Freund« Dizengoff erneut zu sich nach Jerusalem.

»Mir wurde berichtet, dass es in Ihrer Stadt Ladenschilder in hebräischer Sprache gibt!«

»Aber Euer Exzellenz«, sagte der Bürgermeister, »das ist doch nichts Neues. Seit Tel Aviv vor acht Jahren gegründet wurde, sind alle kommerziellen Schilder hebräisch.«

»Umso schlimmer«, schrie Cemal Pascha. »Ihr Juden habt euch schon immer der Staatsgewalt widersetzt! Die hebräischen Schilder müssen sofort entfernt und durch türkische Schilder ersetzt werden! Ich will in Ihrer Stadt kein einziges Schild in hebräischer oder lateinischer Schrift sehen. Von jetzt an gilt nur noch die türkische Sprache. Das ist ein Befehl! Veranlassen Sie sofort das Nötige, und erstatten Sie mir Bericht!«

Kurz darauf wurde Dizengoff wieder zum Gouverneur bestellt. Die *Chadschot Ha'jischuw* berichteten laufend über die Ausführung der Anordnungen des Gouverneurs. Ein Reporter der Zeitung in Tel Aviv meldete, dass die Geschäftsinhaber die hebräischen Schilder in aller Eile entfernt hatten, obwohl die türkischen Schilder noch gar nicht fertig waren. Dennoch schwante Dizengoff Böses, als er bei Cemal Pascha vorsprach. Hartnäckigen Gerüchten zufolge bereiteten die Briten von Ägypten aus einen Angriff auf Palästina vor.

Zu seiner Überraschung wurde er freundlich empfangen. In beinahe väterlichem Ton sagte der Gouverneur: »Herr Bürgermeister, ich will Ihnen helfen. Die Kriegsschiffe des Feindes beherrschen das östliche Mittelmeer. Eine traurige Tatsache, gegen die wir nichts unternehmen können. Aber wir möchten die Bewohner des Küstenstreifens vor möglichen Bombardierungen durch diese Schiffe schützen. Daher befehle ich Ihnen, Tel Aviv unverzüglich zu räumen und alle Einwohner ins Landesinnere zu bringen. Das muss sofort ohne jegliche Verzögerung geschehen«, sagte er plötzlich wieder in demselben kalten, feindseligen Ton, den Dizengoff schon von ihm kannte.

»Sofort?«, fragte Dizengoff bestürzt. »Und was ist mit unseren Häusern und unserem Besitz?«

»Ich werde Wächter einsetzen, die Ihr Hab und Gut schützen«, erwiderte Cemal Pascha. »Wohin Sie mit Ihren Leuten gehen, ist Ihre Sache. Möglichst weit ins Landesinnere, und zwar sofort, hören Sie, sofort«, rief er in warnendem Ton und bedeutete dem Bürgermeister mit einer unwirschen Handbewegung, dass für ihn das Gespräch beendet sei.

Dizengoff war so schockiert, dass er nur mit Mühe die Frage hervorbrachte: »Werden auch die nicht jüdischen Einwohner evakuiert, die an der Küste wohnen?«

»Das geht Sie nichts an«, rief Cemal Pascha gereizt und winkte ihn mit einer heftigen Gebärde aus dem Zimmer.

Dizengoff wusste, dass es den Juden in Tel Aviv nicht anders ergehen würde als den Armeniern, wenn er diesen Befehl nicht ausführte. Und gerade in dieser Notlage erfuhr er, dass Liman von Sanders die Türkei schon vor einigen Monaten verlassen und eine Militärmission in Südrussland übernommen hatte. Jetzt wird mir alles klar, sagte er sich. Es stimmt also doch, dass die Deutschen uns nur dank dieses Generals geschützt haben, dessen Großvater ein getaufter Jude war.

So räumten einige Tausend Einwohner von Tel Aviv, Männer, Frauen und Kinder, kurz vor dem Pessach-Fest ihre Häuser und beeilten sich, die Stadt reitend, fahrend oder zu Fuß zu verlassen. Die Angst vor der türkischen Soldateska war so groß, dass die Menschen sich nicht einmal die Zeit nahmen, die wichtigsten Habseligkeiten zu packen. Sie flohen nach Petach Tikva und in andere jüdische Siedlungen in der Nähe von Tel Aviv.

Aber kaum war die Stadt Tel Aviv geräumt, verlangten die Türken, dass auch diese Orte evakuiert werden müssten. Truppen schwärmten nach Osten und Norden aus, um die Flüchtlinge und die Juden, die sie aufgenommen hatten, aus ihren Siedlungen zu vertreiben. Es hieß, dass sogar die alteingesessene jüdische Gemeinde von Jerusalem evakuiert werden sollte.

Doch plötzlich kam alles zum Stillstand. Die türkischen Soldaten, die schon die jüdischen Dörfer umzingelt hatten, verschwanden. Auch die »Wächter«, die man in Tel Aviv postiert hatte, machten sich auf und davon. Zögernd kehrten die Bewohner in ihre Stadt zurück.

Die *Chadschot Ha'jischuw*, die in der letzten Zeit aus Geldmangel und Angst vor der Regierung ihr Erscheinen eingestellt hatten, meldeten in einer Sonderausgabe, die Obrigkeit habe unter der erleuchteten und großmütigen Herrschaft des Cemal Pascha beschlossen, den Juden Gnade zu erweisen.

Dann platzte Werner mit einer erstaunlichen Nachricht in die Redaktion. »Ich komme gerade aus der deutschen Kolonie. Das hemmungslose Wüten dieses Ungeheuers Cemal Pascha hat auch die Templer in Angst und Schrecken versetzt. Jetzt können sie aufatmen. General Falkenhayn hat befohlen, dass die Verfolgung von Minderheiten und vor allem die Vertreibung der Juden unverzüglich einzustellen sind. Alle können wieder in ihre Häuser zurückkehren.«

Erich von Falkenhayn war seit September Oberbefehlshaber zweier osmanischer Feldarmeen in Palästina. Als er am 5. November mit dem Zug in Jerusalem eintraf, wurde er von Cemal Pascha und Jerusalemer Honoratioren ehrenvoll empfangen.

Sein Hauptquartier hatte er in der Auguste-Viktoria-Stiftung auf dem Ölberg eingerichtet.

»Unglaublich«, sagte Juval kopfschüttelnd. Nachdem er sich ein wenig von seiner Überraschung erholt hatte, sagte er zu seinem Schwager: »Eins musst du mir erklären – warum gehorchen die Türken diesem General Falkenhayn? Sie haben hier doch viel mehr Soldaten als die Deutschen!«

»Hast du gesehen, in welchem Zustand die türkische Armee in letzter Zeit ist?«, fragte Werner.

Juval nickte. »Das ist nichts Neues. Diese armen, zerlumpten Kerle gehorchen ihren Vorgesetzten nur aus purer Angst.«

»In letzter Zeit ist es noch viel schlimmer geworden«, sagte Werner. »Ich habe gesehen, wie türkische Soldaten unverdaute Weizenkörner aus dem Pferdemist herausklaubten, sie wuschen und ungekocht aßen. Wie willst du mit solchen Soldaten gegen die deutschen Verbündeten vorgehen, die ihnen Schutz und Nahrung bieten?«

Am folgenden Morgen schilderten die *Chadschot Ha'jischuw* in einer Sonderausgabe die Rettung der Juden, als hätte es nie eine türkische Zensur gegeben. Die Zeitung lobte natürlich die Deutschen und vor allem den General von Falkenhayn, über dessen Leistungen und Karriere ausführlich berichtet wurde, übergingen jedoch taktvoll die Schlacht von Verdun im Jahre 1916, die er befehligt und die mit einer Niederlage der Deutschen gegen die Franzosen geendet hatte. Juval überhäufte den General stattdessen mit Lobreden über die Eroberung von Rumänien. Dieser glänzende Sieg über die Rumänen und ihre russischen Verbündeten war im Herbst 1916 errungen worden.

Die Freude der Familien Zemach, Simon und Samara kannte keine Grenzen. Sa'ad und seine Familie veranstalteten ein Festmahl, bei dem ein ganzer Hammel gegrillt wurde, den sie in einem der arabischen Dörfer gekauft hatten. Alle Gäste – Muslime, Templer und Juden – fühlten sich wie befreit, nachdem die Schreckensherrschaft des Cemal Pascha zu Ende gegangen war.

Die ruhigen Zeiten sollten nicht lange andauern. Bald erschienen sie im Rückblick wie eine Fata Morgana. Die Lage der türkischen Regierung wurde zusehends schlechter. Ende Oktober war durch einen Angriff einer australischen Kavallerie-Brigade die Stadt Be'er-Scheeva gefallen und die ganze Palästinafront war nicht mehr zu halten. Nicht nur, dass die türkische Armee in einem bejammernswerten Zustand war – Istanbul zog auch noch Truppen aus Palästina ab.

Eines Abends saß Jonathan Friedmann, ein Reporter der *Chadschot Ha'jischuw*, neben einem deutschen Offizier an der Bar des Templerhotels Fast in Jerusalem. Der Deutsche schien gedrückter Stimmung zu sein und war gerade dabei, seinen Kummer im Schnaps zu ertränken. Er wurde mit jedem Glas mitteilsamer, und Friedmann, der Deutsch verstand, hörte aufmerksam zu.

»Ja, ja«, murmelte der Offizier, halb zu sich selbst, halb zu seinem Nachbarn gewandt. »Schon seit Anfang des Jahres hintergehen uns die Türken. Erst erzählen sie uns, Palästina sei eine hochwichtige Bastion zur Verteidigung ihres Reiches. Sie haben alles von uns bekommen, Geld, Ausrüstung und Soldaten, und versprochen, dass sie massive Streitkräfte herschicken. Ich weiß noch«, sagte der Deutsche mit halb geschlossenen Augen, »dass General von Sanders ihnen nicht geglaubt hat. Er sagte, sie würden gar nichts schicken. Sie hätten das nur versprochen, damit wir noch mehr hier investieren. Vielleicht wurde er deshalb versetzt. Die Türken haben sich bestimmt in Berlin beschwert. Aber er hatte recht. Und wie recht er hatte! Istanbul schickt keine Verstärkung. Im Gegenteil, sie haben Truppen abgezogen. Und wozu?«, sagte der Deutsche mit schwerer Zunge. »Die Türken behaupten, sie bräuchten die Truppen, um den Zusammenbruch Russlands zu besiegeln und Teile des Zarenreichs zu erobern. So ein Unsinn!« Er schüttelte den Kopf. »Wir Deutschen haben die Russen geschlagen! Aber man darf nicht zu weit gehen. Russland ist riesig, das verschwindet nicht einfach. Wir haben es gezwungen, aus dem Krieg auszuscheiden, und das ist genug. Jetzt müssen wir unsere Truppen an die französische Front verlegen. Doch diese Hohlköpfe«, rief er plötzlich mit erhobener Stimme, »diese Hohlköpfe drängen uns, hier in diesem verfluchten Palästina zu kämpfen, anstatt dort zu siegen, wo es nötig ist, in Europa!«

Er schenkte sich wieder ein, doch nach wenigen Augenblicken entglitt ihm das Glas und der Inhalt ergoss sich auf den Teppich. Der betrunkene Offizier ließ den Kopf auf die Schulter des Reporters sinken und fiel in Sekundenschnelle in tiefen Schlaf. Sein Schnarchen war in der ganzen Bar zu hören.

Schade, dachte Jonathan Friedmann, der noch ganz benommen von dem Redeschwall war. Schade, dass ich keine Zeitung mehr habe. Das wäre eine tolle Geschichte gewesen, die sogar im Ausland Aufsehen erregt hätte. Juval hätte kein Problem damit gehabt. Das Osmanische Reich zerfällt. Wir brauchen die türkische Zensur nicht mehr zu fürchten. Aber was sollen wir machen, wenn wir keine Zeitung mehr haben?

In der Tat waren vor einigen Tagen türkische Soldaten in die Redaktion der *Chadschot Ha'jischuw* eingedrungen und hatten die Druckmaschinen weggeschleppt, um sie für die Kriegsindustrie einzuschmelzen. Juval fragte sich, wohin die Türken die Maschinen gebracht hatten. Die türkischen Regierungsorgane in Jerusalem waren in Auflösung begriffen. Sogar die Deutschen verließen die Stadt und zogen nach Norden!

Im Dezember 1917 räumten die Türken Jerusalem. Wegen der Drohungen des deutschen Befehlshabers von Falkenhayn hatten sie darauf verzichtet, die Stadt zu zerstören. Sie zogen sich in den Norden des Landes zurück. Dort gelang es ihnen mit deutscher Unterstützung, den britischen Vormarsch fast bis zum Ende des Krieges zu stoppen.

Juval war überzeugt, dass die Türken bei ihrem überstürzten Rückzug die Druckmaschinen und anderes Altmetall gar nicht hatten mitnehmen können. Als sich die Lage in Jerusalem nach dem Einzug Generalleutnants Edmund Allenby am 11. Dezember – er war zu Fuß durchs Jaffator gekommen – wieder etwas beruhigt hatte, machte Juval sich mit einigen Mitarbeitern der Redaktion auf die Suche nach den Maschinen.

Sie ritten auf Eseln, die sie von ihren arabischen Nachbarn gemietet hatten, in nordwestlicher Richtung entlang der Fluchtroute, die die Türken ihrer Meinung nach eingeschlagen hatten. Nach einigen Stunden entdeckten sie weggeworfene Ausrüstung, zerbrochene Geräte, Pferdekadaver und verwesende Leichen am Wegrand. Die Männer durchsuchten die Schrotthaufen und fanden tatsächlich die Druckmaschinen. In einem nahe gelegenen Dorf besorgten sie sich zwei Bauernkarren, spannten die Esel davor, luden die teilweise beschädigten Maschinen auf und machten sich zu Fuß auf den Heimweg.

In Jerusalem war inzwischen eine neue Ära angebrochen. Fast alle Einwohner, ob Juden, Muslime oder Christen, atmeten auf. Das Joch während der vierhundert Jahre währenden türkischen Herrschaft war nie leicht gewesen, doch den Krieg hatten sie als einen einzigen Albtraum in Erinnerung. Sie waren froh, dass die Schreckenszeit der Vergangenheit angehörte.

Nur die Templer hatten keinen Anlass zur Freude. Die Deutsche Kolonie in Jerusalem wurde von den Briten zum feindlichen Territorium erklärt und von bewaffneten Posten bewacht. Werner war froh, dass er jetzt in Katamon wohnte, wo Christen, Muslime und Juden zusammenlebten.

Sarah hatte mittlerweile ihre Arbeit in der Zeitungsredaktion wieder aufgenommen. Zunächst waren alle mit der Instandsetzung der Druckmaschinen und der übrigen Ausrüstung beschäftigt. Dass sie sich ihrer Meinung nach zu wenig mit der Katastrophe befassten, die über die Templer hereingebrochen war, hatte einen triftigen Grund. Sie wussten nicht, was sie machen sollten.

Die Bewohner von Jerusalem lebten seit Neustem unter britischer Militärherrschaft, die zwar mit der türkischen Herrschaft nicht zu vergleichen war, aber trotzdem alle Merkmale eines militärischen Notstandsregimes aufwies. Schließlich saßen die Türken und die Deutschen immer noch im Zentrum und im Norden des Landes, und der Krieg ging mit unverminderter Heftigkeit weiter.

Niemand wusste, wie dieser schreckliche, endlose Kampf ausgehen würde. Alle versuchten, an Informationen über das Geschehen im Ausland zu kommen. Es gab schon lange keine Post und keine Zeitungen mehr. Doch nach einiger Zeit trafen wieder telegrafische Nachrichten ein. Sa'ad und einige seiner Verwandten berichteten, was im Norden des Landes vorging. Die Beduinen pendelten zwischen dem britisch besetzten Süden und dem Norden, der noch in den Händen der türkischen und deutsch-österreichischen Streitkräfte war. Sie erzählten von der hohen Kampfmoral der Deutschen und Österreicher.

»Wie ist das möglich?«, wunderte sich Werner am Samstagabend, als die Familien und Freunde in seinem Haus in Katamon beisammensaßen. »Die Deutschen und die Österreicher hocken im Nahen Osten und sind bester Stimmung? Natürlich freuen sie sich über die russische Niederlage, aber niemand kann die Briten hindern, nach Norden vorzurücken. Sie haben ihren Vormarsch nur vorübergehend gestoppt. Die türkischen Truppen sind äußerst geschwächt, und unsere geringen deutsch-österreichischen Streitkräfte, vierzehntausend deutsche und zweitausend österreichische Artilleristen, können gegen Hunderttausende britische Soldaten nichts ausrichten.«

Sie feierten Sarahs Geburtstag. Tagelang hatte sie in der Küche gestanden, um das Festmahl vorzubereiten. Neta hatte auf der Bank in der Küche gesessen und ihre Tochter bei der Zubereitung von Pelmeni und Borschtsch geholfen. Die Rezepte stammten noch von ihrer Mutter in Odessa. Miriam hatte einen großen Kessel mit duftendem Eintopf mitgebracht: Tscholent, den sie auf sephardische Art mit Lamm zubereitet und mit Zimt, Kreuzkümmel und Nelken gewürzt hatte. Lubna schließlich hatte großen Platten mit Kunafah und gefüllten Dattelkeksen beigesteuert.

»Hör mal, Werner«, erwiderte Sa'ad. »Tatsache ist doch, dass die Briten nach der Eroberung des Südens in Jerusalem stecken geblieben sind.«

Plötzlich waren draußen laute Stimmen und Hundegebell zu hören. Werner und Sa'ad gingen hinaus, um nachzusehen. Vor der Tür stand die restliche Familie Simon samt Kindern und Kindeskindern, insgesamt um die dreißig Menschen. Sie waren im Schutze der Nacht zu Fuß aus der Deutschen Kolonie geflohen und hatten ihre persönliche Habe auf Handkarren und wenigen Eseln mitgebracht.

»Was ist passiert?«, fragte Werner.

»Die Besatzer haben befohlen, dass wir morgen früh alle die Kolonie verlassen müssen«, berichteten die Simons. »Die Siedlung war schon von Militärfahrzeugen umstellt. Wir haben den britischen Dolmetscher gefragt, wohin man uns bringen würde. Er sagte, er wisse es nicht. Wahrscheinlich weit fort und sicher nicht nach Norden in das türkisch besetzte Gebiet. ›Wohin denn?‹, fragten wir. ›In die Wüste Sinai? Nach Ägypten?‹ Doch der Dolmetscher antwortete nicht. Vielleicht wusste er es wirklich nicht. Wir haben beschlossen, kein Risiko einzugehen, und sind auf der Stelle geflohen.«

»Wie habt ihr das geschafft?«, fragte Juval aufgeregt. »Ihr wart doch von den Briten umzingelt!«

»Die britische Blockade war von Anfang an ziemlich locker«, erzählte einer der Flüchtlinge. »Die Engländer dachten, dass wir ohnehin keinen Ort hätten, an den wir hätten fliehen können, und das stimmte ja auch. Wohin sollten Hunderte von unseren Leuten fliehen? Sollten sie etwa die britischen Linien durchbrechen, um zu unseren Brüdern in den nördlichen Kolonien zu stoßen? Das ist doch unmöglich. Wenn wir euch nicht hier in unmittelbarer Nähe hätten, wären wir nicht geflohen.«

»Jetzt kommt erst mal herein«, rief Sarah, als sie die müden und resignierten Augen ihrer Verwandten sah.

Während Sarah, Neta und Lubna die Flüchtlinge, die sich überall im Raum verteilt hatten, mit Getränken und den Resten des festlichen Essens versorgten, berieten alle, wo die Familie untergebracht werden könnte. Sarah und Werner würden einige der Simons aufnehmen, andere würden Unterkunft bei Freunden finden. Auch Sa'ad trug seinen Teil bei, indem er das Haus seiner Eltern anbot, das seit deren Tod praktisch leer stand.

»Werden die Engländer nicht versuchen, euch aufzuspüren?«, fragte Juval.

»Glücklicherweise haben sie keine Listen, in denen die Mitglieder der Templergemeinschaft verzeichnet sind«, entgegnete Christoph. »Deshalb werden sie wohl darauf verzichten, uns ausfindig zu machen. Sie haben genug mit dem Krieg im Norden des Landes zu tun.«

»Aber wie wird es weitergehen? Was wird geschehen?«, wandte sich seine Schwester Johanna an Werner, der als Experte galt. Er war ständig bemüht, an neue Informationen zu gelangen. Von den Briten wurde er nicht belästigt, weil er mit einer Jüdin verheiratet war und außerhalb der Templerkolonie wohnte.

»Was soll nur aus uns werden, wenn wir den Krieg verlieren?« Franz Simons Gesicht war bleich und eingefallen. »Werden wir aus dem Nahen Osten vertrieben? Und was wird aus Deutschland?«

»Macht euch keine Sorgen«, antwortete Werner. »Wir haben zwar hier in Jerusalem verloren, und es kann auch sein, dass die Briten das ganze Land erobern, aber ihr solltet euch klarmachen, dass wir in diesem Krieg eine Nebenrolle spielen. Wenn die Engländer in Palästina siegen, besagt das gar nichts. Der Kriegsverlauf wird dadurch nicht beeinflusst.« Er richtete sich in seinem Sessel auf und gab seiner Stimme einen festen Ton, um den Vertriebenen Mut zu machen. »Wir Deutschen haben die Russen besiegt. Inzwischen haben auch die Österreicher mit ein wenig Hilfe von unserer Seite die Italiener geschlagen. Ich vermute, dass wir bald mit allen unseren Streitkräften die Franzosen und Engländer angreifen werden, darunter auch mit den Truppen, die jetzt von der russischen und der italienischen Front abgezogen werden. Unsere Chancen stehen gut. Und dann werden auch die Probleme in Palästina gelöst. Ich hoffe nur, dass dann nicht die Türken zurückkommen«, schloss er mit einem bitteren Lächeln.

18

Jerusalem

– 1918 –

Werners Einschätzung, dass Deutschland im Krieg die Oberhand behalten würde, sollte sich nicht bewahrheiten. Im Frühjahr 1918 sammelten sie noch einmal alle Kräfte, um an der Westfront einen entscheidenden Sieg zu erringen, aber inzwischen hatten auch die USA in den Krieg eingegriffen, und die Alliierten in Frankreich wurden jeden Tag stärker. Trotzdem sah es so aus, als ob diese letzte Offensive den Deutschen vielleicht noch den Sieg bringen könnte. In Palästina blieben die Briten weiter im Süden des Landes stecken. Es sollte noch lange dauern, bis sie in den Norden vorrücken konnten.

Werner stand in Kontakt mit Beduinen, die von Schmuggelgeschäften zwischen der britisch besetzten und der deutsch-türkischen Zone lebten. Er erhielt von ihnen Nachrichten über das Kriegsgeschehen und Briefe von Verwandten und Bekannten, die in den Templersiedlungen in Haifa und in Galiläa lebten, und leitete sie an seine Familie und seinen Freundeskreis weiter.

Die deutsche Armee rückte in Nordfrankreich vor, bis sie wie zu Beginn des Krieges wenige Dutzende Kilometer nördlich von Paris stand. Auch diesmal wurde die Offensive gestoppt, mit dem Unterschied, dass die Deutschen sich nicht halten konnten und den Rückzug antreten mussten, bis ihre Streitkräfte sich endgültig auflösten. An dieser Endphase nahmen dann auch die ersten amerikanischen Truppen teil.

Von diesen Ereignissen hatten die Mitarbeiter der *Chadschot Ha'jischuw*, die inzwischen wieder täglich erschienen, noch nichts erfahren. Die Engländer in Jerusalem waren darauf bedacht, die deutsche Niederlage in Nordfrankreich publik zu machen, und behaupteten, Deutschland hätte den Krieg verloren. Doch die Tatsache, dass den britischen Truppen der Durchbruch in den Norden Palästinas bislang nicht gelungen war, stellte in Werners Augen einen Beweis dafür dar, dass es sich bei diesen Meldungen um Propaganda handelte. Er glaubte nach wie vor an den deutschen Sieg. In seinen Artikeln kam dies allerdings nur andeutungsweise zum Ausdruck.

Die britische Zensur ist zwar nicht so streng wie die türkische, aber mit Zensur ist generell nicht zu spaßen, dachte Werner. Vor allem, wenn eine Militärregierung dahintersteht. Am besten lässt man die Finger davon.

»Auf Deutsch sagt man: *Gebranntes Kind scheut das Feuer*«, erklärte er seinem Schwager, »aber in meinem Fall müsste es heißen: ›Gebranntes Kind scheut sogar kaltes Wasser‹. Bis vor Kurzem habe ich unter der türkischen Zensur gelitten, und jetzt fürchte ich mich vor der englischen.«

»Zumal wir ja wirklich nicht wissen, wie der Krieg ausgeht«, antwortete Juval. »Einstweilen sitzen die Briten hier in Jerusalem, und wir müssen damit rechnen, dass ihre Zensoren nicht zimperlich sind.«

Im Oktober 1918 hisste Österreich-Ungarn die weiße Fahne. Im selben Monat wurde die britische Eroberung Palästinas abgeschlossen. Das Osmanische Reich kapitulierte. Im November musste auch Deutschland seine Niederlage eingestehen.

Wie geht es weiter? hieß es in der Überschrift von Sarahs Leitartikel zu diesem Thema:

Leben wir nun in einer besseren Welt? In einer Welt, in der alle endlich begreifen, dass es nichts Schrecklicheres gibt als Kriege? In unserer Zeit zahlen sogar die Sieger einen furchtbaren Preis.

Vier Riesenreiche sind zusammengebrochen. Dutzende Millionen Menschen mussten sterben, und ebenso viele sind Invaliden. Die Wirtschaft hat gelitten, und das bedeutet, dass jeder Bürger den Preis mittragen muss. Es kann nicht anders sein, als dass die Menschheit Lehren aus diesem beispiellosen Krieg zieht.

Sie gab dem Redaktionsteam diesen Artikel zu lesen. Alle billigten ihn, doch ihr Mann schwieg.

»Was meinst du, Werner?«, fragte sie. »Wir haben doch in letzter Zeit dauernd darüber gesprochen.«

»Ich bin innerlich gespalten«, sagte er. »Vom Gefühl her stimme ich dir zu, dass man keine andere Lehre aus diesem grauenvollen Krieg ziehen kann. Aber mein Verstand sagt mir, dass du der menschlichen Vernunft zu viel Kredit einräumst. Natürlich leiden jetzt alle, nicht nur die Besiegten, unter dem Schock ihrer Kriegserfahrungen. Aber ob die nächste Generation auch so denkt und fühlt? Ich denke dabei nicht mal an die Generation, die noch nicht geboren ist, sondern die Jugend von heute, die bei Ausbruch des Krieges zu jung war, um eingezogen zu werden. Sie hat die Schrecken des Krieges nicht wirklich erlebt und begriffen. Wenn diese Generation heranwächst, könnte es sein, dass sie sich wie ihre Väter für Kriegsruhm begeistert. Seht euch die Leute an! Wen bewundern die ehemaligen Soldaten, die nachts nicht schlafen können und von Albträumen geplagt werden? Wen bewundern die verstümmelten Invaliden am meisten? Wer sind ihre Helden? Die Generäle. Ob Sieger oder Besiegte, sie halten Hindenburg für einen Übermenschen! Obwohl der und seine Kumpane sie in dieses Massaker geführt haben. Wie Hegel sagt: *Aus der Geschichte der Völker können wir lernen, dass die Völker aus der Geschichte nichts gelernt haben.*«

Werner hatte mit steigender Erregung gesprochen. Schweißperlen liefen aus seinem ergrauenden Haar. Er musterte seine

Kollegen, die schweigend zugehört hatten. Vielleicht glauben sie, dass ich mich so pessimistisch äußere, weil ich der besiegten Nation angehöre, dachte er. Ich halte am besten den Mund.

Nach einiger Zeit verlief das Leben in Palästina wieder in gewohnten Bahnen. Juval schrieb, dass die britische Kolonialherrschaft für die Bevölkerung und selbst für die Muslime weitaus erträglicher sei als das Regime der Türken. Man mochte von den Briten halten, was man wollte, doch die Wendung zum Besseren war offensichtlich.

Nach und nach kehrten auch die vertriebenen Templer wieder zurück. Als Erste kamen die aus dem Norden. Sie waren in einem Militärlager in Ägypten interniert gewesen, bis die Engländer ihnen die Rückkehr nach Palästina erlaubten. Was sie vorfanden, waren zerstörte Häuser. Nach ihrer Flucht hatten die Einwohner der Nachbardörfer alles gestohlen, was ihnen in die Hände fiel, darunter auch Türen, Fenster, Kacheln und Dachziegel, bis nur die Wände und der Dachstuhl übrig geblieben waren. Im Winter 1918/19 hatten Regen und Wind ihren Teil zur Zerstörung beigetragen.

Den Einwohnern der Deutschen Kolonie in Jerusalem erging es noch schlechter. Sie mussten noch länger in Ägypten bleiben. Als sie Anfang 1920 zurückkehrten, mussten sie ganz von vorne anfangen. Ihre ausgeplünderten Häuser waren in einem Zustand, der irreparabel erschien. Nichtsdestoweniger ließen die Templer sich nicht entmutigen und begannen sofort mit dem Wiederaufbau.

Die Mitglieder der Familie Simon, die in Jerusalem und Jaffa hatte bleiben können, spielten dabei eine wichtige Rolle. Sie halfen den Heimkehrern, wo sie nur konnten. Im Geiste der Templergemeinschaft trieben sie den Wiederaufbau der Kolonie und ihrer Gemeinde voran. Sie sahen sich als Nachkommen ihrer idealistischen Vorfahren, die vor über einem halben Jahrhundert nach Palästina gekommen waren, um das Land aufzubauen, und widmeten sich dieser Aufgabe mit derselben unermüdlichen Begeisterung und zähen Willenskraft. Allmählich wichen der Schmerz über die deutsche Niederlage und der anfängliche Schock über die feindliche Besatzung einer wiedererwachten Schaffensfreude und neuer Zuversicht.

Werner bedauerte, dass die *Chadschot Ha'jischuw* ihm nicht genügend Platz für seine zahlreichen Artikel über die Wiedergeburt der Templerkolonie zur Verfügung stellten. Die Zeitung befasste sich mit anderen Themen, die durch neue, ganz verschiedene und möglicherweise revolutionäre Entwicklungen vorgegeben wurden.

Die Lage, die nach dem Kriegsende in Palästina entstanden war, hatte das Leben der Bevölkerung oder zumindest der städtischen Bevölkerung in fast jeder Hinsicht geändert. Die Befreiung vom Joch des Osmanischen Reiches gab den Menschen das Gefühl, dass ihnen die Welt offenstand. *Wir sind ein Land der unbegrenzten Möglichkeiten geworden*, schrieb Werner in einem Leitartikel.

Diese Entwicklung bahnte allerdings auch neuen Konkurrenten den Weg. Nach der Befreiung von der türkischen Zensur erschienen plötzlich neue Blätter in hebräischer, arabischer und bald auch in englischer Sprache.

Im Februar 1920 lud Sa'ad seine muslimischen, christlichen und jüdischen Freunde zu einem großen Fest, einer *Hafla*, in das Haus seiner verstorbenen Eltern in Jerusalem ein. Auch die Mitarbeiter der *Chadschot Ha'jischuw* und ihre Familien samt den Kindern waren geladen. Sarah kam mit ihrem zweiten Sohn Michael. Miriam hatte während der Kriegsjahre ohne viel Aufhebens drei Kinder zur Welt gebracht und erschien mit ihrem Jüngsten, der noch an der Brust lag. Die Freunde wussten von der Geburt der Kinder, hatten jedoch wegen der Wirren des

Krieges nicht viel Notiz davon genommen. Sie hatten plötzlich an diesem festlichen Abend das wunderbare Gefühl, aus langer Finsternis ans Licht zu treten.

Nach dem üppigen Abendessen, bei dem Lubna für ihre hervorragende Küche gelobt wurde, die ihrer verstorbenen Schwiegermutter Raissa in nichts nachstand, zerstreute sich die Tischgesellschaft. Die Kinder nutzten den warmen, hellen Wintertag, um im Garten zu spielen. Ein Teil der Frauen saß auf dem Balkon, darunter auch Miriam, die ihren kleinen Sohn stillte. Andere Frauen gesellten sich zu den Männern, die im Wohnzimmer rauchten, an Wasserpfeifen sogen und starken türkischen Kaffee tranken.

Der mittlerweile ergraute Sa'ad fühlte sich in diesem Kreis wie der Häuptling des Clans. Er musterte die Gesichter seiner Gäste.

»Jetzt geht es uns allen gut«, sagte er nachdenklich. »Wir sind so erleichtert, als wären wir aus einem endlosen Albtraum erwacht. Aber wer weiß, was uns bevorsteht? Welche Zukunft erwartet uns?«

Franz, Werners älterer Bruder, stand an der Tür zum Garten. »Ich bin jetzt fünfundsechzig«, sagte er, »und ich wünsche mir nur, dass die Jahre, die ich noch zu leben habe, einigermaßen ruhig verlaufen. Wir Templer bedauern alle die deutsche Niederlage, aber wenigstens können wir jetzt unser Werk fortführen. Wir hoffen, den Traum unserer Väter zu verwirklichen, die in dieses Land gekommen sind, um die Erlösung herbeizuführen.«

»Möge euer Wunsch in Erfüllung gehen, und das gilt auch für die Juden, die den Messias erwarten«, entgegnete Sa'ad. »Wir Muslime machen uns keine solchen Hoffnungen. Mohammed hat schließlich gesagt, dass er der letzte Prophet sei. Wir haben also nichts zu erwarten!« Bei diesen Worten brach er in ein dröhnendes Lachen aus. Die weißen Zähne blitzten hell unter seinem dichten schwarzen Schnurrbart hervor, und die älteren unter den Gästen fühlten sich an seinen unvergessenen Vater erinnert.

»In diesen Tagen ist jeder Mensch in diesem Land voller Hoffnung«, fuhr er, nun wieder ernst, fort. »Alle sind in einer Art Euphorie. Sogar ihr Deutschen«, er wandte sich an seine Templerfreunde, »sogar ihr seid froh, dass der Krieg und mit ihm das türkische Regime der Vergangenheit angehören. Aber wie wird es uns gehen, wenn der graue Alltag uns wieder einholt? In welcher Realität werden wir uns hier wiederfinden? Die Briten werden nicht ewig bleiben. Dieses Land ist britisches Mandat und keine Kolonie. Die eigentliche Herrschaft über das Mandatsgebiet, die auch zeitgebunden ist, steht dem Völkerbund zu. Wie wird es weitergehen, wenn –?«

»Sei unbesorgt«, fiel Juval ihm ins Wort. »Zwar gibt es bei uns allen Fanatiker und Aufhetzer, aber nach diesem Krieg gehört die Zukunft den gebildeten, vernünftigen und gemäßigten Kräften. Wer auch nur ein Körnchen Verstand hat, sieht heute ein, dass man kein Problem mit Gewalt lösen kann und schon gar nicht durch Kriege. Die alte Welt mit ihrer Barbarei existiert nicht mehr«, verkündete er, als stünde er am Katheder.

»Dein Wort in Gottes Ohr«, murmelte Fatma, Sa'ads älteste Tochter, mit skeptischer Miene.

»Und was ist mit der Balfour-Erklärung?«, fragte ihr Bruder Achmed. »Wenn die Engländer den Juden dieses Land versprochen haben, was wird dann aus uns Nichtjuden? Wollt ihr uns etwa vertreiben?«

Tatsächlich hatte der britische Außenminister Arthur Balfour den Zionisten am 17. November 1917 die Unterstützung der Regierung und der britischen Krone beim Aufbau einer »nationalen Heimstätte für das jüdische Volk« in Palästina versprochen.

»Was fällt dir ein?«, erwiderte Sarah mit der klaren, selbstbewussten Stimme, mit der sie sich schon immer Gehör verschafft hatte. »Was sind das für absurde und schlimme Gedanken? Die

Balfour-Erklärung war Teil der britischen Kriegstaktik. England wollte die Juden überzeugen, sie während des Krieges zu unterstützen.«

»Wirklich?«, entgegnete Fatma. »Sind die Juden etwa eine Weltmacht oder eine Militärmacht, die den Ausgang des Krieges bestimmt hat?« Ihr bitteres Lächeln trübte die entspannte Atmosphäre unter den Gästen.

»Natürlich nicht«, entgegnete Sarah, »da hast du vollkommen recht. Allerdings habe ich gehört, dass in diesem Krieg anderthalb Millionen jüdische Soldaten auf beiden Seiten teilgenommen haben. Sie haben sich gegenseitig bekämpft! Sogar in der Türkei gab es Juden in der Armee. Und ich habe mit eigenen Augen Soldaten in österreichischen und deutschen Uniformen an der Klagemauer beten sehen.«

»Die Engländer hatten ein Problem«, erklärte Werner. »Sie mussten die amerikanischen Juden davon überzeugen, sich für den Eintritt der Amerikaner in den Krieg einzusetzen.«

»Das verstehe ich nicht«, warf Sa'ad ein. »Welche Interessen haben die amerikanischen Juden in Palästina verfolgt, und warum war es wichtig, sie vom Kriegseintritt zu überzeugen? Ihr habt selbst gesagt, dass eure Glaubensgenossen auf beiden Seiten gekämpft haben.«

»Die amerikanischen Juden haben mehr mit den Deutschen und Österreichern sympathisiert«, sagte Sarah. »Sie strebten die Niederlage des zaristischen Russlands an. Russland war die größte Hochburg des Antisemitismus. Die meisten amerikanischen Juden oder deren Nachkommen sind vor den Pogromen im Reich des Zaren geflohen. In ihren Augen waren die Österreicher und Deutschen diejenigen, die das Reich des Bösen bekämpften. Ihre Meinung spielte im Kampf um die öffentliche Meinung in Amerika eine wichtige Rolle. Viele Amerikaner zögerten, sich in den Krieg einzumischen. Deshalb wollten die Briten die amerikanischen Juden für sich gewinnen.«

»Ich verstehe«, sagte Sa'ad. »Ihr hört euch an wie Geschichtsprofessoren. Und was geschieht jetzt mit dieser Balfour-Erklärung?«

»Nichts«, gab Juval zurück. »Die Juden werden weiter hierherkommen wie zur Zeit des türkischen Regimes, aber sie brauchen keine Beamten mehr zu bestechen.« Er lächelte. »Und die arabische Bevölkerung wird weiter anwachsen. Letzten Endes werden wir einen Weg finden müssen, um als gute Nachbarn und Partner zusammenzuleben, ohne dass einer über den anderen herrscht.«

Aus einer Ecke des Wohnzimmers meldete sich der zwanzigjährige Achmed zu Wort. »Aber die Briten haben euch dieses Land als nationale Heimstatt, wie sie es ausdrücken, versprochen, ein Begriff, den ich übrigens nicht verstehe.«

»Sie haben Palästina auch dem arabischen haschemitischen Königshaus versprochen, um dessen Widerstand gegen die Türken zu schüren«, warf sein Vater Sa'ad ein. »Solche Versprechungen in Kriegszeiten braucht man nicht ernst zu nehmen.«

David, der sich bisher noch nicht geäußert hatte, lehnte sich in seinem Sessel vor. »Ich war kürzlich bei einem Treffen mit dem Philosophen Martin Buber.« Aus dem wissenden Nicken einiger Gäste schloss er, dass der Name in diesem Kreis nicht ganz unbekannt war. »Buber kommt häufig nach Palästina und hat hier in Jerusalem auch ein Haus erworben. Bei einem seiner Besuche hat er mich und andere Juden der Stadt zu sich eingeladen. Er hat uns seine Idee vorgestellt, hier ein Friedensbündnis zu gründen, eine gemeinsame Bewegung von Juden und Arabern, die zusammen mit den Briten einen binationalen arabisch-jüdischen Staat aufbauen sollen. Mir scheint das eine ideale Lösung für alle zu sein.«

»Einen binationalen Staat, sagst du?« Werner sah David verwundert an. »Und das propagiert Martin Buber, der in einem Nationalitätenstaat wie Österreich-Ungarn geboren und aufgewachsen ist? Sieh dir doch an, was aus dem jahrhundertealten Imperium geworden ist. Es ist zerfallen, seine Völker haben es selbst in Stücke gerissen. Und jetzt glaubt er, dass ausgerechnet hier so etwas gelingen könnte?«

»Ja«, antwortete David, »hier kann es gelingen. Österreich-Ungarn war keine Demokratie. Buber denkt an eine Föderation, die von Anfang an als gemeinsames arabisch-jüdisches Projekt aufgebaut werden soll.«

»Vielleicht eine mediterrane Schweiz?«, schlug Sa'ad vor. »In der Schweiz leben drei Völker, Deutsche, Italiener und Franzosen, friedlich und glücklich in einer Konföderation zusammen.«

Viele der Gäste nickten. Die Idee Bubers schien sie zu überzeugen.

Als das Gespräch an diesen Punkt gekommen war, zog Werner es vor, sich nicht mehr an der Unterhaltung zu beteiligen. Er griff nach seinem Notizbuch und lauschte schweigend. Während fast alle Anwesenden die föderative Idee begeistert diskutierten, hielt er einige Gedanken fest, die er in seinen Zeitungsartikeln verwenden wollte. Sind diese lieben Menschen, meine guten Freunde, wirklich so naiv?, dachte er. Wie kann man Palästina mit der Schweiz vergleichen? Die Schweizer sind Europäer mit einer langen gemeinsamen Tradition. Und sie sind alle Christen.

Ihm kam eine historische Episode in den Sinn: Als die Einwohner von Vorarlberg am Westrand des zerfallenden Habsburgerreiches den Beitritt zur Schweizerischen Eidgenossenschaft beantragten, hatten die Schweizer sie abgewiesen, obwohl ihre österreichischen Nachbarn jahrhundertelang freundschaftliche Beziehungen zu ihnen unterhalten hatten und wie sie Deutsch sprachen. »Wir gleichen uns doch wie Zwillingsbrüder«, argumentierten die Österreicher. »Richtig«, erwiderten die Schweizer, »aber ihr seid katholisch, und wir sind protestantisch.«

Und da soll man den Nahen Osten mit der Schweiz vergleichen? Vielleicht wollen die anderen nur in Frieden weiteressen, dachte er, und tatsächlich wandte das Gespräch sich bald anderen Themen zu.

19

JERUSALEM

– 1920 –

Als die Nachwirkungen des Krieges etwas abgeklungen waren, verfasste Sarah im Frühjahr für die *Chadschot Ha'jischuw* einen langen Artikel unter dem Titel *Die neue Ära*, in dem es unter anderem hieß:

Der Beginn der britischen Herrschaft über Palästina stand im Zeichen einer allgemeinen Hochstimmung. Jede Bevölkerungsgruppe glaubte, dass ihre Hoffnungen sich unter den Briten erfüllen würden.

Die Christen stellen im Vergleich zu den Juden und erst recht zu den Muslimen eine sehr kleine Gruppe dar. Und auch diese kleine Gruppe ist vielfach gespalten: Es gibt in Palästina katholische, griechisch-katholische, griechisch-orthodoxe, pravoslawische, armenische, protestantische, anglikanische, koptische und abessinische Gemeinden, die alle miteinander im Wettstreit liegen und Anspruch auf die heiligen Stätten wie die Grabeskirche in Jerusalem, die Geburtskirche in Bethlehem und die Verkündigungskirche in Nazareth erheben.

Nun hat sich zum ersten Mal seit der Kreuzritterzeit ein christlicher Staat dieses Landes bemächtigt. Ist das kein Anlass zur Freude und Hoffnung auf einen historischen Wandel? Zwar begann die christliche Ära mit einem kleinen, vielleicht nur ästhetischen Makel: Der erste vom anglikanischen König von England ernannte Hochkommissar für Palästina, Herbert Samuel, ist Jude und stammte dazu noch aus einer religiösen

Familie. Samuels jüdische Herkunft tut allerdings seinem Wirken als loyaler Emissär der britischen Krone keinen Abbruch.

Die Muslime, die weitaus größte Bevölkerungsgruppe, sind ebenfalls zufrieden und voller Hoffnung. Sie hegen zwar Bedenken wegen der Balfour-Erklärung und fragen sich besorgt, was die den Juden versprochene »nationale Heimstatt« in der Praxis bedeutet, vertrauen aber andererseits darauf, dass die Briten die Verbündeten des haschemitischen Königs von Hedschas sind. Dieses arabische Königshaus wird sicher den ganzen Nahen Osten einschließlich Palästinas beherrschen, und das mit Hilfe der Engländer! Daher schauen auch die Muslime mit Zuversicht in die Zukunft. Doch am meisten freuen sich die Juden (mit Ausnahme der Ultraorthodoxen) und besonders die zionistischen Juden über den Machtwechsel. Zwar ist eine »nationale Heimstatt« nicht mit einem jüdischen souveränen Staat gleichzusetzen, doch sie könnte das Fundament für einen solchen Staat bilden, der nach und nach unter dem zeitlich begrenzten britischen Mandat entstehen wird.

Leider kann diese Situation nicht von Dauer sein. Irgendwann wird das Ganze platzen. Die hochgespannten Erwartungen der verschiedenen Gruppen sind nicht miteinander vereinbar.

Weise ist, wer das Kommende voraussieht. Aber wer die drohenden Gefahren ahnt, muss jetzt handeln, um sie zu verhindern. Wir sollten daher Martin Bubers Idee folgen, hier die Fundamente für eine jüdisch-arabische Partnerschaft zu legen, die einen binationalen Staat gründen wird.

Sarah war zufrieden mit ihrem Artikel und eilte in die Redaktion, um ihn in Druck zu geben, bevor die anderen etwas daran ändern konnten.

Ihr Bruder Juval las den Beitrag und hielt ihn für utopisch, doch er wollte ihr auch keinen Dämpfer verpassen. »Die Amerikaner sagen: Verschone mich mit Fakten, meine Meinung steht fest«, flüsterte er seinem Schwager Werner zu.

Allerdings dachten zu jener Zeit nicht wenige, dass Palästina endlich zur Ruhe gekommen sei und auf die Zukunft bauen könne. In der euphorischen Stimmung, die viele glauben machte, sie lebten nunmehr in einem normalen, friedlichen Land, lockerten die *Chadschot Ha'jischuw* ihre Artikel wieder öfter mit ein bisschen Klatsch auf, um das Interesse der Leser wach zu halten. Eines Tages erschien eine große Reportage, die einige pikante Details über die Ereignisse in den Nachbarländern enthielt.

Darin wurde berichtet, dass der haschemitische König Faisal wie viele andere an eine verheißungsvolle Zukunft Palästinas glaubte. Er stand sowohl mit dem Zionistenführer Chaim Weizmann als auch mit den Briten in Verbindung, die seinen Aufstand gegen die Türken gefördert hatten. Nach der Vertreibung der Türken rief er sich zum König von Syrien und Libanon aus. Dabei hatte er allerdings die Rechnung ohne die Franzosen gemacht. Frankreich und England hatten noch vor dem Ende des Krieges den Nahen Osten klammheimlich unter sich aufgeteilt. Laut ihrer geheimen Übereinkunft, dem Sykes-Picot-Abkommen, sollte nämlich Frankreich Syrien und den Libanon bekommen. Als sich Faisal, dessen Beduinen unter Anleitung des berühmten »Lawrence of Arabia« türkische Eisenbahnen gesprengt und eine Stadt nach der anderen besetzt hatten, ohne die beiden europäischen Staaten zu fragen, am 7. März 1920 in Damaskus zum König von Syrien proklamieren ließ, jagten ihn die Franzosen davon.

Alles, was er bei seiner Flucht hatte mitnehmen können, waren zwei Kraftwagen mit sechs Chauffeuren und Technikern, fünfundzwanzig Pferde mit ihren Reitknechten, zwölf Adjutanten, hundertfünfundsiebzig Leibwächter, eine Kavalkade von Kutschen, fünf Tonnen Gepäck und natürlich seine fünfundzwanzig Frauen und Konkubinen. Und wohin flüchtete er? Nach Haifa, zu seinen englischen Freunden.

Der König hatte Glück, schrieb Juval, *dass er nur wenige Monate in Haifa im Exil schmachten musste. Die Briten organisierten ihm schnell ein neues Königreich. Der Kolonialminister Winston Churchill zog einige Territorien zu einem neuen Staat zusammen, der Faisal wie auf den Leib geschneidert war.*

Im historischen Bagdad, der Hauptstadt des neu geschaffenen Irak, wurde Faisal am 23. August 1921 schließlich doch noch zum König ausgerufen.

An den Zwischenfeiertagen des Pessachfestes 1921 hatten die *Chadschot Ha'jischuw* einen Ausflug der Mitarbeiter der Zeitung nach Galiläa organisiert. Als sie durch Ramallah und Dschenin fuhren, fiel ihnen die gespannte Atmosphäre in den beiden Städten auf. Sie konnten sich ihr Unbehagen nicht erklären, aber sie spürten, dass etwas in der Luft lag.

In der Tat brachen noch am 1. Mai blutige Unruhen aus. Die arabische Bevölkerung wurde von Fanatikern aufgestachelt, in gemischten arabisch-jüdischen Städten und Siedlungen über die Juden herzufallen. Die Juden verteidigten sich mit »illegalen Waffen«, wie die Briten sie bezeichneten. Die Besatzer selbst, die in der Illusion lebten, die Lage unter Kontrolle zu haben, waren auf das Geschehen nicht vorbereitet.

Auch die Mitarbeiter der *Chadschot Ha'jischuw* wurden von den Ereignissen überrascht. Sie brachen ihren Ausflug ab und kehrten nach Jerusalem zurück. Doch auch dort wagten die Reporter sich nicht auf die Straße, um Material für ihre Berichte zu sammeln. Sie fürchteten nicht nur die Angriffe arabischer Gewalttäter, sondern auch jüdischer Hitzköpfe, die sie erkennen und dafür bestrafen würden, dass ihre Zeitung Martin Bubers Idee eines binationalen Staates befürwortet hatte. In deren Augen war das Verrat.

Sa'ad war besorgt. Auch in Jaffa waren Anfang Mai schwere Unruhen ausgebrochen. Wie die meisten seiner Freunde, die der gebildeten arabischen Elite angehörten, bangte er nicht nur um das friedliche Zusammenleben mit den Juden und Christen, sondern auch um die Sicherheit und Zukunft der arabischen Gesellschaft. Er fürchtete die radikalen Elemente, die sich die Ignoranz der Massen zunutze machten. Als er seinen Sohn Achmed und seine Tochter Fatma in Jerusalem besuchte, erfuhr er von ihnen, dass die Lage in der Stadt nicht anders war als in Jaffa oder anderen arabisch-jüdischen Städten.

Alle waren aufgeregt und besorgt, die Templer nicht weniger als die Juden und die gemäßigten Araber. Ein spontan arrangiertes Gespräch zwischen den Familien Simon, Samara und Zemach führte zu keinen konkreten Ergebnissen. Inzwischen hatten aber die Briten sich von ihrer Überraschung erholt und die Ordnung wiederhergestellt.

Sa'ad blieb einige Zeit in Jerusalem. Er beruhigte sich allmählich, obwohl die Niederschlagung des Aufruhrs durch die Briten einen hohen Blutzoll gefordert hatte. Auch seine jüdischen und christlichen Freunde kehrten wieder zu ihren alltäglichen Beschäftigungen zurück, als seien die Unruhen nicht mehr als einer der seltenen Winterstürme gewesen, die ebenso plötzlich aufhörten, wie sie begonnen hatten.

So sind die Menschen nun einmal, schrieb Werner in sein Notizbuch. *Sie glauben immer das, was ihnen am bequemsten ist.*

Er mochte recht haben, was die älteren Menschen in seinem Freundeskreis betraf. Doch die jungen Leute, wie zum Beispiel Sa'ads Kinder, sahen die Lage anders. Sie spürten die Stimmung unter der arabischen Jugend, die mehr und mehr von nationalistischen Ideen beeinflusst wurde, und das galt auch für die Gebildeten unter ihnen. Auf der Straße war nichts mehr von der Geselligkeit zu spüren, die kennzeichnend für die arabische Bevölkerung war. Die Menschen gingen mit besorgten Mienen umher und unterhielten sich im Flüsterton. In den Cafés wurde hitzig diskutiert. Die Alteingesessenen kannten diese gedrückte Atmosphäre, doch diesmal war sie schwer zu ertragen.

Die jungen Leute glaubten nicht mehr daran, dass die Lage sich wieder entspannen würde, und begannen, grundlegende Fragen zu stellen. Das britische Regime würde nicht ewig dauern. Was kommt danach?, fragten sie. Wird dieses Land Teil der arabischen Welt? Soll hier ein souveräner arabischer Staat entstehen, oder werden immer mehr Juden nach Palästina kommen und die arabische Lebensweise gefährden? Viele unter ihnen waren dafür, mit Gewalt dagegen vorzugehen.

Einstweilen ließen die Spannungen nach. Man spürte sie noch im Untergrund, doch von außen betrachtet schien das Leben wieder in gewohnten Bahnen zu verlaufen.

Juvals Herz war schwer, als er sich Mitte Juni auf den Weg zur Redaktion machte. Aaron, sein jüngster Sohn, hatte hohes Fieber. Nächtelang hatten Miriam und er an seinem Bett gesessen und ihm kühle, nasse Tücher auf Stirn und Gliedmaßen gelegt. Wenn er in der Redaktion saß, musste Juval immer wieder die Augen zusammenkneifen, um die Müdigkeit zu vertreiben. Würde das Kind sterben, wie seine Schwester Rachel vor vielen Jahren?

Als er am 30. Juni in die Redaktion trat, war er erleichtert. Seine Befürchtungen hatten sich als unbegründet erwiesen, und der kleine Aaron war wieder munter. Im Flur begegnete Juval seiner Schwester. Aufgeregt wedelte Sarah mit einem Blatt aus dem Telegrafen.

»Gut, dass du kommst«, rief sie, »ich brauche dich oder Werner dringend.«

»Guten Morgen«, sagte Juval in aller Ruhe. »Ist was passiert?«

»Ah, entschuldige, dass ich dich vor lauter Aufregung nicht

begrüßt habe. Sieh dir diese Nachricht an! Der deutsche Außenminister ist ermordet worden und –«

»Warum regst du dich auf?«, unterbrach er seine Schwester. »In Deutschland werden seit dem Krieg dauernd wichtige Persönlichkeiten umgebracht. Seit seiner Niederlage zerfetzt sich dieses Land selbst. Ich verstehe nicht, was dort vorgeht. Ehrlich gesagt, verfolge ich das Geschehen nur sehr am Rande.«

Sarah reichte ihm das Blatt, und Juval las die Nachricht:

Minister Rathenau ist am 24. Juni 1922 auf dem Wege von seiner Villa in Berlin-Grunewald zum Ministerium des Äußeren erschossen worden. Der Mörder saß in einem Auto und gab aus diesem im Vorüberfahren den tödlichen Schuss auf den Minister ab. Der Mörder ist mit seinem Auto entkommen. Die Beisetzung erfolgte am 27. Juni unter großer Anteilnahme.

»Ich weiß auch nicht, was da los ist«, sagte Sarah. »Aber es heißt, dass der Außenminister Jude war. Walther Rathenau. Hast du den Namen schon mal gehört?«

»Nein«, antwortete Juval, »aber er ist sicher zum Christentum übergetreten. Vielleicht waren auch seine Eltern schon getaufte Juden. Weißt du noch, wie man über die jüdische Herkunft von General von Sanders getratscht hat? Dabei war nur einer seiner Großväter Jude.«

»Nein, nein«, rief Sarah. »Hier steht, dass Rathenau sich hartnäckig geweigert hat, zum Christentum überzutreten, obwohl man ihn während seiner gesamten Karriere immer wieder unter Druck gesetzt hat.«

Juval warf einen Blick auf die Meldung und sagte kopfschüttelnd: »Seltsam. Ich habe noch nie von einem jüdischen deutschen Minister gehört.«

»Aber Benjamin Disraeli war im vorigen Jahrhundert britischer Premierminister«, hielt ihm Sarah entgegen.

»Er wurde als Jude geboren«, erwiderte Juval, »aber schon als Kind getauft, nachdem seine Eltern zum Christentum übergetreten waren.«

Sarah ließ sich nicht beirren. »Wer war dieser Mann, und was bedeutet der Anschlag, der ganz Deutschland schockiert?«, fragte sie. »Jedenfalls müssen wir darüber schreiben. Aber was? Nur eine Meldung, dass der erste jüdische Minister in der Geschichte Deutschlands ermordet wurde? War es ein gewöhnlicher Mord oder ein Attentat?«

»Ich weiß auch nicht mehr als du«, sagte Juval achselzuckend. »Lass uns Werner fragen. Vielleicht kann er uns weiterhelfen.«

Werner saß an seinem Schreibtisch und las in einer deutschen Zeitung, als die beiden in den Raum traten und Juval ihn nach Rathenau fragte.

»Ein seltsamer Mensch«, entgegnete Werner und ließ die Zeitung sinken. Er nahm die Brille ab und rieb sich die Augen. »Einer der reichsten und bedeutendsten Männer in Deutschland. Er war der Sohn und Erbe des AEG-Gründers Erich Rathenau, der in Frankreich die Patentrechte zur Elektrizitätsherstellung erworben hatte.«

»Mit einem Wort«, warf Sarah spöttisch ein, »dein Rathenau war von Haus aus Elektriker.«

Werner war ärgerlich. »Wollt ihr zuhören oder nicht?«, fragte er. »Ich sage euch, auch wenn Deutschland euch sonst nicht interessiert, hier geht es um eine Geschichte von weltweiter Bedeutung! Und sie ist nicht weniger wichtig für die Juden.«

»Sprich weiter«, sagte Juval beschwichtigend, »uns interessiert das alles sehr.«

»Das hoffe ich«, gab Werner zurück. »Rathenau war ein Genie, nicht nur als Industrieller von Weltruf, sondern auch als erfolgreicher Staatsmann und Schriftsteller. Im Krieg hat er durch eine Reorganisierung der deutschen Wirtschaft entscheidend zur Bekämpfung des Mangels an Kriegsmaterial beigetragen. In der Weimarer Republik wurde er Wiederaufbauminister und später Außenminister.«

»Was ist denn so sensationell an dem Mord?«, fragte Juval. »Dass Rathenau Jude war?«

Werner nickte. »Das war sicher ein wichtiges Motiv für die Attentäter. Ein weiterer Grund war Rathenaus widersprüchliche Politik. Einerseits befürwortete er eine Annäherung an die Siegermächte, um den Druck auf Deutschland zu mindern und einen Wiederaufbau zu ermöglichen. Andererseits suchte er die Verständigung mit Sowjetrussland, das international isoliert war. All das war notwendig, um ein neues Deutschland zu schaffen. Doch die deutschen Antisemiten hielten Rathenaus Politik für Verrat. Ich weiß nicht«, sagte Werner nachdenklich, »ob die Trauergäste bei Rathenaus Beerdigung Antisemiten waren oder nicht. Könnt ihr euch vorstellen, dass eine Million Menschen seinem Sarg folgte? Ja, wirklich, eine Million! So steht es in der deutschen Presse. Die Leute protestierten gegen die radikale Rechte. Ihre Trauer war echt. Mit Rathenau wurde ihre Hoffnung auf Frieden zu Grabe getragen.«

»Noch ein Beispiel für deutsche Selbstzerstörung«, warf Sarah ein. »Was wäre wohl in Deutschland passiert, wenn das Attentat nicht stattgefunden hätte?«

»Ich weiß es nicht«, antwortete Werner. »Rathenau war ein eigenartiger Typ. Wohin er Deutschland geführt hätte, wenn er am Leben geblieben wäre, ist schwer zu sagen. Ich habe einen langen Artikel von ihm gelesen, der 1914 einige Monate vor dem Ausbruch des Krieges erschien. Darin legt er eine abstruse Idee dar, die mich davon überzeugt hat, dass der Mann genial, aber auch ziemlich verrückt war. Seiner Meinung nach waren die ewigen Kriege weder auf Militarismus noch auf religiöse, sprachliche und kulturelle Verschiedenheiten zurückzuführen, sondern einzig und allein auf ökonomische Konkurrenz. Um zumindest in Europa den Teufelskreis zu durchbrechen, gebe es nur einen Weg: eine Wirtschaftsunion zwischen den mittel- und westeuropäischen Staaten. Der erste Schritt sei ein gemeinsamer europäischer Markt. Was er damit gemeint hat, ist mir schleierhaft. Wer glaubt an solche Fantasien?«, fuhr Werner mit ironischem Lächeln fort. »Eine Wirtschaftsunion! Und so ein Träumer gehörte zur politischen Führung eines der wichtigsten europäischen Staaten.«

»Ich verstehe nichts von solchen Gedankenspielen«, sagte Juval. »Kannst du einen Artikel über die chaotischen Zustände und den Antisemitismus in Deutschland, über Rathenau und das Attentat schreiben?«

»Natürlich, gern«, sagte Werner.

»Wunderbar«, sagte Juval, »aber bitte ohne Schmonzes und deutsche Pedanterie.«

»Einverstanden«, erwiderte Werner. »Unter der Bedingung, dass du mir nicht nachträglich jüdischen Schmonzes darunterrührst.«

20

Jerusalem

– 1923 –

Am 8. Februar herrschte große Aufregung in Jerusalem. Einer der Gründer und Direktionsmitglieder der Hebräischen Universität, der weltberühmte Physiker Albert Einstein, hatte sich bereit erklärt, bei seinem Besuch auf dem Skopus-Berg, der Stätte der zukünftigen Hebräischen Universität, den Einweihungsvortrag zu halten. Er wurde mit Ehren begrüßt, die sonst nur Staatsoberhäuptern zuteilwerden. Als er die Residenz des britischen Hochkommissars Sir Herbert Samuel besuchte, empfing ihn ein Kanonensalut. Bei einem der Empfänge wurde das Gebäude von begeisterten Menschen gestürmt, die den berühmten Mann sehen und hören wollten.

In einem Interview mit einem Reporter der *Chadschot Ha'jischuw* sagte Herbert Samuel: »Wir dürfen uns alle glücklich schätzen, dass so eine überragende Persönlichkeit uns mit ihrem Besuch beehrt, doch ich möchte hinzufügen, dass mir eine Stellungnahme dieses Mannes in Erinnerung geblieben ist, die seinerzeit trotz seiner Berühmtheit wenig Aufsehen erregt hat. Zu Beginn des Weltkrieges fragte ich mich als englischer Jude, wie Juden auf beiden Seiten der gegnerischen Mächte auf dieses welterschütternde Drama reagieren werden. Ich erfuhr, dass gerade in Deutschland die Kriegsbegeisterung der Juden hohe Wellen schlug. Alle jüdischen Gemeindevorsteher, Intellektuellen, Wissenschaftler, Schriftsteller und sogar die Rabbiner plädierten dafür, dass Juden als treuste Patrioten des Deutschen Reiches in den Krieg ziehen. Alle bis auf Albert Einstein. Er hatte den Mut, sich als Einziger offen gegen den Krieg auszusprechen. Das werde ich ihm nicht vergessen.«

Nach einigen hebräischen Begrüßungsworten hielt Einstein seinen wissenschaftlichen Vortrag auf Französisch, der Sprache, die von einem großen Teil des Publikums verstanden wurde, und wiederholte ihn dann auf Deutsch. Er mokierte sich über sein schlechtes Französisch, auf das er nur ausgewichen sei, weil er die englische Sprache nicht beherrsche, und erklärte lächelnd, damit hätten die Zuhörer eine gute Ausrede: Wenn er nicht so schlecht Französisch sprechen würde, hätten sie seine Relativitätstheorie sicher verstanden.

Zwei Jahre später fieberte Jerusalem einem neuen Ereignis entgegen: der offiziellen Eröffnung und Einweihung der Hebräischen Universität am 1. April 1925.

Das gesamte Redaktionsteam der *Chadschot Ha'jischuw* war auf den Beinen, um möglichst viele Interviews zu ergattern. Juval überließ Sarah auf ihr Drängen die Berichterstattung.

Zur Einstimmung auf das historische Ereignis wies Sarah darauf hin, dass die Juden seit der Zerstörung des Tempels im Jahr 70 n. Chr. kein nationales Zentrum und keine souveräne Existenz mehr besessen hätten.

In unserer Zeit, schrieb sie, *sind Universitäten an die Stelle der einstigen Heiligtümer getreten:*

Die Eröffnung der ersten jüdischen Universität im Land der Väter ist ein Symbol für unsere nationale Wiedererweckung.

Welch ein herrlicher Anblick bietet sich vom Skopusberg, mit seinen 900 Metern der höchste Punkt in Jerusalem und der Umgebung! Die Blicke schweifen nach Osten zum Toten Meer, dem tiefsten Ort der Erde, 400 Meter unter dem Meeresspiegel. Dazwischen liegen die Judäischen Berge, die so eng mit der Geschichte unseres Volkes verbunden sind. Im Westen sehen wir das Mittelmeer, unsere Brücke zur zivilisierten Welt der Moderne.

Juval las Sarahs überschwänglichen Artikel und plädierte für einen eher nüchternen Ton, doch Sarah ließ sich nicht umstimmen.

»Hör dir mal an, wie die Juden in unserer Stadt über dieses Ereignis reden, dann wirst du sehen, dass ich mich noch zurückgehalten habe.«

Juval war nicht überzeugt, doch er ließ seiner Schwester ihren Willen.

Bei der feierlichen Eröffnung der Universität im Beisein des ehemaligen britischen Außenministers Lord Arthur Balfour gehörten der Hochkommissar Sir Herbert Samuel, der Präsident der Zionistischen Weltorganisation Chaim Weizmann, der aschkenasische Großrabbiner Abraham Isaak Kook und der Dichter Chaim Nachman Bialik zu den Festrednern. Diese festliche Veranstaltung, an der Tausende Menschen teilnahmen, war für viele Araber ein Trauertag, der mit einem Generalstreik und schwarzen Flaggen begangen wurde.

Doch einige gebildete, liberale Araber wie die Samaras hatten sich entschieden, ebenfalls an der Eröffnungsfeier teilzunehmen. Natürlich war auch Sarah mit ihren Angehörigen und Redaktionskollegen erschienen. Sie sah die Samaras aus der Ferne und winkte ihnen zu. Als die Freunde zurückwinkten, schickte sie ihren zehnjährigen Sohn Josef mit einem Zettel zu ihnen. Sie schlug ihnen vor, sich nach der Veranstaltung zu treffen, und die Samaras sagten bereitwillig zu. Auch die Familie Simon hatte versprochen, an dem Treffen teilzunehmen.

Nach der Zeremonie herrschte ein solches Gedränge, dass die Familien einige Zeit brauchten, um sich zu finden. Sie beschlossen, in ein arabisches Restaurant im muslimischen Viertel zu gehen. Unterwegs holten die Samaras ihre zehnjährige Tochter Wafa ab, die mit ihrem Kindermädchen zu Hause geblieben war. Die Eltern hatten sie nicht auf die Massenveranstaltung mitnehmen wollen.

Die Mahlzeit fand im Kellergeschoss des neu eröffneten Restaurants Al-Quds in der El-Wad-Straße statt. Der von byzantinischen Rundbögen eingerahmte Saal hallte wider von Lärm und Gelächter der fröhlichen Gesellschaft. Niemand achtete auf die Kinder, die herumtollten. Solange sie den Raum nicht verließen, war nichts zu befürchten. Sarah und Werners Sohn Josef und Wafa, die jüngste Tochter der Samaras, saßen fern von den anderen in einer Ecke und spielten mit Würfeln, die das Mädchen mitgebracht hatte.

Die Eltern merkten nicht, dass die beiden sich angeregt auf Französisch unterhielten und häufig anlächelten. Ab und zu warf Josef ein deutsches oder hebräisches Wort ein, und wenn Wafa ihm auf Arabisch antwortete, kicherten beide. Wafa hatte große braune Augen, schwarzes Haar und einen dunklen Teint. Der Kontrast zu Josefs grauen Augen, blondem Haar und heller Haut war frappierend.

»Gegensätze ziehen sich an«, sagte einer der Gäste schmunzelnd, als sein Blick auf die beiden fiel.

Die Freundschaft, die Josef und Wafa an diesem Abend geschlossen hatten, setzte sich trotz der räumlichen Entfernung zwischen ihren Familien fort. Beide besuchten die französische Schule, der Junge in Jerusalem und das Mädchen in Jaffa. Niemand achtete darauf, dass die Kinder miteinander korrespondierten. Zwischen einem Brief und der Antwort vergingen etwa zwanzig Tage. Doch selbst wenn den Eltern dieser Briefwechsel aufgefallen wäre, hätten sie ihn für eine kindliche Spielerei gehalten.

Der pedantische Josef duldete keine Schreibfehler in seinen Episteln an Wafa. Er zeigte die Entwürfe seinem Lehrer, bevor er den Brief abschrieb, und behauptete, er schreibe ein Tagebuch auf Französisch, um sich in der Sprache zu üben. Der Lehrer war sehr zufrieden mit ihm. Wafa nahm die sprachliche Hürde ohne viel Bedenken. Und wenn sie Fehler im Französischen machte, wen kümmerte das? Für Briefe gab es doch keine Noten!

Die Kinder trafen sich mehrmals im Lauf des Jahres. Sa'ad und Lubna kamen ab und zu geschäftehalber nach Jerusalem und nutzten die Gelegenheit, um ihre Kinder Fatma und Achmed zu besuchen, die dort studierten. Sarah und Werner fuhren ihrerseits öfter nach Tel Aviv und nahmen die Kinder manchmal mit.

Die Stadt entwickelte sich in rasantem Tempo. Die Spannungen zwischen Juden und Arabern waren dort nicht so spürbar wie im benachbarten Jaffa. In Tel Aviv wohnten fast keine Araber, und die Juden von Jaffa zogen nach und nach in die dynamische jüdische Stadt, in der ein modernes Leben mit weniger sozialen und ethnischen Gegensätzen winkte.

Im Laufe der Zeit lernten arabische Kinder, deren Familien in Kontakt mit Juden standen, genügend Hebräisch, um sich verständigen zu können, während die jüdischen Kinder nur ein paar arabische Brocken aufschnappten. Sa'ad regte sich darüber auf. »Das ist Diskriminierung«, sagte er zu David, der mittlerweile schlecht hörte, ihn aber diesmal gut verstand, weil Sa'ad vor Ärger mit lauter Stimme sprach.

»Mein lieber Freund«, erwiderte David, »das ist keine böse Absicht. Das Arabische ist eine viel reichere Sprache als das Hebräische, und daher fällt es Juden schwer, Arabisch zu lernen. Ich spreche aus Erfahrung, weil ich es selbst mehrmals versucht habe. Allerdings«, fügte er hinzu, »muss ich zugeben, dass unsere Schulen sich kaum bemühen, unseren Kindern Arabisch beizubringen. Doch ihr lehrt eure Kinder auch kein Hebräisch, und trotzdem lernen sie es auf der Straße.«

Nach den Unruhen des Jahres 1921 waren die ersten Jahre des britischen Mandats in relativer Ruhe verlaufen. Im ganzen Land war ein großer Aufschwung zu verzeichnen. Die jüdische Einwanderung trug zur Entwicklung der Wirtschaft bei. Im Zuge der dritten Einwanderungswelle zwischen 1919 und 1923 hatten sich Zehntausende Juden aus Russland und Rumänien in Palästina niedergelassen. Die Engländer glaubten, dass wirtschaftlicher Wohlstand auch alle anderen Lebensbereiche positiv beeinflussen würde. Mit optimistischem Schwung gingen sie daran, auf dem Jabel Mukaber den Palast des Hochkommissars zu erbauen. Diese Investition schien darauf hinzudeuten, dass sie die Zukunft Palästinas positiv beurteilten und sich auf einen langen Verbleib einrichteten.

Am 11. Juli 1927 wurde Jerusalem von einem schweren Erdbeben heimgesucht. Der Auguste-Viktoria-Komplex, wo der Hochkommissar Herbert Plumer bis zur Fertigstellung des neuen Palastes residierte, wurde beschädigt und musste geräumt werden. Die *Chadschot Ha'jischuw* widmeten den Folgen des Erdbebens breiten Raum. Werner beschrieb die teilweise Zerstörung des prächtigen Baukomplexes, dessen Gründung der deutsche Kaiser bei seinem Palästinabesuch im Jahre 1898 beschlossen hatte und der nach seiner Gattin Auguste Viktoria benannt war.

Freiwillige wurden aus allen Teilen des Landes herbeigerufen, um die Trümmer zu beseitigen. Die Mandatsregierung forderte die Oberschüler auf, sich als Helfer zur Verfügung zu stellen, und auch die französischen Schulen in Jerusalem und in Jaffa ermunterten ihre Schüler, sich freiwillig zu melden. Josef und Wafa ließen sich sogleich in die Listen eintragen. Aus unerfindlichen Gründen interessierte sich Josef besonders für die Freiwilligenliste der Schule in Jaffa, während Wafa die Namen der Jerusalemer Schüler aufmerksam studierte. Die beiden gehörten zu den Jüngsten, die sich gemeldet hatten, und die Lehrer nahmen sie in eine Gruppe jüngerer Schüler auf, die für eine verkürzte Arbeitsschicht eingeteilt wurden. So hatten die Kinder Gelegenheit, sich regelmäßig zu sehen.

Kurz vor Beginn des Schuljahres 1929 hörte der vierzehnjährige Josef von seinen Eltern, dass sie eine Wohnung in Tel Aviv suchten. »Der Schwerpunkt des Lebens verlagert sich immer mehr nach Tel Aviv«, erklärten sie ihren Kindern. Die Redaktion der *Chadschot Ha'jischuw* würde mit ihnen umziehen. Sarah und Werner waren erleichtert, dass Josef sich über diesen Plan zu freuen schien. Aber sie verstanden auch Iris und Michael, die nicht gerade begeistert waren. Als erfahrene Eltern wussten sie, dass Kinder keinen Wechsel mögen und sich ungern von der gewohnten Umgebung trennen. Doch Josef war ein kluger Junge. Anscheinend sah er ein, dass seine Eltern beruflich darauf angewiesen waren, sich in der modernen, dynamischen Stadt am Meer niederzulassen.

Josef wartete einige Tage, um seine Freude über die Pläne der Eltern nicht allzu offen zu zeigen, und fragte sie dann beiläufig, wann sie umziehen würden.

»Das wissen wir noch nicht«, sagte Werner. »Irgendwann im Laufe des Jahres. Wir haben ein Haus gefunden, aber es muss noch renoviert und umgebaut werden.«

»Mitten im Schuljahr?«, wandte Josef ein. »Ich bin doch schon in der Oberstufe. Da wird es schwierig sein, mitten im Schuljahr die Schule zu wechseln.«

»Wir haben keine andere Wahl«, antwortete Sarah. »Wir können uns keine zwei Wohnungen leisten und müssen den Umzug so schnell wie möglich abwickeln, damit wir wieder für die Redaktionsarbeit zur Verfügung stehen. Da ist leider nichts zu machen.«

»Ich habe eine Idee«, sagte Josef. »Ich könnte mich ja für das nächste Schuljahr in der französischen Schule in Jaffa einschreiben und bei den Samaras wohnen, bis ihr euch in der neuen Wohnung eingerichtet habt. In ihrem großen Haus ist sicher Platz für mich.«

Sarah und Werner sahen sich erstaunt an. Beiden ging in diesem Augenblick der Gedanke durch den Kopf, dass Josef für sein Alter erstaunlich gescheit war.

Die Familie Samara ging sofort auf die Bitte der Freunde ein. »Die Idee, dass Josef bei uns wohnt, finde ich ausgezeichnet«, sagte Lubna. »Ich muss nur Wafa fragen, ob es sie stören würde. Mit ihren dreizehn Jahren ist sie zwar noch ein Kind, aber wir müssen bedenken, dass heranwachsende Mädchen sich manchmal vor Jungen genieren, die nicht zur Familie gehören.«

»Keine Sorge, Lubna«, warf Sa'ad gelassen ein, »unser Haus ist groß genug. Josef hat gute Manieren und ist überhaupt nicht aufdringlich. Aber es ist wohl am besten, dass du vorher mit Wafa sprichst.«

Wie zu erwarten, hatte Wafa nichts gegen den Plan einzuwenden. Josef wurde eine kleine Dachwohnung mit Waschraum und Toilette zur Verfügung gestellt, die über einen gesonderten Eingang zu erreichen war. Und als dann Josef bei den Samaras wohnte, brauchten die Kinder nicht mehr heimlich zu korrespondieren und zu befürchten, dass sie entdeckt wurden. Niemandem fiel auf, dass sich zwischen ihnen eine besondere Beziehung anspann. Sie konnten unbefangen miteinander reden, wenn niemand zu Hause war. In den späten Nachmittagsstunden hatte auch das Personal frei. Dann kam Wafa über die kaum benutzte Hintertreppe in Josefs Dachwohnung.

Bei ihren ersten Besuchen saßen sie nebeneinander auf dem Sofa in dem kleinen Wohnzimmer und führten endlose Gespräche. In der Schule und bei den Räumungsarbeiten nach dem Erdbeben hatten sie nicht so offen miteinander reden können. Allein diese Freiheit machte sie unendlich glücklich.

Nach einigen Tagen rückten sie auf dem Sofa näher zusammen. Wenn sich ihre Knie berührten, lachten sie verlegen. Schließlich fasste Josef sich ein Herz und griff nach Wafas Hand. Er wünschte sich schon lange, ihre schmalen Finger zu streicheln, hatte es aber nie gewagt. Und es war auch ein großes Risiko. Was sollte er machen, wenn sie ihm ihre Hand entzog oder ihn gar beschimpfte? Zum Bahnhof laufen und zu seinen Eltern nach Jerusalem fahren?

Wafa zog ihre Hand nicht weg. Sie wusste, was in ihm vorging. Auch ihr schlug das Herz bis zum Hals. Dieser scheue, unsichere Junge soll ein Jahr älter sein als ich, dachte sie. Er benimmt sich, als sei er zwei Jahre jünger! Aber er ist wunderbar ...

Dann stand sie plötzlich auf und sagte so laut, als wollte sie ihr wild klopfendes Herz übertönen: »Ich muss nach unten gehen. Meine Mutter kommt bald.«

Sie ging zur Tür, und er folgte ihr schweigend. Bevor sie hinausging, wandte sie sich um und warf ihm einen langen Blick zu.

Von Verlangen überwältigt, wagte er, was sein Verstand ihm verwehrt hatte: Er drückte seine Lippen auf ihren Mund. Später wusste er nicht zu sagen, wie lange der Kuss gedauert hatte.

21

Jerusalem

– 1929 –

Im Februar fand eine Sitzung in der Zeitungsredaktion statt, an der auch Sa'ad Samara teilnahm. Er hielt sich geschäftehalber in Jerusalem auf und nützte die Gelegenheit, um seine älteren Kinder zu besuchen. An der Sitzung beteiligten sich auch Mitarbeiter, die nicht ganztägig in der Redaktion arbeiteten.

Es ging um den Umzug nach Tel Aviv. Juval berichtete ausführlich über die Probleme, die der Ortswechsel mit sich bringen würde, und über die Bankkredite, die aufgenommen werden mussten, um die Investitionen zu decken, darunter die Darlehen, die den Mitarbeitern helfen sollten, die Übergangszeit zu überbrücken. Gleichzeitig gab er der Hoffnung Ausdruck, dass die rasche Entwicklung von Tel Aviv auch der Zeitung wirtschaftlichen Auftrieb geben würde.

Sa'ad wies zunächst auf einige technische und finanzielle Aspekte des Ortswechsels hin. Doch am Ende der Diskussion meldete er sich erneut zu Wort: »Ich wundere mich, dass ihr nicht über die politischen Probleme gesprochen habt. Sie sind doch der Kern der journalistischen Arbeit, oder?«

»Natürlich werden wir uns auch weiterhin vor allem mit dem politischen Geschehen befassen«, entgegnete Juval, der die Diskussion leitete. »Andererseits sind ruhigere Zeiten eingekehrt. Das öffentliche Leben verläuft weitgehend ungestört, und ich sehe eigentlich keinen Grund, solche Themen in diesem erweiterten Kreis zu erörtern.«

»In meinen Augen gibt es durchaus politische Probleme.«

Sa'ad beugte sich vor und legte die Arme auf den Tisch. »Erinnert euch an den stürmischen Wahlkampf vor neun Jahren bei den Kommunalwahlen in Jerusalem. Der Naschaschibi-Clan hat damals die Zügel in der Stadtverwaltung übernommen, und das ist gut so. Ich habe auch für die Naschaschibis gestimmt. Aber der Husseini-Clan mit seinem radikalen Führer Amin al-Husseini, dem Mufti von Jerusalem, hat sich nie mit der Wahlniederlage abgefunden und droht heute, wieder blutige Unruhen anzustiften. Ich glaube, dass die wirklich gefährliche Auseinandersetzung zwischen den beiden Lagern erst jetzt beginnt. Die Husseinis wollen den Kampf gegen ihre Rivalen in gewalttätige Bahnen leiten und zum Teil in den Untergrund gehen.« Sa'ad sah in die Runde. »Wenn der Zunder Feuer fängt, werden alle in Mitleidenschaft gezogen – nicht nur die Muslime und nicht nur die Einwohner von Jerusalem. Ich wage nicht, mir vorzustellen, wohin das alles führen wird«, schloss er mit einem tiefen Seufzer.

Die meisten Anwesenden dachten, dass Sa'ad mit seinen düsteren Prognosen wohl etwas übertrieben hatte. Aber sie wollten nicht mit ihm streiten. Die Sitzung, die zur Feier des baldigen Umzugs in fröhlicher Stimmung hätte stattfinden sollen, endete in peinlichem Schweigen.

Zu Beginn des Sommers 1929 zog die Familie Zemach in ihr Tel Aviver Haus ein, das zu den ersten Gebäuden der prächtigen Herzl-Straße gehörte. In dem Gebäude, das mehrere Stockwerke und Eingänge hatte, konnte der gesamte Nachwuchs der Familie unterkommen, ohne sich gegenseitig zu stören. Das Redaktionsbüro wurde im Erdgeschoss untergebracht und die Druckmaschinen im Keller.

Allgemein herrschte große Freude. Zwar war das Klima in der Küstenebene feucht und heiß, doch man konnte ans Meer gehen, wovon die meisten in Jerusalem nur träumen konnten.

Die Familie Zemach genoss vor allem die freie Atmosphäre der Stadt. Ihnen wurde erst nachträglich wirklich klar, wie beengt das Leben in Jerusalem gewesen war.

»Nun sind wir endlich im 20. Jahrhundert angekommen«, sagte Miriam.

Die religiösen und sozialen Spannungen, die in Jerusalem herrschten, waren in Tel Aviv kaum zu spüren. Doch wie Sa'ad Anfang des Jahres vorausgesagt hatte, war es die Ruhe vor dem Sturm. Nicht nur in Jerusalem, Jaffa, Haifa und den gemischt bevölkerten Städten flammten Ende August 1929 die Unruhen wieder auf. Die Ausläufer erreichten schließlich auch Tel Aviv.

Der Großmufti Amin al-Husseini, dessen Verwandter seinerzeit die Bürgermeisterwahlen verloren hatte, wiegelte die radikalen nationalistischen Araber gegen die Stadtverwaltung von Jerusalem, die Briten und vor allem die Juden auf. Unter den Extremisten gab es wenige gebildete Araber. Die Hetze zielte vor allem auf die Analphabeten unter den Arabern ab, und das waren immerhin 70 bis 75 Prozent. Von den arabischen Dorfbewohnern konnte fast niemand lesen und schreiben. Mit dieser Bevölkerung hatten die Anhänger des Muftis leichtes Spiel. Sie brauchten nur Gerüchte zu verbreiten, die schnell die Runde machten. »Die Juden wollen die Al-Aksa-Moschee zerstören, die Juden töten arabische Kinder und vergewaltigen arabische Mädchen«, verkündeten hysterisch schreiende Stimme von den Minaretten, und schon stürmten aufgewiegelte Horden mit Messern und Äxten in die Städte, um Juden abzuschlachten.

Die Juden waren zu jener Zeit noch dabei, eine eigene Schutztruppe aufzubauen. Die englischen Herrscher lebten in der Illusion, dass die Ruhe in Palästina anhalten würde, und verfügten daher nur über geringe Streitkräfte. Die Polizei rekrutierte sich vor allem aus der arabischen Bevölkerung, da sich diese im Gegensatz zu den Juden mit sehr bescheidenen Gehältern zufriedengab. Auf ihre Loyalität konnten sich die Engländer allerdings in dieser Lage nicht verlassen.

Die *Chadschot Ha'jischuw* taten sich schwer, das Geschehen aus erster Hand zu verfolgen. Die verängstigten Reporter wagten es nicht, sich den Brennpunkten der Unruhen zu nähern. Alles geschah so plötzlich und unerwartet! In Wohnvierteln mit gemischter Bevölkerung drangen arabische Aufrührer in jüdische Häuser ein und ermordeten Alte und Junge, Männer, Frauen und Kinder. Es gab auch solche, die Frauen vergewaltigten und ihnen danach die Kehle durchschnitten. Die Häuser der Opfer wurden mitsamt den Leichen in Brand gesteckt. In Tel Aviv erreichte eine tobende Menge die ersten Häuser nördlich von Jaffa, wurden aber von einer kleinen jüdischen Schutztruppe in Schach gehalten. Erst nach zwei Tagen gelang es den Briten mit Hilfe von Verstärkungen aus Ägypten, die Lage unter Kontrolle zu bringen.

Hunderte von Juden und nicht weniger Araber starben oder wurden verletzt. Ein Teil der Araber wurde von ihren eigenen Leuten getötet. Die Aufrührer erlitten schwere Verluste durch die Briten, die den Aufstand unter Einsatz von Schusswaffen niederschlugen. Zudem hatten manche Juden sich nicht nur verteidigt, sondern auch Rache geübt. An den Schauplätzen der blutigen Ausschreitungen, besonders in Hebron und Safed, boten sich grauenvolle Bilder, die alle bösen Ahnungen übertrafen. Die Reporter der Zeitung schickten herzzerreißende Berichte. Doch es gab auch andere Geschichten.

Motza, eine Siedlung, die nur wenige Kilometer vor Jerusalem an der Straße liegt, die von der Küstenebene in die judäischen Berge hinaufführt, wurde in den ersten beiden Tagen angegriffen. Arabische Dorfbewohner brachen in das erste Haus am Wege ein, wo eine Familie mit zwei Gästen aus Jerusalem eine Mahlzeit einnahm. Sie massakrierten alle mit Messern und Äxten. Als Einziger der Familie konnte sich ein neunjähriger

Junge retten, der aus einem Fenster im zweiten Stock sprang und in der Dunkelheit fliehen konnte. Sein Name war Mordechai Maklef. Später wurde er schon in jungen Jahren der Generalstabschef der israelischen Streitkräfte.

In der gleichen Nacht wurde das jüdische Viertel in Safed im Norden überfallen. Die Aufrührer schütteten Benzin auf ein jüdisches Wohnhaus und steckten es mitsamt seinen Bewohnern in Brand. Einer Frau gelang es, mit ihrem fünfjährigen Sohn auf dem Arm aus einem der hinteren Fenster zu klettern und im Schutz der Dunkelheit zu fliehen. Der Junge hieß Israel Tal. Auch er bekleidete später als Generalmajor der israelischen Armee und Befehlshaber der Panzertruppen einen wichtigen militärischen Posten.

Nach der Niederschlagung des Aufstands durch die Briten fuhr Sa'ad nach Hebron, wo er Verwandte hatte. Sie hatten sich in ihrem Haus verschanzt, um sich vor Übergriffen zu schützen. Im Keller saß immer noch eine jüdische Familie, die bei ihnen Schutz gesucht hatte.

Sa'ad äußerte sich bewundernd über den Mut seiner Verwandten. Sie erzählten ihm, dass einige Dutzend arabische Familien Juden bei sich versteckt hatten, um sie vor dem entfesselten Mob zu retten. »Wir haben gewusst«, sagte sein Cousin, »dass wir unser Leben riskieren. Wenn die Aufrührer entdeckt hätten, dass wir Juden bei uns verstecken, hätten sie kurzen Prozess mit uns gemacht.«

Während dieser dramatischen Ereignisse im August 1929 war Josef in seinem Tel Aviver Elternhaus in Sicherheit. Da die Sommerferien begonnen hatten, brauchte er nicht in die Schule in Jaffa zu gehen. Er war froh, wieder mit seiner Familie vereint zu sein, aber die Trennung von Wafa schmerzte ihn sehr. Am Anfang der Sommerferien fanden er und Wafa immer neue Gründe, warum sie unbedingt jeweils in die Nachbarstadt fahren mussten. Trotz aller Hindernisse trafen sie sich zu geheimen, aber durchaus nicht kühlen Rendezvous in Parks oder auf Plätzen. Doch es fiel ihnen immer schwerer, Zurückhaltung zu üben. Josef drängte Wafa, offen mit ihren Eltern zu reden.

»Wie stellst du dir das vor?«, fragte sie mit Tränen in den Augen. »Du kannst mit deinen Eltern reden, aber ich? Du bist ein Junge und sechzehn Jahre alt, aber ich bin erst fünfzehn und außerdem noch ein Mädchen. Das ist ein großer Unterschied in unserem Alter. Du kommst aus einer säkularen, weltoffenen Familie. Meine Leute sind zwar nicht religiös und engstirnig, aber wir sind eine muslimische Familie, die fest in der arabischen Gesellschaft verankert ist. Nein, das ist aussichtslos. Wenn ich mit meinen Eltern rede, kommt es zum Bruch zwischen ihnen und mir, und dann können wir uns gar nicht mehr sehen.«

Josef drückte sie an sich und küsste ihr wortlos die Tränen von den Wangen. Er hatte einen Entschluss gefasst. In den Sommerferien wohnten Wafas Geschwister Achmed und Fatma Samara in ihrem Elternhaus in Jaffa. Josef bat Achmed, sich in einem Tel Aviver Café mit ihm zu treffen. Mit ihm konnte er reden wie mit einem älteren Bruder. Josef wusste, dass Achmed sich in Liebesdingen auskannte und schon einige Freundinnen gehabt hatte. Er beschloss, das Risiko auf sich zu nehmen und Achmed sein Geheimnis zu verraten – bis zu einem gewissen Grade.

Achmed hörte schweigend zu. Josef konnte keine Reaktion in seiner unbewegten Miene entdecken. Doch als er seine Geschichte beendet hatte, glitt ein freundliches Lächeln über Achmeds Gesicht.

»Josef, du Schlingel!«, sagte er. »Du hast es ja faustdick hinter den Ohren. Ich habe gar nicht gemerkt, dass du schon so erwachsen bist. Viel Spaß – aber warum gerade mit Wafa? Mit meiner kleinen Schwester, einem unschuldigen Mädchen?«

Josefs Herz setzte einen Schlag aus. Genau das hatte er befürchtet.

Dann brach Achmed in lautes Gelächter aus. Er beugte sich über den kleinen Tisch, an dem sie saßen, und klopfte Josef auf die Schulter. »Ich weiß keinen Ausweg, aber wir werden ihn finden. Fatma wird auch eingeweiht, und dann klopfen wir mit vereinten Kräften die Eltern weich.«

Nachdem Achmed gegangen war, blieb Josef noch eine Weile in dem Café sitzen. Er fühlte sich leer.

Plötzlich fuhr er aus seinen Gedanken auf: Ich muss Wafa finden, sofort! Sie muss erfahren, dass ich mich ihrem Bruder anvertraut habe. Vielleicht wird sie böse oder entsetzt sein, aber wir müssen uns absprechen, damit wir beide die gleiche Version erzählen – dass unsere Liebesgeschichte erst vor ein paar Wochen begonnen hat. Er verabredete sich mit Wafa in Jaffa und erzählte ihr von dem Gespräch mit Achmed. Sie versprach ihm, ihrer Familie nicht zu verraten, dass die Romanze schon jahrelang lief.

Wenige Tage darauf saßen Sa'ad und Lubna mit Fatma und Achmed im Haus der Familie in Jaffa zusammen. Sie unterhielten sich über die politischen Umwälzungen, die über das Land und die Bevölkerung hereingebrochen waren.

Als eine Gesprächspause eintrat, blickte Achmed seinen Eltern fest in die Augen und fragte: »Was sagt ihr dazu, wie Wafa sich in der letzten Zeit entwickelt?«

»Sie macht Fortschritte in der Schule und in ihrem gesellschaftlichen Leben«, erwiderte Sa'ad mit einem erstaunten Blick. »Seit wann nimmst du deine Rolle als großer Bruder ernst? Bisher war davon nicht viel zu merken.«

»Du hast recht, Vater«, erwiderte Achmed, »ich mag meine Bruderpflichten vernachlässigt haben, aber vielleicht habe ich mich deshalb nicht eingemischt, weil ihr als Eltern so vorbildlich für das Wohl eurer Tochter sorgt.« Bei diesen Worten zwinkerte er seiner Schwester diskret zu. »Diesmal muss ich aber doch als großer Bruder sprechen«, fuhr er fort. »Ich möchte euch etwas über Wafa erzählen. Ihr seid doch mit der Familie Zemach befreundet. Wafa ist kein Kind mehr, aber das Gleiche gilt für Josef. Seit er bei euch gewohnt hat, sind beide erwachsen geworden.«

»Und jetzt hast du erfahren, dass sie mehr als gute Freunde sind?«, sagte Sa'ad und lachte. »Glaubt ihr etwa, wir hätten nicht gemerkt, dass sich hinter unserem Rücken eine Romanze anspinnt?«

In gespielter Entrüstung rief Achmed: »Ihr habt es gewusst und geschwiegen?«

»Wir sind anscheinend moderner als ihr«, gab Sa'ad zurück. »Du kannst dir sicher nicht vorstellen, was wir alles über dich und Fatma wissen, und das schon seit langer Zeit. Haben wir euch deshalb zur Rede gestellt oder mit indiskreten Fragen belästigt?«

Bestürzt sahen Achmed und seine Schwester Sa'ad und Lubna an. Doch als sie in den Mienen ihrer Eltern nur Belustigung lasen, schüttelten sie den Kopf und lachten.

»Und was machen wir jetzt?«, fragte Lubna. »Lassen wir für einen Moment die Frage außer acht, was ein nicht muslimischer Freund für unsere Tochter bedeutet. Aber das Mädchen ist erst fünfzehn!«

Fatma und Achmed sahen ihren Vater erwartungsvoll an.

Sa'ad überlegte. »Was wir machen?«, sagte er dann. »Gar nichts! Wir ignorieren die Geschichte und lassen sie in Ruhe. So ist es nun einmal. Junge Leute verlieben sich. Na und? So schnell, wie es angefangen hat, kann es auch wieder vorbei sein. Sie sind noch Kinder, sollen sie doch ihren Spaß haben. Wer weiß, wie lange sie noch sorglos ihre Jugend genießen können. Wie es weitergeht? Kommt Zeit, kommt Rat.«

22

Tel Aviv

– 1929 –

Die blutigen Unruhen, die im August 1929 über Palästina hereingebrochen waren, hatten Martin Buber schwer getroffen. Juval, der von ihm zu einem Interview empfangen wurde, war erschüttert über sein Aussehen.

Er ist unglaublich gealtert, schrieb Juval in sein Notizbuch. *Sein Haar hat sich gelichtet, sein Bart ist weiß, und seine Augen sind von Falten umkränzt. Dabei ist er doch erst einundfünfzig!*

Bubers gedrückte Stimmung hatte seine Gesundheit beeinträchtigt und ließ ihn älter erscheinen, als er war. »Die Ausschreitungen haben mich sehr mitgenommen«, sagte er zu Juval. »Ich habe das Gefühl, mein Lebenstraum ist zerstört.«

Sein Friedensbund hatte in den letzten Jahren Gestalt angenommen und immer mehr muslimische, christliche und jüdische Intellektuelle angezogen. Kürzlich hatten sich auch Geschäftsleute, Industrielle und Beamte für sein Konzept interessiert. Doch nun war alles dahin. »Wer kann nach allem, was geschehen ist, noch an eine arabisch-jüdische Koexistenz glauben?«, fragte Buber mit düsterer Miene.

Juval versuchte, ihn zu trösten. »Gerade jetzt werden denkende Menschen einsehen, wie wichtig und notwendig der Friedensbund für unsere Existenz und unsere Zukunft in diesem Lande ist.«

»Sehr freundlich von Ihnen, das zu sagen.« Buber seufzte. »Aber ich weiß noch genau, was 1914 in Europa passiert ist. Vor dem Krieg gab es eine ideelle und reale Kooperation zwischen den Friedenswilligen in Frankreich und Deutschland. Noch bei Ausbruch des Krieges versuchten diese Kreise, jeder in seinem Land, gemeinsam mit den Arbeiterparteien verzweifelt, den Wahnsinn zu stoppen. Aber dann wurden sie eingezogen und kämpften als begeisterte Patrioten gegen ihre früheren Genossen, die eine andere Uniform trugen. Die Friedensgruppen lösten sich restlos auf, sodass sie sich auch nach dem Ende des Krieges nicht mehr zusammenfanden.«

»Aber bei uns hat kein Krieg stattgefunden«, erwiderte Juval. »Die Kreise, mit denen Sie über den Friedensbund in Kontakt standen, haben sich gegen die Aufrührer gewandt und sich an den Gewalttaten auch nicht beteiligt. Gewiss ist viel Blut geflossen und vieles zerstört worden, aber es war kein allgemeiner Krieg und schon gar kein Weltkrieg.«

»Ich hoffe, Sie haben recht«, entgegnete Buber. »Ich werde alles daransetzen, die Friedensbemühungen wieder in Gang zu bringen. Solange ich noch Anhänger habe, gebe ich nicht auf. Aber ich muss Ihnen gestehen – bitte nehmen Sie das nicht in Ihren Artikel auf –, dass ich alles andere als zuversichtlich bin.«

Die folgenden Jahre verliefen ruhig. Die Bevölkerung sah zumindest dem Anschein nach der Zukunft wieder mit Optimismus entgegen. Die Einwanderung nahm gewaltige Ausmaße an. Die vierte Alija brachte Zigtausende Juden aus Polen und der Sowjetunion nach Palästina. Zwischen 1920 und 1932 wuchs die Einwohnerzahl von Tel Aviv um das Fünfzigfache auf 100 000 Menschen, in Jerusalem war sie bis 1931 auf weit über 90 000 gestiegen.

Martin Buber sollte es nicht gelingen, das Konzept des Friedensbundes in die Tat umzusetzen. Die Differenzen zwischen den Mitgliedern nahmen zu, und zwar nicht nur zwischen den jüdischen und arabischen Anhängern, sondern auch und vor allem unter den Juden selbst. Anfangs glaubte ein Teil der Juden noch an Bubers Idee, doch dann begannen sie, an der Ein-Staaten-Lösung zu zweifeln, und fassten die Gründung zweier eng kooperierender Staaten ins Auge, was nicht in Bubers Sinne war. Es gelang ihm nicht, sie auf seine Seite zu ziehen, und der Friedensbund löste sich nach und nach auf.

Juval beklagte in einem Leitartikel, dass Bubers Ideen zunichtegeworden waren: *Die Hoffnung der Menschen guten Willens ist in Rauch aufgegangen.* Immerhin ließ er auch einige optimistische Worte einfließen: *Die Gemüter haben sich beruhigt. Mit der Zeit werden alle, Araber wie Juden, einsehen, dass es keine Alternative zu einer Zusammenarbeit gibt. Eine andere Lösung existiert nicht. Und dann wird trotz allem Bubers Idee siegen.*

Vor dem Hintergrund der arabisch-jüdischen Spannungen wurde Josef und Wafa geraten, ihre Liebe nicht allzu offensichtlich nach außen zu tragen. Sie konnten sich bei ihren Eltern treffen, aber draußen in der Öffentlichkeit, vor allem in Jaffa, war das eine andere Sache.

»Wenn ihr heiraten wollt –«, sagte Sa'ad eines Tages, doch Lubna fiel ihm ins Wort.

»Wenn ihr heiraten wollt und beide Familien einverstanden sind, dann dürft ihr als Paar in der Öffentlichkeit auftreten. Aber erst, wenn Wafa siebzehn ist.«

Sa'ad nickte lächelnd.

Die Hochzeit von Wafa und Josef war für Anfang 1932 geplant. Die Samaras hatten erst zugestimmt, nachdem ihre beiden älteren Kinder Fatma und Achmed geheiratet hatten. Nun stand dem Glück des jungen Paares nichts mehr im Weg.

Allerdings stand die Frage im Raum, wo die Trauung stattfinden sollte, was zu langen Diskussionen führte. Lubna hoffte, dass ihre Tochter in der Moschee heiraten würde, aber Josef war kein Muslim und hatte auch keine Absicht, zum Islam überzutreten. Wafa hatte ihn nicht darum gebeten, weil die Religion für sie zwar Teil ihrer Identität, aber keine Herzenssache war. Sollten sie sich in der Synagoge trauen lassen, um Sarahs jüdischer Herkunft gerecht zu werden? Oder Werner zuliebe in der Kirche? Am besten war eine Ziviltrauung im Kreis der engsten Angehörigen und Freunde. Europa bot sich als Lösung an.

Aber wo in Europa? Die Samaras plädierten für Paris, zumal sie alle Französisch sprachen, doch Werner wollte nach Deutschland.

»In Paris seid ihr doch schon alle gewesen«, sagte er, »und zwar mehr als einmal. Josef ist immerhin ein halber Deutscher und spricht Deutsch als Muttersprache – oder in seinem Fall eher als Vatersprache«, fügte er lächelnd hinzu. »Aber er war noch nie in Deutschland. Auch Wafa sollte dieses Land kennenlernen, wenn sie einen Mann heiratet, dessen Vorfahren aus diesem Land kommen. Wegen der Sprache braucht ihr euch keine Sorgen zu machen. Kultivierte Deutsche können Französisch, und mit den weniger Gebildeten werdet ihr selten zusammentreffen. Außerdem können Josef, Iris, Michael und ich als Dolmetscher fungieren.«

So reisten die Familien Samara und Simon Anfang 1932 nach Berlin. Zunächst litten alle unter der Kälte. Sogar Werner gab zu, dass er in der Hitze von Jerusalem und Tel Aviv vergessen hatte, was wirklich bittere Kälte ist. Die Hochzeitsgesellschaft machte einen Abstecher nach Württemberg, damit Werner seinem Nachwuchs und der übrigen Familie seine alte Heimat zeigen konnte.

Nachdem sie nach Berlin zurückgekehrt waren, fand die Trauung statt. Sie sollte kurz und bescheiden sein. So hatten alle es gewollt, bis auf Lubna, die nicht sehr glücklich über diese Lösung war. Sie verstand zwar, dass die interkonfessionelle Heirat in einem fremden Land gewissen Zwängen und Einschränkungen unterworfen war, wollte aber trotzdem einen dem Anlass entsprechenden feierlichen Rahmen schaffen und die Zeremonie mit Fotografien festhalten, die allen Beteiligten und vor allem der Familie zu Hause den Aufenthalt in Berlin und die Trauung im besten Licht zeigten.

Lubna tat sich mit ihrer Schwiegertochter Sarah zu einem Gespräch von Frau zu Frau zusammen, das damit endete, dass beide unauffällig die Maße der Brautleute nahmen und in einem Spezialgeschäft ein Brautkleid und einen dunklen Anzug erwarben. Im Hotel packten sie ihre Einkäufe aus und nötigten ihre Kinder, die Sachen anzuprobieren. Zum Glück hatten weder die jungen Leute noch ihre Ehemänner etwas daran auszusetzen.

Am festgesetzten Tag erschien das Brautpaar in Begleitung der Familie und des Fotografen auf dem Standesamt. Wafa trug ein langes weißes Seidenkleid mit Perlenknöpfen. Ihr üppiges schwarzes Haar war im Nacken zu einem kunstvollen Knoten geschlungen. Eine kleine weiße Kappe mit einem halblangen Schleier vervollständigte ihre elegante Erscheinung. In den Händen, die in Satinhandschuhen steckten, hielt sie einen weißen Nelkenstrauß. Josef trug einen Zylinder, einen schwarzen Nadelstreifenanzug und ein weißes Hemd mit Stehkragen und passender Fliege. Aus der linken Brusttasche lugte eine weiße Nelke hervor.

Werner warf einen amüsierten Blick auf das herausgeputzte Paar und sah sich in dem tristen Saal um, in dem ein gelangweilter Standesbeamter in abgetragener Kleidung auf die Hochzeitsgesellschaft wartete. »Perlen vor die Säue«, murmelte er vor sich hin.

Als man nach der Trauung im *Café Viktoria* ein reichhaltiges Mittagessen einnahm, machte Sa'ad den Brautleuten einen Vorschlag. »Wie wäre es, wenn ihr auf die Flitterwochenreise verzichtet, die ich euch versprochen habe, und stattdessen ein Jahr in Berlin studiert?«

Sa'ads Idee überraschte alle. Josef und Wafa waren nicht darauf gefasst gewesen und sahen sich ratlos an. Sa'ad glaubte, sie seien nicht begeistert über seinen Vorschlag, weil sie sich schon auf ihre Flitterwochen gefreut hatten, die sie nur zu zweit ohne ihre Familien verbringen wollten. Er beeilte sich daher, sie zu beruhigen: »Macht euch keine Sorgen, eure Reise entgeht euch nicht! Ihr werdet lange Semesterferien haben und könnt fahren, wohin ihr wollt. Ich übernehme die Kosten, wie versprochen.«

Die beiden jungen Leute sahen sich an.

»Wir haben uns keine Sorgen gemacht«, sagte Wafa strahlend, »wir waren nur völlig perplex. Mit einer solchen Überraschung hätten wir nie gerechnet, habe ich recht, Jussuf?«, sagte sie augenzwinkernd zu Josef, der sich manchmal gefallen lassen musste, dass sie ihn bei seinem arabischen Namen nannte. »Wir sind uns ganz einig, auch wenn wir noch nicht darüber gesprochen haben.«

Josef hatte sich inzwischen von seinem Erstaunen erholt. »Tausend Dank für das großzügige Angebot«, sagte er. »Dürfen wir uns die Sache bis morgen überlegen, damit es nicht nur bei der intuitiven Übereinstimmung bleibt?«

So reiste die Hochzeitsgesellschaft ab, und Josef und Wafa blieben in Berlin. Binnen weniger Tage fanden sie ein möbliertes Zimmer im Souterrain eines schönen Gründerzeithauses, das nicht weit von der Universität entfernt lag. Josef belegte bis zum Herbst einen Vorbereitungskurs an der Universität, um sein Wissen über Deutschland und sein etwas provinzielles und veraltetes Deutsch auf den neuesten Stand zu bringen. Wafa musste die Sprache erst erlernen und schrieb sich für einen Grundkurs ein. In ihrer Freizeit streiften sie in Berlin umher. Sie hatten sich einen Stadtplan gekauft, auf dem die Sehenswürdigkeiten der deutschen Hauptstadt verzeichnet waren. Abends gingen sie ins Kino oder bummelten über den Ku'damm und ließen sich in einem der zahlreichen Straßencafés nieder, um den Berlinern und ihrem Dialekt zuzuhören. Außerdem war das Trottoir vor ihnen wie ein Laufsteg, auf dem sich Männer und Frauen in Aufmachungen präsentierten, die Wafa immer wieder dazu brachten, hinter vorgehaltener Hand zu lachen. Aber insgesamt waren ihnen die Lichter zu grell und die Geräusche zu laut.

»Bei aller Schönheit, Pracht und Exaltiertheit mancher Bewohner ist Berlin in meinen Augen eine traurige Stadt«, sagte Josef eines Abends zu Wafa, als sie Arm in Arm nach Hause schlenderten.

Als wolle er seine Worte bestätigen, trat ein abgerissener Bettler aus dem Schatten und hielt seinen Hut hin. Josef zückte seine Börse und warf eine Münze hinein. »Morgen werde ich mal wieder unsere Eindrücke und Erlebnisse schildern und sie an die *Chadschot Ha'jischuw* schicken«, sagte er.

»Tu das«, entgegnete Wafa und schmiegte sich enger an ihn. »Diese zwei Gesichter der Stadt machen mich unruhig.«

Außer in den reichen Vierteln herrscht überall eine düstere Stimmung, schrieb Josef.

Keiner glaubt mehr an die deutsche Mark. Die Inflation erreicht schwindelnde Höhen. Das Volk hat kein Vertrauen mehr zu seiner krisengeplagten Regierung, die alle paar Monate wechselt. Wenn ich Leute im Café frage, ob sie froh sind, dass Deutschland jetzt eine Demokratie ist, lachen sie mich aus. »Was heißt hier Demokratie?«, sagen sie, »wir haben hier sechs bis acht Millionen Arbeitslose ohne jegliche Unterstützung.«

Diese armen Leute leben auf Kosten ihrer Familie, wenn sie eine haben, oder von Almosen. Vor Suppenküchen, die schlechtes Essen ausgeben, habe ich lange Schlangen gesehen. Manch-

mal stehen die Menschen eine Stunde in der Kälte vor einem Café, wenn eine Tasse Tee oder Kaffee gratis ausgeschenkt wird.

Ich habe mir die Leute angesehen, die sich dort anstellen, berichtete Josef. Manche tragen Lumpen, doch andere sind gut gekleidet. Das ist anscheinend alles, was ihnen geblieben ist – ihr Sonntagsanzug. Graue Menschen mit erloschenem Blick. Die Schirmmütze tief in die Stirn gezogen, um nicht erkannt zu werden. Schweigend stehen sie da, als schämten sie sich voreinander. Das einzige Geräusch ist das Rattern der Straßenbahnen und das Knistern der Funken in der Oberleitung.

Wo soll das alles hinführen?, frage ich mich. Das ist nicht das Deutschland, von dem meine Familie mir in meiner Kindheit erzählt hat. Gibt es keine Lösung? Eines steht fest: So kann es nicht weitergehen. Und zu allem Überfluss verbreiten bewaffnete Banden Angst und Schrecken. Die Parteien haben eigene Milizen. Viele dieser Typen sind Veteranen des Weltkriegs. Männer, denen ihre Welt zusammengebrochen ist. Arbeitslos, teilweise psychisch gestört, schließen sie sich diesen paramilitärischen Gruppen an.

Arbeitslose sind eine leichte Beute für radikale Rechts- und Linksparteien. Sie versprechen ihnen das Blaue vom Himmel, und die armen Leute, die ohnehin nichts zu verlieren haben, fliegen auf diese Schlägertrupps wie die Motten aufs Licht. So hat es mir wenigstens die Lehrerin in meinem Vorbereitungskurs an der Universität erklärt.

Bald sollten Josef und Wafa selbst Zeugen werden, wie ein Schlägertrupp ein Schaufenster zertrümmerte. Das Geschäft gehört dem Namen nach einem Juden. Nachdem die Burschen die Scheiben eingeworfen hatten, schmierten sie Hakenkreuze und die Parole *Juden raus* auf die Wände.

Mit der Zeit erlebten sie solche Szenen immer öfter, und ihr Unbehagen wuchs.

Wie Josef erfuhr, war das Hakenkreuz das Symbol der NSDAP, deren Anhänger kurz als Nazis bezeichnet wurden. Ihr Vorsitzender, ein gewisser Adolf Hitler, war ihm bisher als nicht sehr bedeutender Agitator bekannt gewesen. Doch die Realität belehrte ihn eines Besseren.

Josef musste Wafa immer wieder erklären, was in Deutschland vor sich ging. Sie konnte noch nicht fließend Deutsch lesen und die Gespräche in den Cafés nur teilweise verstehen, sodass sie völlig auf ihn angewiesen war.

»Tut es dir leid, dass wir in Berlin geblieben sind, anstatt nach Paris zu gehen?«, fragte er sie.

»Nein«, gab Wafa zurück. »Französisch kann ich sowieso, und hier lerne ich eine neue Sprache. Außerdem ist in Berlin alles so aufregend und spannend. Ich habe das Gefühl, dass es hier eine Riesenexplosion geben wird. Danach wird die Welt nicht mehr dieselbe sein.«

»Möglich ist alles«, sagte Josef. »Aber es kann sich auch wieder beruhigen. Wie zerstreute Mosaiksteinchen, die sich zu einem Ganzen fügen. Die Wirtschaft wird sich erholen. Die typisch deutsche Ordnung und Disziplin werden sich am Ende schon durchsetzen.«

»Warten wir's ab«, entgegnete Wafa. »Jedenfalls haben wir hier einen interessanten Ausblick auf das Geschehen. Es wäre schade, wenn wir unseren Beobachtungsposten vorzeitig aufgäben.«

Die Zeit in Berlin brachte dem jungen Paar auch viele positive Erlebnisse. Das Studium gefiel ihnen. Nebenbei lernten sie die deutsche Gesellschaft kennen und genossen das Zusammensein mit Studenten aus aller Herren Länder, mit denen sie Ausflüge in Berlin und im Umland unternahmen. Im August machten sie mit einem unterhaltsamen Kapitän eine Schiffstour auf der Spree nach Köpenick, und eine Woche später campierten sie mit ihren Kommilitonen am Wannsee. Der Ausflug nach Potsdam gefiel Wafa besonders. Schloss Sanssouci und seine Gärten brachten sie zum Staunen.

Bei einem ihrer Streifzüge durch die Stadt hatten Josef und Wafa einen neuen Freund gewonnen, er hieß Hirsch Lewin und hatte eine Buchhandlung in der Grenadierstraße. Er war, wie er ihnen erzählte, gerade dabei, einen eigenen Schallplattenverlag zu gründen.

Dann wurde, mitten im Studienjahr Ende Januar 1933, Hitler zum Reichskanzler ernannt. Die parlamentarische Demokratie kam zum Stillstand. Josef fiel es schwer, die komplizierten Vorgänge in den Parteien und im Parlament zu begreifen, doch er fühlte, dass die Atmosphäre immer lastender und bedrohlicher wurde.

Josef berichtete ausführlich über das politische Geschehen, und Juval räumte seinen Beiträgen breiten Raum in der Zeitung ein. *Es liegt etwas Dramatisches in der Luft, das nicht nur Deutschland betrifft*, schrieb er. Er war der Meinung, der greise Reichspräsident, Feldmarschall Paul von Hindenburg, habe Hitler an die Macht gebracht, weil er die starken Kommunisten verabscheute und den Bürgerlichen sowie den impotenten Zentrumsparteien nicht traute. Josef schrieb, dass manche behaupteten, Hitler werde mit seinen Horden Ordnung schaffen und dann ausgeschaltet werden. *Der Mohr hat seine Schuldigkeit getan, der Mohr kann gehen.* Ein frommer Wunsch.

Dann erhielt er einen Brief von Juval.

Lieber Josef,
ich habe mich mit deinem Vater beraten. David und ich sind der Meinung, dass hier im Land niemand begreift, was in Deutschland vorgeht. Sogar die Templer, die mit ihren Verwandten in Württemberg korrespondieren, durchschauen das Geschehen nicht. Wer ist dieser Hitler überhaupt? Wir haben hier nur

wenig von ihm gehört. Ich dachte, er sei der Chef einer Krawallbande in Bayern. Solche Banden gibt es genug. Und jetzt ist er Kanzler? Das ist deine Chance, lieber Josef. Erkläre uns die Hintergründe, und kommentiere die Lage.

»Das ist zu viel verlangt«, beklagte Josef sich bei Wafa, als sie nach dem Abendessen in ihrem möblierten Zimmer an dem kleinen Tisch saßen. »Ich kann ja kaum beschreiben, was ich hier sehe. Und jetzt will Juval auch noch Hintergrundartikel und Kommentare von mir!«

»Keine Sorge«, beruhigte ihn Wafa. »Das machen wir gemeinsam. Wir können unsere Professoren um Rat fragen und die Presse studieren. Ich kann ja inzwischen schon fast fehlerlos Deutsch lesen«, sagte sie in scherzhaftem Ton, um ihn aufzumuntern. »Wir können einfach behaupten, dass ich eine Seminararbeit über die politische Lage schreibe und dass du mir dabei hilfst.«

Die beiden fingen an, Hintergrundmaterial zu lesen und sich mit ihren Professoren und deutschen Kommilitonen zu beraten. Sie studierten den Zusammenbruch Deutschlands nach der Niederlage im Weltkrieg. Deutschland war in jedem Bereich und auch in psychologischer Beziehung aus den Fugen geraten. Die Weigerung, die Niederlage einzugestehen und sich damit abzufinden, wurde zum Nährboden des Radikalismus. Wafa und Josef vertieften sich in die Ursachen der beispiellosen Wirtschaftskrise, die das Land plagte. Mehr und mehr wurde ihnen bewusst, wie gedemütigt sich das deutsche Volk fühlen musste. Deshalb begriffen sie auch, was demagogische Hetze in einer solchen Lage bewirken kann.

»Wie sollen wir das unseren Lesern zu Hause erklären? Sie leben weit entfernt von dieser Realität und haben andere Sorgen im Kopf«, stöhnte Josef.

Wafa dachte eine Weile nach. »Kennst du den alten Witz von

den europäischen Großwildjägern in Afrika? Sie kehrten nach Europa zurück und schrieben jeder ein Buch. Der Deutsche schrieb über den Elefanten im Krieg, der Franzose über das Liebesleben der Elefanten, der Engländer über die Elefantenjagd und der Jude über die jüdische Frage und den Elefanten. Warum schreibst du nicht über das neue Regime in Deutschland und sein Verhältnis zu den Juden? Kaum jemand ist dafür so geeignet wie du«, fügte sie mit einem spitzbübischen Lächeln hinzu. »Du bist ebenso Deutscher wie Jude.«

Josefs Lachen hatte einen bitteren Beiklang. »Nach jüdischem Gesetz bin ich von einer jüdischen Mutter geboren und daher Jude, nach christlicher Auffassung bin ich Christ, da ich der Sohn eines christlichen Vaters bin. Ich bin Deutscher, weil mein Vater Deutscher ist, obwohl in meinem Pass steht, dass ich Palästinenser und britischer Untertan bin.«

»Liebster«, antwortete Wafa und legte ihm die Hand auf den Arm, »das beweist erst recht, wie geeignet du für diese Aufgabe bist. Und jetzt musst du dich nur noch hinsetzen und alles aufschreiben.«

Im April 1933 gab es reichlich Grund, über Deutschland und die jüdische Frage zu schreiben. In diesem Monat erging eine Reihe von antijüdischen Gesetzen. Es begann mit einem Arbeitsverbot für Juden in staatlichen oder öffentlichen Institutionen. Jüdische Lehrer und Professoren, Krankenhausärzte und Beamte wurden entlassen.

Eines Morgens kamen Josef und Wafa zum ersten Mal direkt mit den Judengesetzen in Berührung. Als sie zu ihrer Vorlesung über deutsche Geschichte erschienen, war ihr Professor verschwunden. Niemand erklärte ihnen, was mit ihm passiert war. Schließlich erfuhren sie, dass er Jude war.

»Seltsam, sehr seltsam«, sinnierte Josef. »Dieser Mann war für mein Gefühl der leidenschaftlichste deutsche Patriot an der ganzen Universität. Aber das hat ihm unter dem neuen Regime offenbar nicht geholfen.«

Sind diese Juden nun deutsche Staatsbürger oder nicht?, fragte er in dem Beitrag, den er den *Chadschot Ha'jischuw* schickte. *Und woher weiß man überhaupt, ob jemand Jude ist, wenn er sich nicht selbst als Jude erklärt?* Er ahnte nicht, wie bald diese Fragen eine zentrale Bedeutung annehmen und den Auftakt zu unvorstellbaren Entwicklungen bilden würden.

»Sag mal, sind wir nicht auch ins Zentrum des Sturms geraten?« Wafa stand am Fenster und bürstete sich die langen schwarzen Haare. »Du bist Halbjude, und ich bin mit dir verheiratet. Warum sollte das Regime uns verschonen?«

Josef hob ratlos die Schultern. »Bisher haben sie Ausländer noch in Ruhe gelassen. Sie gehen gegen Juden vor, aber nur, wenn sie deutsche Staatsbürger sind. Natürlich müssen wir auf der Hut sein und beobachten, wie weit der Judenhass noch geht.«

Um sich einen tieferen Einblick zu verschaffen, versuchte Josef in der nächsten Zeit, mit Berliner Juden ins Gespräch zu kommen. Bisher war das nicht ganz einfach gewesen. In ihren Augen war er ein komischer Kauz: ein christlich-jüdischer Atheist, der mit einer Muslimin verheiratet war? Aber sein palästinensischer Pass half ihm, Kontakte zu knüpfen. Bei einem Besuch in einem jüdischen Gemeindezentrum entdeckte er am schwarzen Brett eine Einladung zu einem Vortrag, den ein Gast aus Palästina namens Viktor Arlosoroff auf Deutsch halten sollte.

»Wer ist das?«, fragte Josef seine junge Frau, als er nach Hause kam. »Ich glaube, ich habe den Namen schon mal gehört.«

»Das ist doch dieser zionistische Aktivist, oder?«, erwiderte Wafa. Sie stand am Herd und briet Fleischbällchen, die in Berlin Buletten hießen. »Aber er nennt sich nicht Viktor.«

»Jetzt fällt es mir ein«, sagte Josef. »Er heißt eigentlich Chaim. Chaim Arlosoroff. Wie viele Juden aus dem Ausland hat er einen jüdischen und einen nicht jüdischen Vornamen.«

Wafa begleitete ihren Mann zu dem Vortrag in dem dicht gefüllten Saal des jüdischen Gemeindezentrums. Der Gastredner, ein großer, bebrillter junger Mann mit einem dichten Haarschopf, berichtete über seine Bemühungen, bei der Naziregierung eine Ausreiseerlaubnis für deutsche Juden zu erwirken.

»Es geht dabei um Geld«, sagte Arlosoroff. »Die Deutschen werden im Austausch für Gegenleistungen verschiedener Art einer Anzahl von Juden gestatten, das Land zu verlassen. Wir Juden außerhalb von Deutschland müssen für den Export deutscher Waren nach Palästina sorgen, wobei die auswanderungswilligen deutschen Juden diese für überhöhte Preise kaufen können. Natürlich sollen wir auch für den Export solcher Waren in die Vereinigten Staaten sorgen, die bekanntlich von Juden beherrscht werden«, fuhr Arlosoroff in sarkastischem Ton fort. »Auf diese Weise kann eine gewisse Anzahl von deutschen Juden ausreisen. Einen Teil des Erlöses für die Waren wird das Berliner Regime konfiszieren, und den Rest werden die Käufer bekommen, nachdem sie nach Palästina und Amerika eingewandert sind. Die Idee eines solchen Transferabkommens ermöglicht denjenigen jüdischen Einwanderern, denen die Ausreise aus Deutschland erlaubt wird, wenigstens einen Teil ihres Vermögens in Form von deutschen Waren auszuführen, und kommt den wirtschaftlichen Interessen des Regimes entgegen.«

Nachdem Arlosoroff den Saal verlassen hatte, blieben Josef und Wafa zwischen den besorgten jüdischen Zuhörern sitzen, die über ihre Zukunftsaussichten diskutierten.

»Wie kommt ein junger Jude aus Jerusalem dazu, mit den Größen des Nazi-Regimes zu verhandeln?«, fragte der beleibte

Mann, der neben Wafa saß. »Vielleicht ist er ein Träumer, ein Fantast?«

»Er hat Beziehungen«, wusste einer der Versammelten in den vorderen Reihen zu berichten, »und zwar zu den höchsten Nazis. Als junger Mann soll Arlosoroff während seines Studiums an der hiesigen Universität ein Verhältnis mit Magda Friedländer gehabt haben, die heute die Frau von Goebbels ist. Ja, so ist es, mit der Frau von Joseph Goebbels! Was feststeht, ist jedenfalls, dass Arlosoroffs Schwester Dora, die seinerzeit auch hier studiert hat, die beste Freundin von Magda ist. Man sagt, dass sie Magda mit ihrem Bruder bekannt gemacht hat.«

Josef erwähnte dieses Gerücht zwar in seinem Artikel, äußerte sich aber distanziert über solche Klatschgeschichten, von denen sich die deutschen Juden, »die Ärmsten«, wie er sie nannte, ein wenig Unterhaltung und Ablenkung versprachen.

Im Juni 1933 kehrten Josef und Wafa nach Palästina zurück. Schon an Bord des Schiffes, das sie in die Heimat bringen sollte, war ihnen leichter zumute, und als sie in Tel Aviv ankamen, hatten sie das Gefühl, als sei eine schwere Last von ihnen abgefallen. Sie hatten während ihrer Zeit in Berlin nicht wahrgenommen, wie sehr die dortigen Entwicklungen sie belasteten. Doch die neu gewonnene Distanz sollte nicht lange anhalten. Das Geschehen in Deutschland verfolgte sie.

Einige Tage nach ihrer Rückkehr saßen sie in der Redaktion mit Werner und Juval zusammen, als die Nachricht eintraf, dass Chaim Arlosoroff am 16. Juni am Strand von Tel Aviv angeschossen worden und am folgenden Tag im Krankenhaus verstorben war. Im ganzen Land kursierten Gerüchte über die Identität der Täter und ihr potenzielles Motiv. In Deutschland und vor allem unter den Juden munkelte man unter anderem, dass die Mörder von Joseph Goebbels ausgesandt worden waren, dessen Frau eine Jugendliebe Arlosoroffs gewesen war, und nun hieß es,

Hitlers Chefpropagandist hätte mit dem Mord die Spuren der »jüdischen« Vergangenheit seiner Frau auslöschen wollen.

»Nicht zu glauben!« Wafa schüttelte den Kopf. »In Berlin hatten wir keine Ahnung, wie wichtig dieser Mann war und welche Folgen seine Verhandlungen mit Deutschland haben würden.«

»Siehst du?«, sagte Josef zu Juval. »Warum hast du die Berichterstattung aus Deutschland in solch schicksalsschweren Zeiten einem unerfahrenen Jungen wie mir anvertraut?«

Weil ich keine andere Möglichkeit hatte, dachte Juval. Laut sagte er: »Was sind wir denn, die Londoner *Times*? Ich kann mir keinen professionellen Korrespondenten im Ausland leisten. Wen hätte ich beauftragen sollen? Martin Buber?« Als er Josefs pikierte Miene sah, lachte er. »Nimm's dir nicht zu Herzen. Es war nur ein Scherz. Zum Glück hattest du die seltene Gelegenheit, in einer historisch bedeutsamen Situation journalistische Erfahrungen zu sammeln – wie ein Nichtschwimmer, der ins Wasser geworfen wird und notgedrungen schwimmen lernen muss.«

Schon bald nach ihrer Rückkehr wurden Josef und Wafa in einen Strudel von erregten Diskussionen hineingezogen. Wafa und ihre erweiterte Familie gerieten in den Sog der erneuten heftigen Auseinandersetzungen in der arabischen Gesellschaft.

Juval schlug Wafa vor, an der Zeitung mitzuarbeiten. Sie hatte sich während ihres Berlin-Aufenthalts gründlich über Deutschland und das dortige Geschehen informiert und gehörte gleichzeitig zur gebildeten arabischen Elite. Das Argument für ihre Mitarbeit war, dass die jüdischen Leser nicht genug über die Vorgänge in Deutschland und die Umwälzungen in der arabischen Bevölkerung wussten.

»Du kannst, wie früher Mustafa, eine Brücke zwischen den Arabern und unseren Lesern schlagen«, sagte Juval.

»Aber ich bin erst achtzehn und habe keine Erfahrung«, sagte sie und rang die Hände.

»Du hast mehr Erfahrung, Wissen und Beziehungen als die meisten jungen Leute deines Alters«, erwiderte Juval. »Außerdem bist du mit allen Seiten verbunden, die von den Problemen betroffen sind: mit den Arabern, den Juden und den Deutschen. Wenn ich von Deutschen spreche, meine ich nicht nur deine Beziehung zu den Templern, sondern die Erfahrungen, die du in Berlin gesammelt hast, und das genau zu dem Zeitpunkt, an dem die Nazis an die Macht gekommen sind. Kannst du mir jemanden empfehlen, der besser geeignet ist?«

Werner und Josef stimmten Juval begeistert zu. Wafa rang nervös die Hände. Ihr Mann hatte gelernt, an den ausdrucksvollen Bewegungen ihrer langen, schlanken Finger ihre Stimmung abzulesen. Ihre großen Augen blickten Juval unverwandt an. Nur Josef wusste, dass dieser starre Blick seiner Frau Unsicherheit und Furcht ausdrückten.

»Warum kannst du das nicht übernehmen?«, wandte sich Wafa an Josef. »Alles, was ich weiß, weißt du noch besser.«

»Das stimmt nicht ganz«, gab Josef zurück. »Ich kenne mich in der arabischen Welt nicht so aus wie du. Deine Familie hat mich offen und herzlich aufgenommen, aber ich werde nie ganz zu eurem Clan gehören. Uns trennen die Religion und die Muttersprache.«

»Ich schlage vor«, sagte Werner, »dass wir alle gemeinsame Sache machen. Wir werden dich unterstützen, Wafa, wo es nur geht.«

Es dauerte einen Augenblick, bis Wafas Finger sich voneinander lösten. Sie ließ die Hände in den Schoß sinken. In ihre Augenwinkel trat die Andeutung eines Lächelns.

23

Tel Aviv

– 1936 –

Um während der Weltwirtschaftskrise den Verlust von Kapital durch Auswanderung einzudämmen, hatte der deutsche Reichspräsident Hindenburg schon im Dezember 1931 mithilfe einer Notverordnung die sogenannte Reichsfluchtsteuer eingeführt. Diese Abgabenregelung wurde nach der Machtübernahme der NSDAP zu einem engmaschigen Netz ausgebaut. Zur Bewilligung der Ausreise musste man eine Unbedenklichkeitsbescheinigung des Finanzamts vorlegen, die erst erteilt wurde, wenn hohe Summen auf das geschätzte Vermögen bezahlt wurden. Um Fluchtabsichten schon im Vorfeld erkennen zu können, hatten die Behörden veranlasst, dass die Post alle Nachsendeanträge, die Spediteure alle Umzugsaufträge, die Notare alle Immobilienverkäufe und Lebensversicherungen alle Rückkaufabsichten melden mussten. Das betraf natürlich vor allem die Juden, die Deutschland aufgrund der antijüdischen Gesetzgebung in immer größeren Zahlen verlassen wollten. Trotzdem gelang es bis 1939 etwa 60 000 deutschen und österreichischen Juden, nach Palästina zu emigrieren. Die finanziellen und handelspolitischen Regelungen, die Chaim Arlosoroff in den ersten Monaten der Nazi-Herrschaft mit den Deutschen getroffen hatte, blieben mehr oder weniger bis zum Ausbruch des Zweiten Weltkriegs wirksam.

Juval konnte sich nicht immer mit den Beiträgen identifizieren, die Wafa im Laufe des Jahres 1936 für die *Chadschot Ha'jischuw* schrieb. Auch Sarah, die seinerzeit manche antizionistischen Äußerungen in den Artikeln von Wafas Großvater Mustafa als störend empfunden hatte, war nicht mit allem einverstanden, was Wafa zu Papier brachte. Aber es ließ sich nicht leugnen, dass immer mehr Araber den Eindruck hatten, ihr Einfluss und ihre Rechte würden durch die jüdische Einwanderung immer mehr eingeschränkt. Juval wiederum fiel es schwer, die jüdischen Leser mit den bitteren Vorwürfen der arabischen Gesprächspartner Wafas zu konfrontieren, aber er mochte ihr keine Zensur auferlegen. Er bekam viele empörte Leserbriefe und Drohungen, dass man die Zeitung abbestellen würde. Nicht wenige Leser kündigten tatsächlich das Abonnement. Doch Juval stand wie ein Fels in der Brandung. Seine Antwort auf die Proteste lautete immer: »Sie brauchen Frau Simon nicht beizupflichten, aber wollen Sie nicht wissen, wie unsere Nachbarn uns sehen?«

Wafa rechtfertigte das Vertrauen, das man in sie gesetzt hatte. Was ihr zugutekam, war nicht nur ihre intime Kenntnis der arabischen Gesellschaft, sondern auch ihr Schreibtalent, das sich ständig weiterentwickelte. Niemand von den jüdischen Redaktionsmitgliedern, geschweige denn von den Reportern hätte ihrer Aufgabe gerecht werden können. Auch ihr Ehemann und ihre Schwiegereltern waren nicht dazu in der Lage. Die Verständigung mit der arabischen Bevölkerung wurde immer schwieriger. Josef, dessen Arabischkenntnisse mittelmäßig waren, galt bei den Arabern als Jude. Sein Vater Werner hätte es als Deutscher vielleicht noch eher geschafft, mit Arabern ins Gespräch zu kommen, aber er war zu beschäftigt. Die dramatischen Ereignisse in der Templergemeinschaft hielten ihn in Atem.

Diese Gemeinschaft hatte viel von ihrem besonderen Charakter und ihrer Homogenität verloren. Die Nazi-Propaganda schlug Wurzeln in ihren Siedlungen. Werner berichtete in einer Reportage, wie die von der NSDAP geschickten Besucher aus Deutschland dort auftraten:

Sogar in den Schulen ist ihr Einfluss zu spüren. Einstweilen verzichtet die Propaganda noch auf antisemitische Hetze. Die Emissäre sehen ein, dass die kleine Minderheit von Templern sich gegen eine starke arabische und jüdische Mehrheit behaupten muss. Doch sie werden bald einen schärferen Ton anschlagen. Das Schriftmaterial, das sie in Schulen, Gemeindezentren und Kirchen hinterlassen, trieft vor Antisemitismus.

Bei einer Fahrt nach Jerusalem sah Werner mit Entsetzen eine Hakenkreuzfahne über dem *Hotel Fast*, dem Templerhotel, wie es wegen seiner Eigentümer, einer Templerfamilie, genannt wurde. Als er sich bei der Rezeption erkundigte, was das zu bedeuten habe, sagte man ihm, das deutsche Konsulat habe die oberen Stockwerke als Büroräume gemietet und dort die offizielle deutsche Flagge gehisst.

Die Zukunft unserer Templergemeinschaft in Palästina steht auf Messers Schneide, schrieb Werner in einem Kommentar. *Das Land ist teilweise jüdisch besiedelt und steht unter britischer Herrschaft. Die Briten haben zwar nach dem Weltkrieg offiziell Frieden mit Deutschland geschlossen, doch die Stimmung, die sich in der letzten Zeit in Europa breitgemacht hat, verheißt den deutschstämmigen Einwohnern nichts Gutes.*

So besorgt die jüdische Gemeinschaft über die Nachrichten aus Deutschland war, so optimistisch beurteilten sie ihre eigene Situation. Die Einwanderung nahm nicht zuletzt wegen der Nazi-Gefahr in Europa ständig zu. Die jüdische Wirtschaft entwickelte sich mit Riesenschritten und verbesserte die Lebensbedingungen nicht nur der jüdischen, sondern der gesamten Bevölkerung. Die Einwohnerzahl von Tel Aviv hatte sich seit dem Ende des Ersten Weltkriegs bis 1939 verhundertfacht.

Wafa beschrieb die Reaktion der Araber auf das Anwachsen der jüdischen Bevölkerung:

Ihr Juden versteht nicht, warum die Araber so besorgt und verbittert sind. Ihr habt ihnen doch den Fortschritt gebracht. Dieser Fortschritt zieht zwar viele Araber aus den Nachbarländern an, die hier Arbeit finden. Aber was macht ihr, meine jüdischen Freunde, in eurer zionistischen Bewegung? Ihr holt Menschen aus industriell entwickelten Ländern und siedelt sie hier in Gebieten ohne Straßen, Strom und Wasser an. Warum? Weil euch die Menschenwürde wichtiger ist als die Infrastruktur. Wohlgemerkt, eure Menschenwürde. Ihr solltet euch bemühen, auch die Araber in diesem Land zu verstehen, die genauso denken und fühlen. Und was ist, wenn Amin el Husseini wieder einen blutigen Aufstand vom Zaun bricht?

An dem Tag, als Wafas Artikel erschien, saß David im Warteraum des Assuta-Krankenhauses in Tel Aviv, in das Neta gerade eingeliefert worden war. Als er den Artikel der Frau seines Enkels las, verspürte er mit einem Mal panische Angst. Sein Herz raste, ihm wurde übel. Einer Frau, die neben ihm saß, fiel sein Zustand auf, und sie rief einen Arzt herbei. Man beschloss, ihn stationär aufzunehmen und gründlich zu untersuchen.

Neta und David sollten nicht mehr gemeinsam nach Hause zurückkehren. Sarah, die ihre Eltern täglich im Krankenhaus besuchte, verriet der Familie und den Freunden nicht, was den Herzanfall ihres Vaters ausgelöst hatte. Er war alt, und sein Gesundheitszustand hatte sich in den letzten Jahren sehr verschlechtert.

»Kein Wunder, dass er wegen der Sorge um Mama zusammengebrochen ist«, sagte sie zu allen, die sich nach David erkundigten.

David starb nach wenigen Tagen. Sarah und Werner holten Neta zu sich. Die Ärzte hatten gesagt, Neta solle nicht allein im Krankenhaus bleiben, weil das ihrem Zustand nur schaden würde. Aber der Ortswechsel half nicht. Kurz darauf starb auch sie.

Nach Davids Tod hatte die Familie mit Mühe die Fassung bewahrt, um die schwer kranke Neta nicht zu belasten. Sie hatten ihr die schlimme Nachricht verschwiegen und sich bemüht, die eigene Trauer zu unterdrücken. Doch als dann auch Neta starb, brach der Schmerz umso stärker hervor. Davids und Netas Kinder und Enkel verzehrten sich vor Kummer und Gewissensbissen. Hatten sie das alternde Paar in den letzten Jahren nicht ein wenig vernachlässigt? Gewiss, es gab alle möglichen Gründe: die Arbeit, die Ehepartner, Kinder und Freunde …

»Alles, was wir sind und haben, und alles, womit wir uns beschäftigen, kommt doch letztlich von den Eltern«, sagte Sarah mit Tränen in den Augen.

Allmählich füllte sich die Wohnung mit Verwandten und Bekannten. Alle musterten sich gegenseitig mit verstohlenen Blicken. Der Anblick der Verstorbenen flößte ihnen Gedanken ein, die sich um das eigene Sterben und den Tod geliebter Menschen drehten.

»Als Nächster bin ich in der Reihe«, murmelte Werner. Niemand ahnte, dass er unter Schwermut litt. Er sah jung aus für sein Alter, war aktiv und voller Energie und hatte sich seine jugendliche Figur bewahrt. Sogar sein volles weißes Haar ließ ihn nicht älter erscheinen. Vielleicht machte ihn die widerspenstige Locke über der Stirn sogar jünger. Und doch fühlte er, der nie über sein Alter nachgedacht hatte, sich mit einem Mal unendlich müde.

Als die Trauergäste, darunter auch die ganze Familie Samara, hinter dem Sarg hergingen, hatten sie alle auf einmal das Gefühl, dass eine Ära zu Ende ging. Jetzt waren sie plötzlich allein mit der Zukunft.

Am 19. April 1936 begann der von Wafa vorausgesehene arabische Aufstand. Er richtete sich gegen die Engländer, aber genauso gegen die jüdische Präsenz in Palästina, und erinnerte an die blutigen Unruhen von 1929, nahm jedoch wesentlich größere Ausmaße an und dauerte drei Jahre.

Juval schickte seine Reporter los und stellte fest, dass die Engländer – oder zumindest die einfachen englischen Soldaten – durch die Bank das Gefühl hatten, dass die Juden an dem Aufstand schuld waren.

»Die Juden sind zu weit gegangen mit ihrer Einwanderung«, war der Tenor, »und wir haben sie gewähren lassen.«

»Soll das heißen«, fragte Juval seine Berichterstatter bei der Redaktionssitzung, »dass die Engländer sich nicht besonders anstrengen werden, um den Aufstand niederzuschlagen und die Juden zu schützen?«

»Vermutlich werden sie mit aller Härte gegen die Araber vorgehen«, entgegnete einer der Reporter. »Die Briten sind besorgt über die Entwicklungen in Europa und befürchten einen Krieg. Die Italiener, die mit Hitler verbündet sind, haben sich in Libyen etabliert und fallen jetzt über Äthiopien her. Was wird aus dem Suezkanal, wenn sie sich jetzt auch dort festsetzen? Im Spanischen Bürgerkrieg haben sich Italien und Deutschland mit Franco verbündet. In dieser Situation müssen sich die Engländer den Rücken freihalten und dafür sorgen, dass ihnen die Herrschaft über Palästina nicht entgleitet.«

In dieser prekären Lage drohte der jüdischen Gemeinschaft eine neue Gefahr. Auf Anordnung des Arabischen Hohen Komitees hatte die Leitung des Hafens von Jaffa, der fest in arabischer Hand war, den Streik ausgerufen. Diese Maßnahme war gegen die Briten und die Juden gerichtet, doch letztlich litten nur die Juden darunter, da Jaffa ihr einziger Hafen und Zugang zur Außenwelt war. Die Engländer hatten noch andere, militärische Verbindungswege nach Palästina.

Am 23. April 1936 wurde der Hafen ganz stillgelegt. Plötzlich befanden die Juden in Palästina sich im Belagerungszustand. Sie konnten keine Waren importieren oder exportieren und das

Land nicht mehr verlassen. Der legendäre Bürgermeister von Tel Aviv, Meir Dizengoff, war alt und krank. Trotzdem fuhr er in aller Eile zum britischen Hochkommissar Arthur Wauchope nach Jerusalem und erwirkte dessen mündliche Genehmigung, in Tel Aviv einen Hafen zu bauen. Obwohl Dizengoff anschließend zum Abendessen in der Residenz des Hochkommissars eingeladen wurde, entschuldigte er sich mit seinem schlechten Gesundheitszustand und kehrte sofort nach Tel Aviv zurück.

Sarah, die für die *Chadschot Ha'jischuw* über die Schließung des Hafens von Jaffa berichtete, erfuhr von der überstürzten Reise des Bürgermeisters nach Jerusalem und beschloss, vor seinem Haus notfalls auch bis in die späte Nacht auf seine Rückkehr zu warten. Sie war nicht die Einzige. Halb Tel Aviv hatte sich vor Dizengoffs Haus versammelt und wartete besorgt darauf, was er aus Jerusalem mitbringen würde.

Als der Bürgermeister am späten Nachmittag zurückkehrte, berief er die Spitzen der jüdischen Organisationen, Parteien und Wirtschaft zu einer eiligen Sitzung ein. Sie kamen überein, den Stier bei den Hörnern zu packen und auf der Stelle mit dem Bau eines Hafens in Tel Aviv zu beginnen. Eine primitive Mole und ein Pier mussten vorerst genügen. Sarah und die anderen Neugierigen, die sich im Warteraum neben dem Sitzungssaal drängten, waren überrascht, wie kurz die Beratungen waren. Nur in einer extremen Notlage konnte ein Beschluss so schnell gefasst werden.

Zu den Sitzungsteilnehmern, die den sofortigen Bau des Hafens gefordert hatten, gehörte auch David Ben-Gurion, der Vorsitzende des Dachverbands der Gewerkschaften. Er versprach, unverzüglich Tausende Arbeiter aus allen Teilen des Landes für das Projekt zu mobilisieren. In der Tat fanden sich noch in der Nacht freiwillige Arbeitskräfte und alles, was an Geräten, Maschinen, Beleuchtung, Lastwagen und Baumaterial notwendig war. Man hatte das Gefühl, dass die ganze jüdische Gemeinschaft sich an dem großen Werk beteiligte. Die Jugendbewegung übernahm die Bewachung, um mögliche Angriffe und Sabotageakte abzuwehren. Vor allem das Gebiet zwischen Tel Aviv und Jaffa wurde gesichert. Am nächsten Morgen waren die Mole und der Pier im Rohbau fertig.

Dizengoff, der den Bau überwacht und die ganze Nacht kein Auge zugetan hatte, stieg im Morgengrauen erschöpft und von Schmerzen geplagt in sein Auto und ließ sich nach Hause fahren.

Auch Sarah hatte nicht geschlafen, sondern die nächtlichen Bauarbeiten in fieberhaftem Eifer dokumentiert. *Ob irgendwo auf der Welt in Friedenszeiten jemals ein solches Projekt über Nacht durchgezogen wurde, ist zu bezweifeln*, schrieb sie. Sie hätte den Bürgermeister gern interviewt, wusste aber nicht, wie sie an ihn herankommen sollte.

Auf dem Heimweg mit dem Fahrrad sah sie ihn plötzlich im Auto an sich vorbeifahren und folgte ihm. Zu Hause wird er jetzt sicher etwas essen und schlafen wollen, dachte sie. Aber vielleicht lädt er mich auch zu einer Tasse Kaffee ein. Anscheinend war sie die Einzige, die auf diese Idee kam. Die anderen Journalisten und die Honoratioren der Stadt hatten sich zurückgezogen, um dem alten kranken Dizengoff seine wohlverdiente Ruhe zu gönnen. Doch Sarah war hellwach und besessen von dem Gedanken, Dizengoff interviewen zu müssen, und zwar sofort.

Vor dem Haus, in dem der Bürgermeister in einer kleinen Dachwohnung lebte, stand kein Wachtposten. Ein Jahr nach dem Tod seiner Frau Zina hatte er das Haus, das er auf dem 1909 bei der Verlosung der Parzellen erworbenen Grundstück erbaut hatte, der Stadt Tel Aviv vermacht und gebeten, nach seinem Tod ein Museum daraus zu machen.

Sarah trat in den Flur und stieg hinauf zu Dizengoffs Wohnung. Sie stellte fest, dass die Tür nicht verschlossen war, und schob sie auf. Die Haushälterin, die gerade aufgewacht war, starrte Sarah bestürzt an. Doch bevor sie die ungebetene Besucherin fragen konnte, wer sie sei und was sie hier zu suchen habe, klingelte das Telefon. Die Haushälterin nahm den Hörer ab.

Am Apparat war der Adjutant und Dolmetscher des britischen Hochkommissars. Er verlangte, auf der Stelle *Mister* Dizengoff zu sprechen. Es half nichts, dass die brave Haushälterin dem Anrufer erklärte, in welchem Zustand sich der Bürgermeister befand. Der Adjutant bestand darauf, den Hochkommissar sofort mit ihm zu verbinden. Sie hatte keine Wahl, als Dizengoff wieder zu wecken.

»Herr Bürgermeister«, sagte der Hochkommissar, »es tut mir sehr leid, dass ich Sie so früh aus dem Schlaf reißen muss, aber ich habe soeben ein Telegramm vom Kolonialministerium in London bekommen. Meine Empfehlung, Ihnen den Bau eines Hafens in Tel Aviv zu gestatten, ist abgelehnt worden. Wenn ich mich nicht irre, wollten Sie schon heute mit den Vorbereitungen für den Bau einer Mole und eines Piers beginnen. Doch das ist nun nicht mehr möglich.«

Dizengoff war nicht sehr überrascht, da er »die Tricks des perfiden Albion« schon zur Genüge kannte. Er antwortete mit fast sadistischer Genugtuung: »Exzellenz, der Hafen ist bereits fertig, Mole und Pier sind aufgrund Ihrer gestrigen Genehmigung schon gebaut worden.«

Nach kurzem Schweigen holte der Schotte tief Luft. »Soll … soll das ein Witz sein?«, stammelte er.

»Gott behüte«, erwiderte Dizengoff, »wie käme ich kleiner Mensch dazu, mit dem höchsten Repräsentanten der britischen Krone zu scherzen?«

Nach einer weiteren Pause brach Wauchope zu Dizengoffs Überraschung in lautes Gelächter aus. »Eins zu null für Sie, Dizengoff«, sagte er. »Sie haben es meinem schottischen Humor zu verdanken, dass ich mir diesen Tritt in den Hintern gefallen lasse. Viel Erfolg mit dem Projekt.«

Als Dizengoff aufgelegt hatte, sah er sich um und erblickte Sarah, die hinter ihm auf einem Stuhl Platz genommen hatte. Er kannte und schätzte sie als tüchtige Journalistin und erinnerte sich noch gut an ihren Vater, mit dem er vor Jahren vor Cemal Pascha gestanden hatte. Aber was hatte sie in seinem Haus zu suchen? Wie war sie hineingekommen?

Sarah war nicht weniger verwirrt als er. Sie hatte nicht vorgehabt, dem Bürgermeister auf diese Weise zu begegnen. Sicher würde er ihr wegen ihrer Zudringlichkeit sofort die Tür weisen. Von einem Interview kann keine Rede sein, dachte sie, weder an diesem Morgen noch an anderen Tagen.

Doch Dizengoffs abgrundtiefe Müdigkeit war einer euphorischen Stimmung gewichen. Er klopfte Sarah auf die Schulter und sagte lächelnd: »Wenn Sie schon hier sind, können wir auch eine Tasse Tee trinken. Ich bin ohnehin so aufgeregt, dass ich nicht schlafen kann. Sie profitieren von der Situation, Frau Simon.«

»Sie kennen mich?«, fragte Sarah verwundert.

»Ich erinnere mich an jeden Journalisten, der mir je begegnet ist, und sei es nur, um ihm aus dem Weg zu gehen«, antwortete der Bürgermeister lachend. »Was möchten Sie wissen?«

»Ich habe verschiedene Fragen«, antwortete Sarah, »aber lassen Sie mich mit der letzten anfangen. Ich bin unabsichtlich Zeuge Ihres Gesprächs mit dem Hochkommissar geworden. Das heißt, ich habe Sie gehört, aber nicht ihn.«

Dizengoff nickte. »Ich werde Ihnen erzählen, was er gesagt hat, wenn ich nicht mitten im Satz an diesem Tisch einschlafe. Sie müssen mir aber versprechen, dass Sie nichts davon schreiben. Es muss unter uns bleiben«, sagte er und sah Sarah mit festem Blick an. Sie biss sich auf die Lippen und nickte gehorsam.

»Was blieb mir anderes übrig?«, sagte sie später zu Juval, als ihr Bruder bei der Redaktionssitzung bedauerte, dass sie diese Geschichte nicht drucken durften. Die Redakteure hatten Sarahs Bericht mit Genugtuung und Gelächter aufgenommen, waren aber ebenfalls enttäuscht, dass Dizengoff Sarah zum Schweigen verpflichtet hatte.

Anfang September 1936 verschlechterte sich der Zustand des Bürgermeisters so sehr, dass er ins Assuta-Krankenhaus eingeliefert wurde. Er sollte es nicht mehr verlassen.

Sarah gehörte zu den zahlreichen Besuchern, die an seinem Bett standen. Sein großer Kopf ragte unter der leichten Decke hervor, die ihn bis zu den Füßen verhüllte. Als er Sarah erblickte, verzog er das Gesicht. Sarah sah ihn verwirrt an. »Ist der Herr Bürgermeister böse auf mich?«, fragte sie mit bebender Stimme. »Habe ich mein Versprechen nicht gehalten?«

»Wer glauben Sie denn, wer Sie sind?«, antwortete Dizengoff in gespieltem Zorn. »Haben wir zusammen im Sandkasten gespielt? Sind wir in dieselbe Klasse gegangen? Warum habe ich meine Zeit an Sie verschwendet, als ich nichts mehr gebraucht hätte als ein paar Stunden Schlaf? Ich habe Ihnen von dem Telefongespräch erzählt, *damit* Sie es veröffentlichen! Haben Sie das nicht begriffen?« Dizengoff schob eine Hand unter der Decke hervor und streckte sie Sarah entgegen. »Liebe Frau Simon«, sagte er lächelnd, »ich bin froh, dass ich kurz vor meinem Ableben noch die Chance hatte, eine erfahrene Journalistin ihr Handwerk zu lehren.«

Meir Dizengoff starb am 23. September 1936.

24

Tel Aviv

– 1939 –

Gegen Ende der Dreißigerjahre legte sich der arabische Aufstand allmählich. Im Oktober 1937 hatte London einen neuen Befehlshaber für die 30 000 in Palästina stationierten Soldaten ernannt: Generalmajor Bernard Law Montgomery. Der schneidige Offizier war entschlossen, der Sache ein Ende zu machen.

Nachdem er das Kommando übernommen hatte, verfolgten die Briten eine härtere Gangart gegenüber den arabischen Aufrührern. Sie schlugen den Aufstand erbarmungslos und mit allen ihnen zur Verfügung stehenden Mitteln nieder, wobei es auch zu Folterungen und Hinrichtungen kam. Die Zeit drängte, da sich die düsteren Wolken über Europa verdichteten. Doch die Engländer verließen sich nicht nur auf Brutalität. Sie wandten das bekannte Prinzip von Peitsche und Zuckerbrot an. Während die Araber noch ihre Wunden leckten, veröffentlichte London gewissermaßen zum Ausgleich am 17. Mai 1939 ein Weißbuch, das die jüdische Einwanderung nach Palästina drakonisch beschränkte.

Seit Hitler an die Macht gekommen war, hatte sich eine Viertelmillion deutsche Juden auf den Weg nach Palästina gemacht. 1938 erreichte die Fluchtwelle ihren Höhepunkt. Der »Anschluss«, also die Eingliederung von Österreich ins Deutsche Reich im März 1938, war in der *New York Times* als die Vergewaltigung Österreichs, *the rape of Austria*, bezeichnet worden, aber das Jubelgeschrei der Österreicher und vor allem der Wiener hatte nicht wie der Hilferuf eines Volkes geklungen, dem

Gewalt angetan wird. Und die Gewalt gegen Juden in Wien hatte schon vor dem Einmarsch der deutschen Truppen eingesetzt. Die Unterdrückung der deutschen Juden geschah auf Anweisung von oben und wurde im Allgemeinen von der Öffentlichkeit gehorsam oder zumindest ergeben hingenommen. Doch in Wien gingen ganze Horden auf die Straße, um Juden zu attackieren, ohne auf Direktiven oder Initiativen von oben zu warten. Sie zerrten Juden jedes Alters aus ihren Häusern und zwangen sie, die Bürgersteige mit Zahnbürsten zu putzen. Eine jugendliche Bande drang in das Haus eines siebenundachtzigjährigen Juden namens Samuel Chasai ein, dessen Übertritt zum Christentum im Kindesalter offenbar keinen Eindruck auf sie machte, und befahl ihm, sich an der Reinigung des Trottoirs zu beteiligen. Da er nur einen Hausmantel trug, bat er um zwei Minuten Zeit, um sich anzukleiden. Er ging ins Schlafzimmer und kam mit der Uniform eines österreichischen Feldmarschalls aus dem Ersten Weltkrieg heraus, komplett mit Orden, Militärstiefeln und Säbel. »Meine Herren«, sagte er, »ich stehe zu Ihrer Verfügung.« Die jungen Eindringlinge sahen sich verlegen an und verließen schweigend die Wohnung.

Bei einer Redaktionssitzung Anfang Juni 1939 bat Juval Werner, das Geschehen in Deutschland und Österreich zu kommentieren.

»Dazu bin ich nicht in der Lage«, erwiderte sein Schwager. »Ich verstehe einfach nicht, was da passiert. Solange es um Antisemitismus ging, habe ich ihn auf Vorurteile gegen andersartige Menschen zurückgeführt, wie es sie in jeder Gesellschaft auf die eine oder andere Weise gibt. Die Deutschen hatten schon immer Vorurteile gegen die Juden, aber auch im Verhältnis zwischen Katholiken und Protestanten gibt es Ressentiments. Sie heiraten im Allgemeinen nicht untereinander, weil sie keine ›Mischehe‹ eingehen wollen. Aber was jetzt mit den Juden geschieht, übersteigt mein Fassungsvermögen. Mir ist, als bräche meine Welt zusammen. Ich kann nicht über etwas schreiben, was ich nicht begreife!« Er schüttelte resigniert den Kopf.

Juval sah in die Runde, aber es fand sich niemand in der Redaktion, der sich imstande fühlte, diese Vorgänge zu kommentieren. Die Mitarbeiter wollten sich auf Berichte beschränken und behaupteten, das Thema sei zu emotional, um es zu erklären.

»Die Tatsachen sprechen für sich«, fasste Sarah zusammen.

»Ich werde versuchen, die junge Generation für einen Kommentar zu gewinnen«, sagte Juval am nächsten Morgen zu seiner Frau.

Miriam stand in der Küche und schnitt Zwiebeln, Knoblauch und Tomaten für die Shakshuka klein. »Wir können Josef und Wafa zum Abendessen einladen«, sagte sie. »Vielleicht sind sie in kleiner Runde besser zu überzeugen.«

Während das Gemüse in Olivenöl vor sich hin simmerte, dachte sie, dass es ihrem Mann wohl kaum gelingen würde, die beiden zu überreden.

Am Abend erschienen Josef und Wafa im Hause Zemach. Miriam servierte Hummus mit zahlreichen Beilagen. Das Essen war noch nicht beendet, als Juval schon auf das Thema zu sprechen kam, was ihm einen kritischen Blick von Miriam eintrug.

»Ihr beiden habt doch die Machtergreifung der Nazis miterlebt«, sagte er, »und ihr verfolgt laufend das Geschehen in Deutschland. Könntet ihr nicht doch darüber schreiben?«

»Nein«, erklärte Wafa entschieden. »Ich habe genug mit dem Aufruhr in Palästina zu tun. Ein Glück, dass ihr eine hebräische Zeitung herausgebt. Bei den Arabern weiß kaum jemand, was da drinsteht. Sonst würden meine arabischen Freunde mich in der Luft zerreißen. Für mich ist es sowieso nicht leicht. Die Flüche und Schimpfworte, die ich von den jüdischen Freunden und Bekannten meines Mannes einstecken muss, reichen mir völlig. In ihren Augen unterstütze ich die arabischen Aufständischen, weil ich versuche, sie zu verstehen. Und jetzt soll ich euren Lesern den Antisemitismus der Nazis erklären? Selbst wenn ich mehr über diesen Irrsinn wüsste, könnte ich nicht darüber schreiben.«

Juval sah die junge Frau an, die ihrem Herzen so aufrichtig Luft gemacht hatte. An ihrer Stelle hätte ich genauso reagiert, dachte er. Während er sie betrachtete, fiel ihm auf, dass ihre gertenschlanke Figur sich gerundet hatte. Hat sie zugenommen, oder ist sie schwanger?, fragte er sich. Und wenn sie ein Kind bekommt, wird es dann muslimisch, christlich oder jüdisch sein?

Das Abendessen war dennoch nicht völlig vergebens gewesen. Als Josef am nächsten Morgen in der Redaktion erschien, begrüßte er alle kurz und wandte sich dann an Juval: »Ich könnte versuchen, ab und zu einen kleinen Kommentar über die Entwicklung in Deutschland zu schreiben, obwohl ich die Hintergründe kaum kenne. Mir geht die Situation ans Herz. Ich bin halb Jude und halb christlicher Deutscher. Also sollte ich wenigstens versuchen, mir ein Bild von dem zu machen, was vorgeht.«

Werner sah seinen Sohn an. Er war zu Tränen gerührt und zugleich sehr erleichtert. Vielleicht können wir mit Josefs Hilfe den Nebel lüften, der die tragischen Ereignisse verhüllt, dachte er.

Josef besuchte als Erstes die Templer in ihren Siedlungen. Bei den Gesprächen mit ihnen wurde ihm klar, in welchem Dilemma sie sich befanden. Sie hatten die deutsche Niederlage im Weltkrieg nicht weniger schmerzlich empfunden als ihre Glaubensgenossen in Deutschland. Doch im Gegensatz zu den deutschen Templern litten sie in Palästina unter der Herrschaft der feindlichen Engländer. Zwanzig Jahre zuvor waren sie sogar vorübergehend vertrieben worden. Und nun fand Deutschland zu seiner früheren Größe zurück. Musste das etwas Schlechtes sein?

Viele Mitglieder der Gemeinschaft wussten sich keinen Rat. Einerseits waren sie stolz auf das wieder erstandene Deutschland, andererseits konnten sie den Rassismus, die Brutalität und die Grausamkeit der Nazis nicht leugnen. Sie waren gewohnt, in friedlichem Einvernehmen mit ihren Nachbarn, den Arabern und Juden, zu leben. Nach anfänglichen Schwierigkeiten hatten sie sich sogar mit den Engländern arrangiert.

Dann brach der Krieg aus. Die Deutschen fielen in Polen ein, England und Frankreich erklärten ihnen den Krieg. Die osteuropäischen Juden gerieten in eine verzweifelte Lage. Nach dem Fall Frankreichs sah es ein Jahr lang so aus, als könnte auch England erobert und ganz Europa von den Nazis und ihren Verbündeten überrannt werden.

Auch in Palästina spitzte die Lage sich zu. Werner, der sich nie an die britische Herrschaft hatte gewöhnen können, schrieb eine Artikelserie über die Verbitterung der jüdischen Gemeinschaft wegen der Kehrtwendung der britischen Politik. Die Briten hatten den arabischen Aufstand mit Gewalt unterdrückt, aber nun gingen sie mit der gleichen Härte gegen die Juden vor.

Werner erklärte, dass die Juden trotz allem aufseiten der Engländer stehen würden. *Im Weltkrieg war die Loyalität der Juden gespalten, weil sie entweder auf der Seite der Mittelmächte oder der Entente standen*, schrieb er in einem Artikel. *Doch diesmal werden die Juden Großbritannien gegen die Nazis unterstützen.*

Werners Einschätzung bezog sich allerdings nur auf die offiziellen Vertreter der jüdischen Gemeinschaft in Palästina. Was in der heimlich bewaffneten Miliz, der Hagana, und der radikalen zionistischen Untergrundbewegung *Irgun Tzwai Le'umi* vorging, die sogar den bewaffneten Aufstand gegen die Engländer propagiert hatte, wusste er nicht.

Anfang 1941 gelang es Juval, ein Treffen mit dem einunddreißigjährigen Irgun-Kommandanten David Raziel zu arrangieren. Das Ergebnis war überraschend.

»Ich werde nicht nur die Waffen gegen die Engländer niederlegen«, erklärte Raziel, »sondern mich auch der britischen Armee anschließen, um gegen Deutschland und seine Verbündeten in den Krieg zu ziehen.«

Juval schaute ihn verblüfft an.

»Die Engländer kämpfen gegen den größten Feind, den das jüdische Volk je gehabt hat«, fuhr Raziel fort. »Dieser Feind will unser Volk vernichten, und deshalb werde ich mit den Engländern gegen sie kämpfen.«

Juval schrieb nichts über dieses Gespräch. Er glaubte Raziel nicht. Radikale Organisationen führen oft das große Wort, dachte er, aber wer weiß, ob sie ihren Worten Taten folgen lassen.

Einige Monate darauf, im April 1941, kam es im Irak zu einem Militärputsch. Ministerpräsident wurde Raschid Ali al-Gailani. Britische Truppen wurden ausgesandt, um den Putsch niederzuschlagen, und Gailani bat die Achsenmächte um Hilfe. Mit Billigung der Vichy-Regierung wurden etwa dreißig deutsche und italienische Kampfflugzeuge nach Syrien verlegt, um die Iraker zu unterstützen, konnten aber gegen die britische Lufthoheit nicht viel ausrichten. David Raziel und andere Irgun-Leute waren am 20. Mai mit einer britischen Einheit auf dem Weg zu dem schwer umkämpften britischen Luftwaffenstützpunkt Habbaniya in der Nähe von Bagdad, als eine deutsche Fliegerbombe ihn tötete.

Doch nicht alle Mitglieder des jüdischen Untergrunds teilten Raziels Meinung. Sein Partner und Freund Avraham Stern hatte im August 1940 eine Spaltung der Irgun herbeigeführt und eine kleine Untergrundorganisation namens Lechi – *Lochamei Cherut Israel*, Kämpfer für Israels Freiheit – gegründet, die noch radikaler war und erklärte, dass nicht die Nazis, sondern die Engländer die Feinde der jüdischen Gemeinschaft in Palästina seien.

Juval hatte seinen Ohren nicht getraut, als er von der Gründung der Lechi-Gruppe hörte, die den Krieg gegen die Engländer fortführen wollte, obwohl der Zweite Weltkrieg auf Messers Schneide stand. Es hatte ihn einige Mühe gekostet, ein Treffen mit Avraham Stern zu arrangieren, der sich in einer Wohnung in Tel Aviv versteckt hielt.

Bei dem Gespräch erklärte Stern, es komme vor allem darauf an, die Engländer aus Palästina zu vertreiben. Alles andere sei nebensächlich.

»Gerade jetzt, wo die Engländer mit dem Krieg in Europa beschäftigt sind, haben wir gute Chancen«, meinte er.

»Was halten Sie von dem Geschehen in Europa?«, fragte Juval. »Wollen Sie, dass die Nazis siegen?«

»Ich verrate Ihnen ein Geheimnis«, erwiderte Stern, »aber Sie dürfen es nicht publizieren, bevor ich Ihnen grünes Licht gebe.«

»Und wann wird das sein?«, fragte Juval.

»Das hängt vom Kriegsverlauf ab«, sagte Stern. »Wenn Sie mir versprechen, das Geheimnis für sich zu behalten, sind Sie der Erste, dem ich zu gegebener Zeit gestatten werde, den Scoop zu veröffentlichen.«

»Ich verspreche es Ihnen«, versicherte Juval.

»Wenn das so ist, sollen Sie wissen, dass ich Adolf Hitler geschrieben und ihm vorgeschlagen haben, mit ihm zu kooperieren. Ich habe ihm vorgeschlagen, unseren Untergrundkrieg gegen die Engländer zu unterstützen und auszuweiten, wenn er die Juden gehen lässt.«

»Hat Hitler schon geantwortet?«, fragte Juval.

»Noch nicht, aber ich habe den Brief erst kürzlich abgeschickt, und er wird aus begreiflichen Gründen auf Umwegen nach Berlin gelangen. Wir müssen uns also noch etwas gedulden.«

Das Interview hatte Juval nur wenige Informationen geliefert, die für eine Veröffentlichung in den *Chadschot Ha'jischuw* geeignet waren, und die sensationelle Mitteilung, die Stern ihm unter dem Siegel der Verschwiegenheit gemacht hatte, würde er auch dann nicht verwerten, wenn er dessen Erlaubnis erhielt. Er glaubte Stern kein Wort. Ihn beschäftigte nur die Frage, warum ihm der Untergrundchef diese fantastische Geschichte aufgetischt hatte. Es sollte noch lange dauern, bis er dahinterkam.

Das Gespräch mit Avraham Stern war bald vergessen. Juval hatte nichts über die Terror- und Sabotageaktionen der Lechi erfahren. *Ich habe von ihm nur romantische, lyrische Propaganda gehört*, schrieb er in sein Notizbuch. *Er hätte Schriftsteller oder Dichter werden sollen. Darin liegt seine Stärke.*

»Ich habe eine Frau namens Shoshana Borochov kennengelernt«, sagte Josef.

Juval musterte seinen Neffen, der ihm in einer Gartenwirtschaft gegenübersaß, von der aus man einen schönen Blick auf den weißen Strand von Tel Aviv hatte. Wie sehr sich Josef in letzter Zeit entwickelt hat, dachte er. Äußerlich hat er sich nicht sehr verändert, aber er wirkt ernster und reifer. Er wird ja demnächst auch Vater.

»Sie ist Lyrikerin und Hebräischlehrerin«, fuhr Josef fort, während er sich mit der Hand Luft zufächelte. »Du musst sie unbedingt treffen.«

Der Abend war schwül und windstill. Wo sonst die Brise zur Erfrischung der Menschen kleine salzige Tropfen aus den hohen Wellen ans Land trug, ruhte das Wasser wie ein glatter Spiegel.

Juval lehnte sich zurück. »Wie geht es Wafa?«, fragte er.

»Gut«, erwiderte Josef und runzelte die Stirn, »aber ich möchte dich bitten, beim Thema zu bleiben. Es geht um eine ernste Sache.«

»Was kann an einem Treffen mit einer Hebräischlehrerin so ernst sein, selbst wenn sie die Tochter von Dov Ber Borochov ist?«, fragte Juval und versuchte, nicht zu schmunzeln.

»Das weißt du also?« Josefs Erstaunen war echt.

»Allerdings«, antwortete Juval mit breitem Lächeln. »Vergiss nicht, dass ich viel älter bin als du. Ich erinnere mich noch an Borochovs große Beerdigung vor zwanzig Jahren. Er war ja Anfang des Jahrhunderts Mitbegründer der Poale-Zion-Bewegung, der jüdischen Arbeiterpartei, die sich außer in Palästina auch in Europa und in ganz Amerika ausgebreitet hat.«

»Dann kann ich dir nur sagen, dass der Apfel nicht weit vom Stamm fällt. Seine Tochter Shoshana ist eine bemerkenswerte Persönlichkeit, und auch ihre Lebensgeschichte ist sehr ungewöhnlich. Du solltest sie wirklich kennenlernen.«

»Will sie mich denn treffen?«, fragte Juval.

»Ja, das möchte sie«, sagte Josef. »Warum, wirst du von ihr selbst hören.«

Als Shoshana Borochov in der Redaktion erschien, war Juval vom ersten Moment an beeindruckt. Eine große, schöne Frau mit blondem Haar trat ihm entgegen. Ihr leuchtend blaues Kleid war perfekt auf ihre Augen abgestimmt. Sie ist noch jung, vielleicht Mitte oder Ende zwanzig, dachte er, aber sie hat bestimmt einen starken Charakter.

»Herr Zemach«, begann sie höflich. »Ich lese regelmäßig Ihre Zeitung. Mit manchen Artikeln bin ich nicht einverstanden, und vor allem ärgert mich Ihre Mitarbeiterin Wafa Simon.« Sie warf Josef einen durchdringenden Blick zu. »Aber ich schätze die allgemeine Richtung Ihrer Zeitung, die mir vernünftig und ausgewogen erscheint. Ich weiß nicht, wie Sie persönlich die

Kontroversen sehen, die unsere jüdische Gemeinschaft entzweien. Doch wir sind vermutlich beide der Meinung, dass die Nazis, die sich in erschreckendem Tempo unseren Grenzen nähern, die größte Gefahr für unser Land und für das ganze jüdische Volk darstellen. Wenn dem so ist, sollten Sie vom Olymp des sogenannten objektiven Beobachters herabsteigen und die Engländer unterstützen, bis sie die Nazis besiegt haben. Nach dem Krieg können wir uns neu orientieren.«

Juval musterte die energische junge Frau, die ihm vom ersten Augenblick an sehr sympathisch gewesen war. Er räusperte sich und fragte: »Hat Sie nur Ihr Idealismus und die Sorge um unsere jüdische Gemeinschaft hergeführt? Oder sind da noch persönliche Interessen oder Gefühle im Spiel?«

»Ich komme wirklich aus Sorge und Angst um unser Volk und unser Land zu Ihnen«, entgegnete Shoshana, »aber ich will Ihnen nicht verhehlen, dass es auch einen persönlichen Aspekt gibt. Haben Sie schon einmal von einem britischen Polizeioffizier namens Thomas Wilkin gehört?«

»Nein«, sagte Juval, »wer ist das?«

»Er ist Kriminalpolizist. Ein junger Mann, nur drei Jahre älter als ich. Ich habe ihn kennengelernt, als er anfing, bei mir Hebräisch-Unterricht zu nehmen. Er hat die Sprache sehr schnell gelernt, und sein Akzent ist beinahe perfekt. Wir haben uns verliebt und sind ein Paar geworden. Seine Aufgabe ist, dafür zu sorgen, dass Englands Interessen in dem Kampf gegen Nazi-Deutschland keinen Schaden nehmen. Natürlich versteht das nicht jeder in diesem Land. Für viele ist ein englischer Polizist nur der Feind.« Sie hielt inne und sah Juval an.

»Ich verstehe«, sagte er nach kurzem Zögern. »Und was kann ich für Sie tun?«

Sie holte tief Luft und sagte: »Ich bitte Sie als seriösen und informierten Redakteur, über dieses Thema zu schreiben und Ihren Lesern zu erklären, dass wir jetzt alle Bemühungen auf den Kampf gegen die Nazis konzentrieren müssen, und das schließt die volle Kooperation mit den Engländern ein. Wir dürfen ihnen keinen Knüppel zwischen die Beine werfen, während sie unter Einsatz der letzten Kräfte gegen die Deutschen kämpfen.«

»Meine liebe junge Dame«, erwiderte Juval, »ich verstehe Sie sehr gut und stimme Ihnen auch grundsätzlich zu. Aber ich kann keinen Propagandafeldzug für die Kolonialherrscher in diesem Land führen.«

Als Shoshana enttäuscht die Redaktion verlassen hatte, wandte sich Juval an Josef. »Was ist los? Erst bringst du mir diese energische junge Frau ins Haus, und dann machst du den Mund nicht auf?«

»Ich kann jetzt auch nicht viel dazu sagen«, meinte Josef. »Hier geht es um ein schmerzliches Dilemma.«

Bald darauf lieferte das Kriegsgeschehen Juval und Josef einen Anlass, in ihren Artikeln doch eindeutig für die Briten Stellung zu beziehen. Ende April 1941 wurde bei den Kämpfen in Griechenland eine große britische Militäreinheit von den Deutschen geschlagen. Mehrere Tausend Engländer gerieten in Kriegsgefangenschaft.

Unter den Gefangenen waren auch etwa 1500 jüdische Soldaten aus Palästina, die sich freiwillig der britischen Armee angeschlossen hatten. Den Deutschen fiel es nicht schwer, zwischen den Briten und den Juden zu unterscheiden, deren palästinensische Papiere sie als britische Untertanen, aber nicht als britische Staatsbürger auswiesen. Man beschloss, die Briten in Kriegsgefangenenlager zu schicken. Die Juden wurden von den übrigen getrennt und sollten in Konzentrationslager gebracht oder an Ort und Stelle erschossen werden.

Doch zwischen dem Beschluss und der Ausführung verging einige Zeit. Die schwerfällige deutsche Bürokratie gab den Engländern Zeit, die Absichten der Deutschen zu durchschauen. Daraufhin ließ das britische Hauptquartier in Kairo den Deutschen durch das Rote Kreuz Folgendes mitteilen:

> *Für jeden jüdischen oder nicht jüdischen britischen Soldaten, der hingerichtet oder in ein Konzentrationslager verschleppt wird, werden wir einen deutschen Kriegsgefangenen töten. Als Erste kommen eure Kampfpiloten dran, die in Atlit interniert sind.*

In dem südlich von Haifa gelegenen kleinen Ort Atlit hatten die Briten nicht nur illegale jüdische Einwanderer, sondern auch Kriegsgefangene interniert. Juval verfolgte diese Ereignisse voller Spannung. Als zum ersten Mal gemeldet wurde, dass die britischen Truppen in Griechenland geschlagen und sehr viele Soldaten in deutsche Gefangenschaft geraten waren, fragte er sich sofort, was aus den jüdischen Freiwilligen aus Palästina geworden war.

»Könntest du wohl nach Kairo fahren und versuchen, im britischen Hauptquartier Näheres über das Schicksal der jüdischen Häftlinge herauszufinden?«, fragte er Wafa. »Als Arabisch sprechende Muslimin bist du dafür besser geeignet als alle anderen Mitarbeiter der Zeitung.«

»Das ist bestimmt zu anstrengend für sie«, mischte sich Josef ein. »Sie ist doch schwanger!«

Wafa jedoch winkte ab. »Es gibt inzwischen eine direkte, schnelle und bequeme Zugverbindung von Tel Aviv nach Kairo, falls du es noch nicht weißt«, sagte sie lächelnd.

Josef gab sich geschlagen, beschloss aber, sie sicherheitshalber auf eigene Kosten zu begleiten, ohne sich in ihre Mission einzumischen.

Den beiden wurde sehr rasch klar, dass der Auftrag alles andere als einfach war. Wafa gelang es nicht, in das britische Hauptquartier vorzudringen. Vielleicht lag das gerade daran, dass sie Muslimin war. Die Engländer misstrauten den Muslimen im Allgemeinen und den örtlichen ägyptischen Behörden im Besonderen, da sie nicht ganz zu Unrecht befürchteten, dass sie aufseiten der Deutschen standen.

Allerdings konnten die Französisch sprechenden Mitglieder der jüdischen Gemeinde in Kairo, von denen viele den Briten Hilfsdienste leisteten, Wafa und Josef einige Informationen liefern. So erfuhren sie, dass die britischen Befehlshaber über die Vorgänge in den griechischen Gefangenenlagern informiert waren und sie mit verschärfter Aufmerksamkeit verfolgten.

Wafa verfasste mit Josefs Hilfe ein langes Telegramm an die *Chadschot Ha'jischuw*, in dem sie über die Stimmung bei den Briten berichtete und die Vermutung äußerte, dass sie ihre jüdischen Soldaten in deutscher Gefangenschaft nicht im Stich lassen würden.

Tatsächlich verzichteten die Deutschen infolge der britischen Drohungen auf ihre ursprünglichen Absichten, hoben die Trennung zwischen den jüdischen und nicht jüdischen Soldaten auf und schickten sie nach Deutschland in ein Lager, das unter der Aufsicht des Roten Kreuzes stand.

25

Tel Aviv

– 1942 –

Ausgerechnet zu einem Zeitpunkt, in dem das Schicksal der gefangenen jüdischen Freiwilligen von der britischen Haltung gegenüber den Deutschen abhing, eskalierten die Angriffe der Lechi-Gruppe gegen die Engländer in Palästina. Die Untergrundkämpfer überfielen britische Polizisten aus dem Hinterhalt und töteten drei von ihnen. Zwei von ihnen waren palästinensische Juden. Der britischen Kriminalpolizei wurde befohlen, härter gegen die »Stern-Bande« vorzugehen. Laut den Direktiven sollte Jeffrey Morton, der Kommandeur der Kriminalpolizei im Raum Tel Aviv-Jaffa, mit allen Mitteln gegen die Untergrundorganisation kämpfen und vor allem ihren Anführer Avraham Stern festsetzen. Am 12. Februar 1942 durchsuchten Morton und zwei Kriminalpolizisten eine Wohnung, in der Stern sich versteckt hielt. Sie entdeckten den Terroristen in einem Schrank. Morton zerrte ihn heraus, legte ihm Handschellen an – und tötete ihn mit drei Schüssen. Erst später traf sein Stellvertreter Thomas Wilkin mit der Verstärkung ein.

Juval schwankte, wie er auf diesen Vorfall reagieren sollte. Einerseits war er gegen Stern und sein Vorgehen. Auf der anderen Seite empörte ihn Mortons Tat. Kaltblütig einen gefesselten Gefangenen erschießen? *Das kann man nicht rechtfertigen*, schrieb er.

Auch Wilkin gefiel die Geschichte nicht, aber man wies ihn an, den Mund zu halten und Mortons Version seines Vorgehens zu bestätigen. Morton behauptete, er habe Stern erschossen, nachdem dieser mit einer Pistole auf ihn gezielt habe. Dass Sterns Hände gefesselt waren, erwähnte er nicht.

Inzwischen drohte eine neue Gefahr. Die jüdische Bevölkerung war in heller Aufregung – nicht nur wegen des Schicksals der Juden in Europa, sondern auch wegen der Offensive Erwin Rommels in Nordafrika. Dieses Thema beherrschte die Schlagzeilen, auch die der *Chadschot Ha'jischuw*. Rommels Truppen belagerten die Festung Tobruk, und man fürchtete, seine Panzer könnten Ägypten und sogar Palästina erreichen.

Die britischen Streitkräfte unter General Montgomery tun sich schwer, den rasanten Vormarsch der Deutschen aufzuhalten, schrieb Juval.

Die Mitarbeiter der Zeitung schilderten die Atmosphäre der Angst, die in der jüdischen Bevölkerung herrschte. Die Führer der jüdischen Gemeinschaft und insbesondere die Untergrundorganisationen beschlossen, sich in den Bergen zu verschanzen und dort bis zum bitteren Ende gegen die Deutschen zu kämpfen. Sie planten, notfalls Berge in die Luft zu sprengen und mit dem Feind unterzugehen. Sie wollten den Deutschen nicht in die Hände fallen, sondern wie die Juden von Massada sterben, die sich im Jahre 73 n. Chr. den Römern nicht ergeben, sondern kollektiv Selbstmord begangen hatten.

Juval hatte sich und einigen Templern mit Hilfe seiner jüdischen Familie palästinensische Pässe besorgt, wie sie die arabischen und jüdischen Einwohner des Landes besaßen. In den Pässen stand auf Englisch, Arabisch und Hebräisch: *Nationalität: Palästinenser, Britischer Untertan*. Er nützte diesen Status aus, um als Verbindungsmann zu seinen christlichen Verwandten zu fungieren.

Wie gegen Ende des Ersten Weltkriegs waren die Templer wieder in ihren Siedlungen eingeschlossen und warteten auf den Ausweisungsbefehl. Doch wegen Rommels Vormarsch beschlossen die Engländer, die Templergemeinschaft an einen möglichst weit entfernten Ort zu schicken, der außerhalb der Reichweite der Deutschen und ihrer Verbündeten lag. Im Gegensatz zu 1917 sollte die Vertreibung diesmal auf geordnete Weise stattfinden. Die Engländer herrschten seit fast fünfundzwanzig Jahren über sämtliche Einwohner von Palästina, darunter auch über die Templergemeinschaft. Die Templer waren daher anders als im Ersten Weltkrieg keine unbekannten Fremden mehr. Die englische Mandatsregierung besaß genaue Listen über die deutschen Staatsbürger, die es ihr ermöglichten, sie an Sammelstellen zu konzentrieren und von dort aus zu deportieren.

Werner schrieb herzzerreißende Artikel über Familien, die aus ihren Häusern gerissen wurden, über Männer, Frauen und Kinder, die zum zweiten Mal aus ihren Siedlungen vertrieben wurden.

Doch Juval war nicht bereit, diese Artikel zu veröffentlichen. Er ließ sich auch durch die Tränen seiner Schwester Sarah nicht erweichen.

»Heute die Deutschen in Schutz zu nehmen, ganz gleich, welche Deutschen es sind, auch wenn sie Heilige wären, kommt nicht infrage«, sagte er. »Während die Nazis vor den Toren unseres Landes stehen und wir uns auf ein zweites Massada gefasst machen müssen? Was fällt euch ein? Das fehlt mir noch, dass ich mich für die Württemberger Templer ins Zeug lege, damit ich später zu hören bekomme, dass Erwin Rommel auch aus Württemberg ist!«

»Das bedeutet dann wohl das Ende der Templergemeinschaft in diesem Land«, murmelte Werner niedergeschlagen.

»Wenn die Deutschen hier einfallen, wird das *unser aller* Ende sein«, entgegnete Juval.

Doch dann nahm im Juni 1942 das Geschehen eine Wende, die zum ersten Mal seit Kriegsbeginn wieder Anlass für Optimismus bot.

Rommels Vormarsch wurde bei Bir Hakeim in der libyschen Wüste durch eine Vorhut der Alliierten gestoppt. 5500 Soldaten des freien Frankreichs von Charles de Gaulle unter der Führung von Brigadegeneral Marie-Pierre Kœnig hielten Rommels 48 000 deutschen Soldaten wochenlang stand. Erst als der britische General Bernard Montgomery seine Vorbereitungen zur Schlacht abgeschlossen hatte, durchbrachen die Franzosen die Belagerung und stießen bei El Alamein zu den britischen Truppen unter Montgomery.

Die Entscheidungsschlacht hatte noch nicht begonnen, doch Kœnigs Erfolg in Bir Hakeim ließ die jüdische Gemeinschaft in Palästina aufatmen. Juval veröffentlichte auf der Titelseite seiner Zeitung ein Gedicht unter dem Titel *Die Antwort des Generals Kœnig*, das aus der Feder des Nationaldichters Nathan Alterman stammte:

Rommel sagt zu Kœnig:
»Ihre Lage ist beschissen.
Sie sollten sich geschlagen geben
Und die weiße Fahne hissen.«
Kœnig erwidert laut und klar:
»Mit Verlaub, Herr General,
Die Antwort ist: Du kannst mich mal!«

Wenn die ganze Welt Hitler in den Dreißigerjahren dieselbe Antwort gegeben hätte wie General Kœnig in Altermans Gedicht, schrieb Juval, *dann sähe die Welt heute anders aus.*

Für Wafa und Josef waren dies besonders stürmische Zeiten. Ihr erster Sohn Amir war vor Kurzem zur Welt gekommen, doch in die Freude über seine Geburt mischte sich die Angst vor dem Krieg. Der Familienrat war der Meinung, dass im Falle einer deutschen Invasion möglichst viele Familienmitglieder bei den Samaras und ihrem Clan Unterschlupf suchen sollten. Nicht alle waren bereit, sich mit dieser Lösung anzufreunden.

Es war ein feucht-schwüler Abend im Juli 1942. In der Redaktion war es schier unerträglich gewesen, und auch jetzt zu Hause auf dem Balkon spürte Werner, wie sehr die Hitze seinen Kreislauf belastete. Sarah bedrängte ihn ständig, viel zu trinken.

Seufzend griff er nach dem Glas Wasser, das neben seinem Korbsessel auf einem kleinen Tisch stand, und nahm einen Schluck. Dann lehnte er sich wieder zurück und überließ sich seinen Gedanken.

Er schwankte, wie er sich bei einer deutschen Invasion verhalten sollte. Sollte er sich als Deutscher vor den Eroberern verstecken? Andererseits konnte er nicht »unter seinen Landsleuten« leben, während seine jüdische oder halb jüdische Familie in den Untergrund ging. Das Ganze erschien ihm absurd. Wie sollte er sich verhalten?

»Guten Abend, Vater.«

Werner sah auf. Vor ihm standen seine Söhne Josef und Michael. Werner zwinkerte überrascht. Hatte er über seinen Grübeleien vergessen, dass heute ein Familientreffen stattfinden sollte?

»Wir müssen euch etwas sagen«, begann Michael.

»Jetzt setzt euch erst mal«, sagte Sarah, die mit Wafa auf den Balkon getreten war. »Wir holen noch rasch ein paar Gläser. Ich habe frisch gepressten Orangensaft.«

Die jungen Männer ließen sich in den Korbsesseln nieder und warteten, bis die Frauen wieder erschienen waren.

»Was gibt es denn so Wichtiges?«, fragte Werner.

»Wir werden uns freiwillig zum Kriegsdienst melden, Vater«, erklärte Josef.

Wafa, die ihren schlafenden Säugling im Arm hielt, starrte ihren Mann fassungslos an. Die Ankündigung traf sie völlig unvorbereitet. Sie hatte gedacht, Josef wolle seinen Eltern nur eine Freude machen, indem er sie mit seiner Familie spontan besuchte. Sarah war völlig vernarrt in Amir. Als Michael zu ihnen stieß, hatte sie sich gewundert, mehr nicht.

»Wo wollt ihr denn hin?«, fragte Werner und zwinkerte hinter seinen Brillengläsern. »Zur britischen Armee?«

»Nein«, antwortete Michael. »Wir wissen noch nicht genau, welcher Einheit wir uns anschließen, aber wir wollen auf jeden Fall im jüdischen Untergrund kämpfen.«

Werner blickte sie ungläubig an und murmelte leise: »Ihr würdet auf deutsche Soldaten schießen?«

»Vater«, sagte Josef traurig, »siehst du eine andere Möglichkeit?«

»Nein«, antwortete Werner mit kaum hörbarer Stimme. »Es gibt keine andere Wahl. Mir tut es nur leid, dass Gott mich nicht vor Hitlers Machtergreifung zu sich gerufen hat. Ich war auch damals schon alt genug.«

Josef sah zum ersten Mal Tränen in den Augen seines Vaters. Er war so erschüttert, dass er nicht wusste, wie er reagieren sollte. Schließlich ging er zu Werner und umarmte ihn lange. »Vater«, sagte er, »denk nicht ans Sterben. Auch wenn du glaubst, du hättest keinen Platz mehr in dieser chaotischen Welt – wir brauchen dich, und zwar noch lange. Wir lieben dich. Du bist unsere geistige Inspiration, unsere Stütze, unser Leitstern. Ich brauche dich auch wegen Wafa und dem Kind. Ich ziehe in einen Krieg, ohne zu wissen, wann und wie er enden wird. Und auch dein zweiter Sohn geht fort. Du musst nicht nur meine Familie, sondern auch unsere Mutter und unsere Schwester Iris unterstützen.«

Sarah, die bisher schweigend dagesessen und voller Bangen zugehört hatte, sprang plötzlich auf. »Was ist los, wovon redet ihr eigentlich? Nur vom Zuhören werde ich schon verrückt. Vielleicht kann mir jemand erklären, was hier vor –?«

»Mutter«, fiel Michael ihr ins Wort, »so beruhige dich doch. Josef und ich werden kämpfen. Wir schließen uns einer jüdischen Kampfeinheit an. Wir gehen nicht zur britischen Armee und verlassen das Land nicht. Aber wir wollen wie alle jungen Leute hier unsere Heimat verteidigen. Wenn Rommel das Land erobert, wird uns ohnehin alle das gleiche Schicksal treffen. Die Deutschen werden auch Vater, der mit dir, einer Jüdin, verheiratet ist und halbjüdische Kinder hat, nicht verschonen. Daran ist nichts zu ändern. Wir sitzen alle im selben Boot. Deshalb ist es wichtig, dass jeder kämpft, der dazu in der Lage ist.«

»Ich könnte euch bei meiner Familie verstecken.« Wafa hatte endlich ihre Stimme wiedergefunden, und ihr Herz klopfte zum Zerspringen.

»Darum geht es nicht.« Josef beugte sich zu seiner Frau und legte ihr die Hand auf den Arm. »Wir haben es diesmal nicht mit den Türken und den Engländern zu tun. Die Nazis *kämpfen* nicht nur gegen ihre Feinde. Sie vernichten sie auch wegen ihrer Abstammung. Das hat es in unserer Welt noch nicht gegeben. Du bist mit unserem Kind bei deinen Eltern in Sicherheit. Vielleicht können sich noch ein paar von unseren Angehörigen bei euch verstecken. Aber für die meisten von uns geht es um Leben und Tod.«

In den beiden Schlachten bei El Alamein wurden die deutschen Truppen im Juli 1942 aufgehalten und im Oktober/November zum Rückzug gezwungen, der schließlich mit dem Abzug aus ganz Nordafrika endete. Fast zur gleichen Zeit erlitten die Deutschen die weitaus schlimmere Niederlage von Stalingrad.

Werner hatte nicht mehr erlebt, wie Rommels Feldzug endete. Wenige Tage vor der Schlacht bei El Alamein setzte er im Alter von einundsiebzig Jahren seinem Leben ein Ende. Die

Familie war fassungslos. Auch Sarah hatte nicht geahnt, dass er Selbstmordabsichten hatte.

Er hinterließ einige Briefe, in denen er seine Beweggründe erklärte. Er sei an einem Endpunkt angelangt. Was immer der Ausgang der schicksalhaften Kämpfe in Ägypten sein werde, er könne nicht weiterleben.

Wenn Rommel siegt, ist es eine Katastrophe, eine furchtbare Tragödie, schrieb er. *Aber wenn die Engländer gewinnen, kann ich mich über die Niederlage meines Volkes nicht freuen. Ich habe schon zu lange gelebt. Ich wollte, ich wäre vor dem Januar 1933 gestorben.*

An jedes Familienmitglied hatte er ein paar persönliche Zeilen gerichtet, an Sarah einen langen Brief. Er bekannte sich zu der leidenschaftlichen Liebe, die er für sie empfunden hatte, seit er ihr zum ersten Mal begegnet war. Im Namen dieser Liebe bat er sie, stark zu bleiben. Sie solle nicht wie er vor dem Leben und der Verantwortung fliehen. *Alle brauchen dich so sehr*, beschwor er sie. *Sei stärker als ich.*

Die Familie und ihre Freunde erholten sich lange nicht von dem lähmenden Schock. Werner war trotz seines Alters aktiv und rüstig geblieben. Immer wieder war er die tragende Säule in seinem Umfeld gewesen. Im Gegensatz zu vielen seiner Altersgenossen hatte er sich nicht in sich selbst zurückgezogen. Er hinterließ eine Lücke, die nicht zu schließen war.

Werner hatte in seinen Abschiedsbriefen nichts darüber gesagt, wo er begraben werden wollte. Das hatte Gründe: Als seine Familie ihn auf dem Friedhof der Templergemeinde begraben wollte, stellte sich heraus, dass die Friedhöfe der Gemeinschaft auf Anordnung der Engländer geschlossen worden waren. Sie wollten nichts mit deutschen Veranstaltungen jeder Art, ob Festen oder Trauerfeiern, zu tun haben, auch wenn die Initiative von jüdischen oder arabischen Freunden der Deutschen ausging.

So musste Werner auf einem kleinen, fast unbekannten weltlichen Friedhof begraben werden. Die Beerdigung selbst allerdings wurde nach dem Ritus der Templergemeinschaft vollzogen.

26

Palästina

– 1942 –

Josef und Michael wurden der Deutschen Abteilung der 1941 gegründeten Palmach – *Plugot Machatz* – zugeteilt. Die Palmach waren eine Spezialeinheit der zionistischen paramilitärischen Untergrundorganisation Hagana. Die Militärbasis, die der Truppe von den Engländern überlassen wurde, war einer Wehrmachtsunterkunft nachempfunden, einschließlich deutscher Uniformen, Rangabzeichen und Symbole. Über dem Camp flatterte sogar eine Hakenkreuzfahne. Die einzige zugelassene Sprache war Deutsch. Wehe dem, der im Schlaf hebräische Worte murmelte … Das militärische Zeremoniell war der Wehrmacht abgeschaut, und die Kämpfer wurden mit deutschen Beutewaffen ausgerüstet. Das harte Training sollte sie für Sabotageaktionen hinter den deutschen Linien vorbereiten.

Bei der ärztlichen Untersuchung stellte sich heraus, dass Josef und Michael nicht beschnitten waren.

»Ausgezeichnet«, sagt der Kommandeur, der aus einem galiläischen Kibbuz kam und 1938 aus Deutschland nach Palästina geflohen war. »Für Saboteure und Spione ist es am besten, dass man sie nicht als Juden erkennt.«

»Vielleicht sind sie gar keine Juden«, sagte der Arzt, der ebenfalls aus Deutschland stammte.

»Das ist mir gleich«, sagte der Kommandeur, »wichtig ist nur, dass sie zu uns gehören.«

»Wir sind aber Juden«, warf Michael ein, »weil unsere Mutter Jüdin ist.«

»Dann ist es ja gut«, sagte der Arzt und brach in Gelächter aus, »Hauptsache, ihr seid rassenrein.«

Obwohl es Rommel letzten Endes nicht gelungen war, nach Palästina vorzudringen, wurde die Deutsche Abteilung keineswegs aufgelöst, sondern schon 1942 nach Nordafrika und später nach Italien verlegt, um dort hinter den feindlichen Linien zu kämpfen.

Im Gegensatz zu seinem Bruder Josef war Michael noch nie in Deutschland gewesen. Das nationalsozialistische Deutschland und seine Begriffe, wie zum Beispiel »Arbeitslager«, »Rassenschande« oder »deutschvölkisch«, waren ihm nicht vertraut. Man befürchtete deshalb, dass seine wahre Identität rasch entdeckt werden könnte, und setzte ihn nicht bei Aktionen hinter den feindlichen Linien ein. Er betätigte sich als Dolmetscher bei Verhören von deutschen Kriegsgefangenen.

Josef wurde in ein Gefangenenlager in Ägypten geschickt und in eine Einheit eingeschleust, deren Insassen nicht aus Württemberg, woher die Familie seines Vaters stammte, sondern aus Norddeutschland kamen. Der Legende nach, die man ihm eingebläut hatte, war er der einzige Überlebende einer vernichteten deutschen Einheit. Sein Auftrag war, über die Gespräche der Gefangenen zu berichten. Bei der Ausbildung für seine Mission brachten ihm seine Auftraggeber alles bei, was sie über die jüngsten Ereignisse in Deutschland und den Kriegsverlauf wussten. Er lernte auch, die Rolle eines Soldaten zu spielen, der einen Gefechtsschock erlitten hat. Auf diese Weise konnte er sich überflüssigen Kontakten mit seinen »Kameraden« entziehen und Schnitzer vermeiden, die ihn verraten hätten.

Seine Aufgabe bestand hauptsächlich im Zuhören. Er wurde in eine Baracke mit dreißig Gefangenen verlegt und lauschte den Gesprächen der Männer. Ab und zu bestellte man ihn zu angeblichen ärztlichen Untersuchungen, bei denen er seinen Vorgesetzten über das Gehörte berichtete. Josef erfuhr eine Menge über den Einfluss der Nazi-Erziehung und Propaganda auf junge Deutsche. Doch er merkte auch, dass längst nicht alle an den »Endsieg« glaubten. Stalingrad und El Alamein hatten einen Wandel bewirkt.

Als die Bombardierung deutscher Städte eskalierte, schwand nach und nach auch die anfängliche Kriegsbegeisterung der Deutschen. Einer der Gefangenen sagte: »Meine Eltern haben mir geschrieben, dass der Führer nicht mehr im Radio spricht und dass man auch nichts mehr von seinen öffentlichen Auftritten hört.«

Ein anderer berichtete, Italien habe kapituliert. Alle erzählten, dass ihre Familien ständig in Luftschutzbunkern Zuflucht suchen mussten und unter einem Mangel an Lebensmitteln und Heizmaterial litten.

Aber keiner kritisierte den Führer oder sein Regime. Niemand gab Hitler die Schuld an der Lage. Die Gefangenen sahen in dem Geschehen die Hand des Schicksals.

»Übrigens muss ich darauf achten, Hitler nicht beim Namen zu nennen«, sagte Josef bei einer der Einsatzbesprechungen. »Alle nennen ihn nur den Führer.«

»Haben Sie den Eindruck, dass die Männer frei reden, oder sind sie eher vorsichtig mit dem, was sie sagen?«, fragte man ihn.

»Sie sind sehr vorsichtig«, antwortete Josef, »aber letztlich sagen sie doch, was sie denken und fühlen.«

Bevor die Deutsche Abteilung im Herbst 1944 in Europa zum Einsatz kam, fuhren Josef und Michael zu einem kurzen Urlaub nach Hause. Es waren etliche Monate vergangen, seit man ihn nach Ägypten geschickt hatte, und Josef befürchtete, dass ihn sein kleiner Sohn nicht wiedererkennen würde.

Als er am späten Vormittag ins Haus trat, fand er seine Familie im Hof. Wafa hatte eine Schüssel auf dem Schoß und pulte

Erbsen. Amir tollte mit dem Hund um die Palme herum. Einen Moment lang verharrte Josef stumm in der Tür und verspürte zugleich Sehnsucht, Glück und Trauer. Hier war sein Sohn, aber sein Vater war tot, und er hatte ihn nicht zu Grabe tragen können.

»Wafa«, sagte er leise.

Wafa wandte den Kopf und sprang auf. Die Schüssel glitt ihr vom Schoß, und die Erbsen kullerten über den Boden. Mit ausgestreckten Armen eilte sie auf ihn zu. Und zu seiner freudigen Überraschung empfing ihn auch der Kleine, der inzwischen schon zwei Jahre alt war, mit dem Ruf: *»Aba, Aba!«*

»Erstaunlich, dass er mich erkennt«, sagte Josef lächelnd, als Wafa ihn endlich losließ. »Er war ja kaum ein halbes Jahr alt, als ich fortgegangen bin.«

Sie verriet ihm ihr Geheimnis nicht. Amir hatte ihn nicht erkannt, aber sie hatte ihm in Erwartung von Josefs Rückkehr das Wort *Aba*, das hebräische Wort für Papa, eingepaukt und ihm von seinem Vater erzählt.

Eine weitere Überraschung war Wafas mädchenhafte Figur. Während der Schwangerschaft hatte sie einige Kilo zugenommen, die sie nach der Geburt nicht wieder loswurde. Josef hatte versucht, sie zu trösten, und ihr versichert, dass sie so schön und anziehend sei wie eh und je. Sie hatte nur gelächelt und so getan, als ob sie ihm glaubte. Doch in seiner Abwesenheit hatte sie heroische Anstrengungen unternommen, um ihr früheres Gewicht wiederzuerlangen. »Wie schlank du bist«, sagte Josef, legte seine Hände auf ihre Taille und zog sie an sich.

Wafa kicherte verlegen. »*Pourvu que ça dure* – hoffentlich bleibt es so.«

Der Urlaub neigte sich dem Ende zu. Bald würden Josef und Michael wieder zu ihrer Einheit zurückkehren müssen, um sich nach Italien einzuschiffen. Einige Tage vor Josefs Abreise wurde

Amir mitten in der Nacht krank. Er hatte hohes Fieber und übergab sich ständig. Josef fuhr mit dem Fahrrad zu Dr. Kuttner, dem Arzt, der die gesamte Nachbarschaft betreute. Wie viele jüdische Mediziner im Land stammte er aus Deutschland. Er hatte gerade noch vor Ausbruch des Krieges fliehen können und war auf Irrwegen nach Palästina gelangt.

Als Josef ihm Amirs Zustand schilderte, griff Dr. Kuttner sofort nach seiner Arzttasche und ließ sich zum Haus der Familie führen. Er war ein hoch gewachsener, beleibter Mann mit riesigen Pranken, die einem fast die Finger zerquetschten, wenn man ihm die Hand gab. Seine großen blauen Augen blickten freundlich hinter dicken Brillengläsern. Als er seinen bayerischen Trachtenhut an der Garderobe aufhängte, kam ein spiegelglatter, kahler Schädel zum Vorschein. Seine rote Nase mit den geplatzten Äderchen deutete darauf hin, dass er gern und regelmäßig trank.

Der Arzt flößte Amir ein Medikament ein und wartete, bis das Fieber gesunken und der Kleine eingeschlafen war. Es wurde drei Uhr nachts, bis die besorgten Eltern aufatmen konnten. »Lieber Dr. Kuttner«, sagte Wafa, »wir können jetzt sowieso nicht mehr einschlafen. Was halten Sie von einem Tee und selbst gebackenem Kuchen?«

Zum Glück stimmte er zu. Sie hatte gehofft, dass er noch eine Weile bleiben und noch einmal nach dem Kind sehen würde.

Wie immer in dieser Zeit, kam das Gespräch sehr bald auf den Krieg. »Ich denke, wir dürfen ein wenig optimistischer sein«, sagte Kuttner. »Die Italiener sind geschlagen, und die Deutschen ziehen sich an allen Fronten zurück. Ein Bekannter, der Kurzwellensender hört, erzählte mir, dass sogar die Japaner auf dem Rückzug sind.«

»Das mag alles sein«, erwiderte Josef, »aber bis Deutschland kapituliert, werden wir alle noch einen hohen Preis zahlen müssen. Von den Juden ganz zu schweigen … Ihr Schicksal wird vermutlich unsere schlimmsten Vorahnungen noch übertreffen.«

»Lieber Josef«, sagte der Arzt, »glauben Sie doch bitte nicht alles, was erzählt wird. Es wird zwar gemunkelt, dass die Deutschen alle Juden in den eroberten Gebieten umbringen wollen, aber das ist doch absurd. Gewiss, die Juden erleiden Furchtbares unter den Nazis. Mir braucht man nichts zu erzählen. Ich bin gerade noch rechtzeitig geflohen. Aber ein Massenmord? Ein ganzes Volk vernichten? Das ist absurd!« Das gutmütige Gesicht des schweren Mannes lief rot an, Schweißperlen erschienen auf seiner Stirn. »Das ist Kriegspropaganda!«, sagte er aufgebracht. »Wer hätte gedacht, dass die Engländer solche Gräuelmärchen verbreiten? Ich habe immer geglaubt, sie wären anständig!«

Wafa merkte, dass ihr Mann im Begriff war, ihm heftig zu widersprechen. Um seiner Antwort zuvorzukommen, sagte sie in entschiedenem Ton: »Es kann gut sein, dass Dr. Kuttner recht hat, Josef. Vielleicht macht man uns zu viel Angst. Du gehst doch jetzt nach Europa. Wenn du zurückkommst, kannst du uns erzählen, wie es wirklich dort aussieht.«

Sie wandte sich ihrem Gast zu. »Noch ein Stück Kuchen? Er scheint Ihnen zu schmecken. Ihre Tasse ist leer, ich schenke Ihnen noch ein wenig Tee ein. Soll ich einen Schuss von dem vorzüglichen Cognac dazugeben, den mein Vater noch in der Vorkriegszeit gekauft hat? So was ist heute schwer zu bekommen.«

»Ah, echter französischer Cognac«, seufzte der Arzt. »Ich müsste eigentlich nach Hause gehen und noch ein paar Stündchen schlafen, bevor mein Arbeitstag beginnt. Aber, um mit Oscar Wilde zu sprechen: Ich kann allem widerstehen, nur nicht der Versuchung.«

Im September 1944, etwa drei Monate nach der Landung der Alliierten in der Normandie und einen Monat nach der Befreiung von Paris, sah es so aus, als habe die letzte und entscheidende Phase des Krieges begonnen. Aller Augen waren auf die Fronten in Europa und im Fernen Osten gerichtet. Auch in Palästina scharten sich die Menschen um die Radiogeräte, um die neuesten Entwicklungen in dem grauenvollsten Krieg der Geschichte zu erfahren.

Im selben Monat erschossen Untergrundkämpfer der Lechi-Organisation einen Kriminalbeamten der britischen Palästinapolizei namens Thomas Wilkin. Den Befehl dazu hatte Jitzchak Jaziernicki gegeben. Sein hebräischer Name war Jitzchak Schamir.

Die Empörung über die Tötung Wilkins zog weite Kreise, schrieb Juval in einem Leitartikel. *Hitler herrscht immer noch über Deutschland und über weite Teile Europas. Die Konzentrationslager laufen auf Hochtouren, und bei uns ist jemand der Meinung, das sei der richtige Zeitpunkt, um den Engländern eins auszuwischen.*

Wilkin wurde auf dem zypressenbestandenen protestantischen Friedhof auf dem Zionsberg beigesetzt. Shoshana Borochov wunderte sich nicht, dass so wenige Juden an der Beerdigung ihres Geliebten teilnahmen. Nur eine Handvoll jüdische Polizeibeamte waren erschienen, die der jüdischen Führung in Palästina die Treue hielten, aber auch ihre Loyalität gegenüber dem toten Kameraden bekunden wollten. Die Briten waren dagegen in voller Stärke erschienen: Hunderte von britischen Uniformträgern und ihre Angehörigen sowie die Elite der Mandatsregierung nahmen an der Beerdigung teil.

Die Redakteure und Reporter der *Chadschot Ha'jischuw* schlossen sich den Trauergästen an und lauschten ihren Gesprächen. Alle waren der Meinung, der Anschlag auf Wilkin sei eine Schande. Aber der Tonfall war eigenartig. Einer der Reporter berichtete, er habe mehrmals die Bemerkung gehört, dass die Lechi »gegen die Regeln des Fair Play verstoßen« habe – als ginge es um ein Kricketspiel.

Juval trat zu Shoshana Borochov und sprach ihr sein Beileid aus. Schön wie eh und je stand die junge Frau vor ihm. »Haben Sie keine Angst, bei diesem Anlass öffentlich aufzutreten?«, fragte er. »Immerhin könnten sich auch Beobachter der Attentäter unter die Leute gemischt haben.«

Shoshanas Lächeln war bitter. »Sie spionieren mir schon seit Jahren nach und schicken mir Schmähbriefe und Drohungen. Ich bin daran gewöhnt.«

»Was werden Sie jetzt machen?«, fragte Juval.

»Die Eltern und die Schwester meines Freundes wohnen in dem kleinen Ort Alborough in England. Sie haben mich eingeladen, sie zu besuchen. Die Familie ist arm. Sie konnte sich nicht leisten, zur Beerdigung zu kommen. Ich würde sie gern kennenlernen, aber ich habe auch nicht genug Geld für die Reise.«

Einige Zeit später erfuhr Juval, der Shoshanas Schicksal verfolgte, dass die britischen Behörden sich bereit erklärt hatten, ihr die Fahrt zu bezahlen. Wilkins Schwester hatte ihr angeboten, bei ihnen zu wohnen. Auch die Eltern schlossen sich diesem Vorschlag an. Sie baten Shoshana inständig, in England zu bleiben. Die trauernde Mutter sagte zu ihr: »Wenn Ihnen etwas passiert, verlieren wir nach dem Sohn auch eine Tochter.«

Doch Shoshana kehrte nach Palästina zurück.

In der folgenden Zeit kreisten alle Gedanken der jüdischen Gemeinschaft nur noch um den endlosen Krieg und die Gräueltaten, die den Juden in Europa angetan wurden. Je weiter die Alliierten in Deutschland und Osteuropa vorrückten, desto deutlicher trat das Ausmaß der Massenvernichtung hervor. Alle übrigen Themen traten in den Hintergrund.

Juval hatte im Gegensatz zu anderen Journalisten den Vorteil, dass seine beiden Neffen ihrer Mutter über die Ereignisse in Europa berichteten. Sarah bekam regelmäßig Post von Josef und Michael, die von ihren Kameraden Joe und Mike genannt wurden. Sie schilderten alle Aspekte des Geschehens mit Ausnahme von militärischen Themen, die der Zensur unterlagen, und beschrieben ausführlich, was sie in den Konzentrationslagern gesehen hatten.

Michael schrieb: *Glaubt nicht, dass ich auf feuchtem Papier geschrieben habe. Die verwischte Schrift stammt nicht vom Regen, sondern von meinen Tränen.*

Die Söhne berichteten auch über die illegalen Einwanderer, die auf dem Seeweg versuchten, nach Palästina zu gelangen, ohne zu erwähnen, ob sie oder ihre Kameraden an diesem Unternehmen beteiligt waren. Ob der Krieg noch im Gange war oder nicht – das britische Weißbuch von 1939 verbot nach wie vor die uneingeschränkte Einwanderung von Juden nach Palästina.

Dann erhielt Juval zu seiner Überraschung einen Brief von Josef aus der Türkei. Sein Neffe hielt sich auf dem Heimweg ein paar Tage in Istanbul auf und hatte dort einen seiner Kameraden von der Deutschen Abteilung getroffen, der noch nicht aus dem Wehrdienst entlassen war. Man hatte ihn in die Türkei geschickt, um Dokumente aus den geheimen Akten auszuwerten, die in der deutschen Botschaft entdeckt worden waren.

Die Türken waren während des Krieges auf deutscher Seite, aber dennoch darauf bedacht, nicht denselben Fehler zu machen wie im Ersten Weltkrieg und sich selbst an den Kampfhandlungen zu beteiligen – ähnlich wie der spanische Diktator Franco, der seine deutschen Verbündeten aus der Ferne ermutigte, sich aus dem Krieg aber lieber heraushielt. Da die Türken den Deutschen gefühlsmäßig und sogar ideologisch nahestanden, gewährten sie ihnen allerdings großen Spielraum in ihrem Land. So wurde die deutsche Botschaft zu einem Knotenpunkt für alle möglichen Aktivitäten der Berliner Regierung.

Botschafter war seit Kriegsbeginn Franz von Papen gewesen, der 1917 als Stabsoffizier des Generals von Falkenhayn in Jerusalem Dienst getan hatte, 1932 sogar für kurze Zeit Kanzler des Deutschen Reiches geworden war und zu den Wegbereitern Hitlers gezählt werden musste. In seiner ehemaligen Residenz in Istanbul war jetzt eine Akte entdeckt worden, die alle möglichen Dokumente enthielt.

Mein Kamerad von der Deutschen Abteilung, schrieb Josef an seinen Onkel, *der zu den Übersetzern der Dokumente gehörte, fand einen Brief, der ihn interessierte oder vielmehr schockierte. Er war an Adolf Hitler gerichtet und von einem gewissen Avraham Stern aus Tel Aviv unterschrieben. Der Brief gelangte auf den Schreibtisch des stellvertretenden Militärattachés der Botschaft, Rolf Pauls. Pauls versah das Schreiben mit dem Vermerk »Hochinteressant« und leitete es an von Papen weiter. In dem Brief stellte Stern sich und seine Untergrundorganisation vor und bot Hitler ein Bündnis an: Er und seine Gruppe würden den Deutschen helfen, nach Palästina zu kommen. Dafür sollten sie der Lechi-Gruppe Waffen liefern. Ich könnte mir vorstellen,* schloss Josef, *dass gewisse Kreise im britischen Kolonialregime diesen Brief nicht ungern an sich bringen würden.*

Das war also das große Geheimnis, das Stern uns zu gegebener Zeit verraten wollte, dachte Juval. »Und wenn ich mir das Hirn jahrelang zermartert hätte, ich wäre nie darauf gekommen, dass der große jüdische Patriot einen solchen Handel vorschlagen würde.«

Er konnte sich nur schwer beruhigen. »Wir können uns gar nicht vorstellen, was passiert wäre, wenn die Nazis unser Land erobert hätten!«, sagte er am Abend zu Miriam.

27

Palästina

– 1944 –

Auch während des Krieges wanderten noch deutsche Juden nach Palästina ein. Nachdem sie – oft unter großer Gefahr – den Machtbereich Hitlers verlassen hatten, mussten sie noch die britischen Einwanderungsbeschränkungen überwinden, die auf dem Weg ins Gelobte Land lagen. Erst wenn ihnen das gelungen war, wussten sie, dass sie gerettet waren. Viele versuchten deshalb, auch ohne Genehmigung ins Land zu kommen. Doch was sie erwartete, war kein leichtes Leben.

Juval bat seine Deutschlandexperten Wafa und Josef, über dieses Thema zu schreiben. Er schickte sie zu Interviews mit Einwanderern in verschiedenen Stadien der Integration. Nicht alle waren glücklich in Palästina. Viele empfanden den Verlust der Heimat als offene Wunde, die niemals heilte. Andere haderten mit dem niedrigen Lebensstandard und den primitiven Bedingungen in Palästina. Oft stellte man ihnen die Frage, die sie schon bald nicht mehr witzig fanden: »Kommen Sie aus Überzeugung, oder kommen Sie aus Deutschland?«

Besonders die Juden, die schon vor Jahren aus Osteuropa gekommen waren, quälten die Neuankömmlinge mit dieser Frage. Sie hatten nicht vergessen, mit welcher Verachtung die deutschen Juden »in besseren Zeiten« auf sie herabgesehen hatten.

Die *Jeckes*, ein Spitzname, der den deutschsprachigen Einwanderern von den Einheimischen angehängt wurde, lernten nur mühsam Hebräisch. Wer nicht religiös war und die Gebete und heiligen Schriften nicht las, konnte die hebräische Schrift oft nicht entziffern. Für sie war Hebräisch ein Buch mit sieben Siegeln. Zudem konnten sie sich nicht an den groben Umgangston der einheimischen Jugend gewöhnen, der in ihren Augen schlicht unhöflich war. Die *Sabres*, die schon in Palästina geborene jüngere Generation, war mit Hebräisch aufgewachsen, während ihre Eltern den Akzent ihres Herkunftslandes nie ablegen konnten.

Wafa zeigte mehr Verständnis für die Jeckes als ihr Mann. Sie stammte aus einer Familie, in der Wert auf gute Manieren gelegt wurde. Josef war zwar der Sohn eines Deutschen, aber von der rauen Mentalität der *Sabres* beeinflusst.

Als Wafa einen Artikel ihres Mannes über die Integrationsprobleme der deutschen Juden las, erzählte sie ihm eine kleine Anekdote, die sie in Tel Aviv gehört hatte. »Zwei Jeckes mittleren Alters treffen sich auf der Straße. ›Wie geht's?‹, fragt der eine. ›Es wird langsam besser.‹ Der Erste nickt. ›Stimmt, man darf nicht verzweifeln. Man muss sich nur an die neuen Lebensbedingungen gewöhnen.‹ ›Und wie steht es mit der Sprache?‹, fragt der andere. ›Können Sie schon Hebräisch?‹ ›Ein bisschen‹, antwortet der Erste. ›Ich habe schon ein paar Worte gelernt: *danke, bitte, Entschuldigung, guten Tag, guten Abend ...*‹ ›Und Ihre Kinder?‹ ›Ah, die Kinder, die sprechen fließend Hebräisch. Nur die Worte, die ich gelernt habe, die kennen sie nicht.‹«

Josef nahm die Anekdote in seinen Artikel auf. »Kein Wunder, dass in diesem Land vier deutsche Tageszeitungen erscheinen«, sagte er kopfschüttelnd.

Wafa begleitete Josef gern bei seinen Besuchen in den jeckischen Städten und Dörfern. Sie freute sich über die Gelegenheit, ihr Deutsch aufzufrischen.

»Die deutschen Einwanderer haben die vertriebenen Templer abgelöst«, sagte sie zu Josef, als sie Arm in Arm durch die kleine Stadt Naharija im Norden des Landes schlenderten. »Alles ist hier deutsch. Nicht nur die Sprache, sondern auch die Lebensweise.«

Die deutschen und österreichischen Juden und vor allem die Älteren unter ihnen waren nicht einmal bereit, ihre Kleidung dem heißen Klima anzupassen. Sogar bei schwerer Arbeit in glühender Hitze trugen sie europäische Kleider.

»Sieh nur«, sagte Wafa und deutete auf einen Bauern, der in einer dicken Joppe auf seinem Karren saß. »Alle anderen laufen im Sommer in Hemdsärmeln herum, aber sie schwitzen in ihren Jacken.«

»Vielleicht nennt man sie deshalb Jeckes«, sagte Josef.

»Vielleicht«, entgegnete Wafa lächelnd.

Mitte Mai 1945 fand eine festliche Redaktionssitzung der *Chadschot Ha'jischuw* im großen Kreis statt. Man hatte auch die Familienangehörigen eingeladen, um gemeinsam das Ende des Krieges zu feiern. Alle waren erschienen, auch Sa'ad und seine große Familie. Juval hatte für eine großzügige Bewirtung und eine reiche Auswahl an Getränken gesorgt.

Obwohl sich am frühlingsblauen Himmel kein Wölkchen zeigte, war die Luft noch angenehm frisch in der Stadt. Die berüchtigte schwüle Sommerhitze von Tel Aviv würde erst später einsetzen. Dafür kreisten und kreischten die Möwen über dem Innenhof des Gebäudes. Sie hatten das Fleisch auf dem großen Grill wohl vom Meer her gerochen. Schüsseln mit frischen Salaten, Kannen mit würzigen Saucen und Körbe mit knusprigem Brot bedeckten die langen Tische.

Doch die Erleichterung, mit der die Älteren seinerzeit das Ende des Ersten Weltkriegs begrüßt hatten, wollte sich diesmal nicht einstellen. Damals hatte man geglaubt, dass der Große Krieg auch der letzte sein würde. Niemand konnte sich vorstellen, dass man so bald erneut zu den Waffen greifen würde. Nach dem Zweiten Weltkrieg war von dieser Überzeugung nichts übrig geblieben. Zynismus und Angst beherrschten das allgemeine Denken.

Auch die Kinder spielten im Hof. Michael, der etwas zu spät kam, blieb einen Augenblick stehen, um dem Treiben zuzusehen. Die Kinder tanzten im Kreis und sangen: »Wenn die Bombe vom Himmel kracht, Hitler in die Hose macht.«

Wie harmlos diese Kinder sind, dachte er. Wenn sie heranwachsen, werden sie nicht mehr so naiv sein.

Die verhaltene Stimmung machte bald den aktuellen Themen Platz. Angespannte Fragen flogen über die Tische. »Was wird wohl mit den Nazi-Verbrechern geschehen, die man verhaftet hat?«

»Ob die Partnerschaft zwischen Amerika und der Sowjetunion halten wird?«

»Was ist mit dem Krieg im Pazifik?«

Doch letzten Endes kamen immer wieder die Probleme im Nahen Osten zur Sprache.

Die Juden unter den Anwesenden redeten über den Holocaust, dessen Ausmaße erst nach und nach sichtbar wurden, und über die britische Weißbuch-Politik, die den Überlebenden die Einwanderung nach Palästina schwer machte. Die antibritische Stimmung trat immer wieder zutage. Man hatte damit gerechnet, dass die Mandatsregierung den überlebenden Juden sofort nach dem Ende des Krieges die Einreise nach Palästina erlauben würde, aber diese Hoffnung war bitter enttäuscht worden.

»Was erwartet ihr denn?«, sagte Sa'ad, um unbedachten Äußerungen seiner Kinder zuvorzukommen, mit bitterem Lächeln zu seinen Freunden. »Die Engländer drücken mehr als ein Auge zu. Auf den Fluren der britischen Behörden erzählt man sich, dass seit der Veröffentlichung des Weißbuchs 1939 jährlich etwa 75 000 Juden einwandern durften. Für uns Araber ist das viel, wenn nicht zu viel. Wir wollen nicht zur Minderheit im eigenen Land werden.«

»Das ist tatsächlich ein Problem.« Juval rieb sich die Stirn. »Aber was sollen wir mit den Überlebenden des Holocausts machen? Kein Staat will sie aufnehmen.«

»Nun seid doch mal ehrlich«, erwiderte Achmed, Sa'ads Sohn. »Wenn euch wirklich nur das Schicksal der Überlebenden am Herzen läge, würdet ihr euch der Meinung des neuen britischen Außenministers anschließen.«

»Was meinst du damit?«, mischte Sarah sich ein.

»Ich habe gehört, dass Clement Attlee den Flüchtlingen vorschlagen will, wieder in ihre Heimat zurückzukehren«, erwiderte Achmed.

»Glaubst du etwa, wir würden sie nach Deutschland und Österreich oder gar nach Osteuropa zurückschicken?«, rief Sarah empört. »Nach allem, was die Nazis unter der tätigen Mithilfe von Kollaborateuren den Juden angetan haben, sollen sie wieder in die Ukraine oder nach Polen zurückgehen? Wohin denn genau? Zu ihren Häusern, die zerstört sind oder ihnen nicht mehr gehören? Die sind alle schon besetzt, wenn nicht von den Russen, dann von ihren ehemaligen Nachbarn.«

Es blieb nicht lange bei theoretischen Diskussionen. Die jüdischen Untergrundorganisationen wetteiferten in ihren Vorbereitungen für die Machtübernahme nach dem Abzug der Briten, der nahezu täglich erwartet wurde. Dazu gehörte auch der Menschenschmuggel, bei dem Hunderte von Juden illegal ins Land gebracht wurden, was an sich schon eine Kampfansage an die Engländer darstellte. In der ganzen Welt gerieten die westlichen Kolonialreiche ins Wanken. Sogar Indien, das britische Kronjuwel, sollte geräumt werden.

Warum muss Großbritannien ausgerechnet an dem kostspieligen Mandat über das kleine, konfliktgeplagte Palästina festhalten?, fragten die Londoner Zeitungen. *Inzwischen artet der Wettkampf zwischen den jüdischen Untergrundgruppen zu einer Art Schießübung aus. Wer die meisten Engländer tötet, gewinnt.*

Auch die Araber hatten den Kampf wieder aufgenommen. Die Briten verloren durchschnittlich zwei Soldaten am Tag. Die Kolonialpolizei bekam Verstärkung, und die britischen Truppen wurden auf hunderttausend Mann aufgestockt.

Einer der Reporter der *Chadschot Ha'jischuw* erfuhr von der Absicht der Briten, den berühmten Montgomery, den Helden von El Alamein, der inzwischen zum Generalfeldmarschall avanciert war, wieder nach Palästina zu schicken.

»Was hat das zu bedeuten?«, fragte der Reporter in der Redaktion. »In den Dreißigerjahren hat er als Generalmajor in Palästina Ordnung geschaffen. Aber warum soll sich der legendäre Held des Zweiten Weltkriegs jetzt plötzlich erneut um unser abgelegenes Mandatsgebiet kümmern?«

»Mir gibt das zu denken«, entgegnete Juval. »Montgomery ist brutal und ungeduldig. In den Dreißigerjahren hat er erbarmungslos auf die Araber eingeschlagen. Er wäre imstande gewesen, alle umzubringen, wenn sie nicht kapituliert hätten. Jetzt sind *wir* der Hauptfeind. Vielleicht wird er uns nicht so viel Zeit widmen, wie er damals in den Kampf gegen die Araber investiert hat, aber er könnte ähnlich drakonische Maßnahmen ergreifen.«

Seine Bedenken sollten sich als berechtigt erweisen.

Im November 1945 kam Montgomery nach Palästina, prüfte die Lage und legte der Regierung in London seine Empfehlungen vor. Ein eingeschleuster Reporter der *Chadschot Ha'jischuw* war im britischen Militärstab als Techniker tätig. Er hörte von Kollegen, die im Palast des Hochkommissars arbeiteten, Montgomery habe Alan Cunningham im Laufe eines zufällig mitgehörten Gesprächs seine Absicht mitgeteilt, der Regierung in London zwei Optionen vorzuschlagen: Entweder werde er erbarmungslos mit allen Mitteln gegen die Juden vorgehen, wie er es seinerzeit bei den Arabern getan hatte, wobei er keine Rücksicht auf den Holocaust oder das weltweite Mitleid mit den Juden nehmen könne, oder Großbritannien müsse Palästina auf der Stelle verlassen, und zwar sowohl aus militärischen wie auch aus wirtschaftlichen Gründen. »Wenn wir Indien aufgeben können«, sagte Montgomery, »sehe ich keinen Grund, sich trotz der enormen Kosten an Palästina zu klammern.«

Juval vermutete, dass die Engländer bald abziehen würden. *Die britische Macht erlahmt*, schrieb er. *Die öffentliche Meinung in England wird Montgomerys Ansichten nicht gutheißen. Viele werden ein brutales Vorgehen gegen die Juden ablehnen. Die meisten Engländer, die unter dem Mangel an Lebensmitteln und anderen Gütern leiden, fragen sich angesichts des rapiden Machtverlustes des britischen Empire aber auch, warum so viele Opfer erbracht werden müssen, um das unglückselige Palästina-Mandat aufrechtzuerhalten.*

Die britische Regierung akzeptierte Montgomerys Vorschlag nicht und fasste auch keine anderen Beschlüsse. Juval konnte sich nicht erklären, warum die Briten nicht in der Lage waren, eine klare Entscheidung über Palästina zu fällen. Er wusste nicht, was er dazu schreiben sollte. Der Beginn des Kalten Krieges, Japan nach dem Krieg, der Marshall-Plan und natürlich die Lage der Juden nach dem Holocaust wie auch die Versuche, die Überlebenden aus den DP-Lagern, in denen in ganz Europa sogenannte *displaced persons* lebten, ins Land zu holen – über all diese Themen hatte er geschrieben, aber er war nicht in der Lage, sich mit dem Geschehen im eigenen Land auseinanderzusetzen.

Seine Zeitung brachte täglich Nachrichten über den Aufstand gegen die Engländer, die Ermordung des britischen Nahost-Ministers Lord Walter Moyne in Kairo – einen Mord, der Winston Churchill fast dazu brachte, sich von seiner langjährigen Sympathie für den Zionismus zu distanzieren –, den Bombenanschlag der Irgun unter Menachem Begin auf das King-David-Hotel am 22. Juli 1946, die versuchten Attentate auf den Hochkommissar und die anderen Terrorakte. Die *Chadschot Ha'jischuw* berichteten auch über britische Fallschirmjäger, die in Deutschland an der Befreiung der Konzentrationslager teilgenommen hatten, voll Mitgefühl nach Palästina gekommen waren und die Juden dann wegen der Attentate und der Demütigungen, die sie von der Bevölkerung hinnehmen mussten, zu hassen begannen.

Die Briten verhafteten, schlugen und vertrieben Juden, darunter auch Flüchtlinge aus Europa. Sie schickten jüdische Führer ins Exil. Sie verhängten immer wieder Ausgangssperren über jüdische Städte und Siedlungen. Doch sie riefen niemals einen totalen Krieg aus, wie ihn Montgomery gegen den arabischen Aufstand Ende der Dreißigerjahre geführt hatte.

Da es Juval schwerfiel, dieses Geschehen zu kommentieren, erbot sich Josef, einen Leitartikel darüber zu schreiben.

> *Die britische Politik in Palästina erinnert mich an eine alte jüdische Anekdote. In einem jüdischen Schtetl in Osteuropa lebte ein Fischhändler, der seine Kunden betrog und ihnen verfaulten Fisch verkaufte. Er wurde verhaftet und musste sich für eine von drei Strafen entscheiden: Man würde ihn entweder zwingen, seinen stinkenden Fisch selbst zu essen, oder ihm hundert Peitschenschläge verabreichen oder ihn aus der Stadt vertreiben. Er zögerte lange und entschied sich für die erste Strafe. Nachdem er zwei Fische heruntergewürgt hatte, gab er auf und sagte, er wolle lieber ausgepeitscht werden. Nach fünfzig Peitschenhieben flehte er um Gnade und entschied sich dafür, die Stadt zu verlassen.*

Vielleicht war er ein Engländer?, fragte Josef.

Die Engländer wollen die Juden nicht so brutal unterdrücken wie die Araber. England kann sich das nach dem Holocaust nicht leisten, und sei es nur wegen der öffentlichen Meinung im eigenen Land. Sie bedienen sich grausamer Mittel, doch sie gehen nicht zu weit. Letzten Endes werden sie es wie der Fischhändler vorziehen, die Stadt zu verlassen. Ich male mir jetzt schon aus, wie sie Palästina fluchtartig räumen. Schließlich ist das Land keine britische Kolonie. Sie werden ganz einfach das Mandat den Vereinten Nationen zurückgeben.

Juval las den Leitartikel und war nicht restlos überzeugt. »Du unterschätzt die Engländer«, sagte er zu Josef, »aber ich werde den Text so übernehmen, wie er ist. Wenn sich herausstellt, dass deine Voraussage falsch ist, wirst du keine Leitartikel mehr schreiben.«

Josef sollte noch viele Leitartikel für die *Chadschot Ha'jischuw* schreiben.

Im Laufe des Jahres 1947 klärte sich die politische Lage. Die Briten hatten sich nach langem Zögern entschlossen, auf Palästina doch zu verzichten. Am Hauptsitz der Vereinten Nationen in New York wurde ein Resolutionsentwurf ausgearbeitet, der das britische Mandat in Palästina beenden und das Land in zwei Teile aufteilen sollte. Eine knappe Hälfte wurde den Arabern Palästinas angeboten, damit sie dort ihren unabhängigen Staat errichten konnten. Die andere Hälfte war für die Juden bestimmt. Jerusalem sollte weder den einen noch den anderen gehören, sondern von einer internationalen Behörde regiert werden.

Der Reporter der *Chadschot Ha'jischuw* in New York meldete, die Resolution habe gute Chancen, angenommen zu werden. Sie werde mit Ausnahme von England von allen führenden Staaten – den USA, der Sowjetunion, Frankreich und China – befürwortet.

Das Wichtigste ist, dass die Abstimmung in der Generalversammlung stattfindet, wo niemand das Vetorecht hat, schrieb der Reporter. *Die Araber und die übrigen muslimischen Staaten werden die Resolution ablehnen, doch ihre Stimmen genügen nicht, um sie zu Fall zu bringen.*

28

JERUSALEM

– 1947 –

Anfang November fuhr Wafa nach Jerusalem, um eine Artikelserie unter dem Titel *Paris 1789 in Jerusalem* zu verfassen.

In den nächsten Tagen werden in Palästina anscheinend dramatische Entwicklungen, wenn nicht gar historische Umwälzungen stattfinden, schrieb sie. *Nur auf dem »Berg des bösen Rates« oder Jabel Mukaber, wie die Araber ihn nennen, hat sich nichts geändert. Auf diesem Berg haben die Briten den Palast des Hochkommissars erbaut, der vor fast anderthalb Jahrzehnten eingeweiht wurde.*

Wafa hatte sich eine Einladung zu einem Besuch in dem Palast verschafft. Als sie eintraf, fand gerade eine Regierungssitzung statt. Es kam ihr vor, als sei dort die Zeit stehen geblieben, und sie schilderte ihre Eindrücke in ironischem Ton:

Eine Auswahl von Kolonialbeamten, die von London aus alle paar Jahre ausgewechselt und von Kolonie zu Kolonie weitergereicht werden, gebärden sich wie eine souveräne Regierung, wobei ihnen nach englischem Vorbild Generaldirektoren, Ressortleiter und Abteilungsleiter helfen. In unserer kleinen Provinz sitzen auch mehrere Konsuln, die natürlich keinen diplomatischen Status haben, da sie nicht in einem souveränen Staat amtieren. Sie fungieren als Beamte für technische konsularische Angelegenheiten und erfüllen keine politische Mission, doch in der Residenz des Hochkommissars erscheinen sie in prächtigen Uniformen. Wenn sie von ihren Frauen begleitet werden, tragen die Damen elegante Kleider, wie sie in Europa vor dem Krieg modern waren.

Als ich dort zu Besuch war, herrschte eine festliche Atmosphäre. Alle waren auf das kommende große Ereignis eingestimmt. Großbritannien stand im Begriff, den dreißigsten Jahrestag der Übernahme des Palästina-Mandats zu begehen. Ich konnte nicht glauben, was ich dort sah. Das ganze Land ist in Aufruhr. In New York steht man kurz vor der Abstimmung über die Beendigung des britischen Mandats, und hier wird gefeiert, als würde die Herrschaft über Palästina noch hundert Jahre dauern.

Wafa ging im Garten der Residenz spazieren, betrachtete den Brunnen und die Teiche und staunte über die Kombination von orientalischen und westlichen Architekturelementen. Als sie auf einen Hundefriedhof stieß, musste sie lachen. Auf jedem Grabstein standen der Name des Hundes einschließlich seines Geburts- und Sterbedatums und einige lobende Worte, die da und dort durch ein Bild des Haustiers ergänzt wurden.

Sie beeilte sich, in den Palast zurückzukehren, in der Hoffnung, dass niemand ihr Gelächter gehört hatte. Man war dabei, den großen Festsaal herzurichten, der ganz mit Perserteppichen ausgelegt war. Es gab einen Kamin mit blau-weißen armenischen Kacheln, Porträts der englischen Könige in vergoldeten Rahmen, riesige Kronleuchter und eine Galerie für das Orchester. Als Wafa nach ihrem Rundgang die Toilette aufsuchen wollte, bat sie einen Diener, einen baumlangen Sudanesen in einer prachtvollen Livree, ihr den Weg zu zeigen.

Bevor er antworten konnte, sagte sie: »Ah, ich sehe schon, wo sie ist, dort, am Ende des Korridors.«

»Nein, meine Dame«, entgegnete der Diener, »diese Toilette ist nur für Engländer. Die Toilette für die Eingeborenen befindet sich auf der anderen Seite.«

Wafa hatte vor, ihren satirisch gefärbten Artikel gleich nach ihrem Besuch zu veröffentlichen, doch sie wusste, dass die dramatischen Ereignisse in der realen Welt den größten Raum in der Zeitung einnehmen würden. Sie beschloss daher, die offizielle Veranstaltung zu Ehren des dreißigsten Jubiläums der Mandatsübernahme abzuwarten, die am nächsten Tag stattfinden sollte.

Wie sie erwartet hatte, war dieses grandiose Ereignis nicht weniger seltsam als die Atmosphäre, die im Palast des Hochkommissars geherrscht hatte. Sie hatte sich einen guten Platz auf der Ehrentribüne gesichert. Tausende britischer Soldaten in Paradeuniform marschierten vorbei, gefolgt von lanzenbewehrten schottischen Reitern, drei Militärkapellen, einer indischen Abteilung und weiteren Militäreinheiten in farbenprächtigen Uniformen. Diese endlose Parade zog rund um die Altstadt und erfüllte ganz Jerusalem mit Trompetengeschmetter und Marschmusik.

Auf der Tribüne stand der Hochkommissar Alan Gordon Cunningham in seiner Paradeuniform, die reichlich mit Orden und Ehrenabzeichen dekoriert war. Flankiert wurde er von den hohen Beamten und den Spitzen der Armee und der Polizei in militärischem Aufputz, wie man ihn sonst nur am Geburtstag des Königs im Buckingham Palast oder zu ähnlichen Anlässen zu sehen bekam.

Ein heftiger winterlicher Wind zerrte an den farbigen Roben der geistlichen Würdenträger. Wafa konnte nicht alle identifizieren, aber sie erkannte die Repräsentanten der anglikanischen, katholischen, griechisch-katholischen, griechisch-orthodoxen, koptischen und provoslawischen Kirchen anhand ihrer Gewänder. Die muslimischen Vertreter, erkenntlich an ihrer weißen Kopfbedeckung und schwarzen Umhängen, waren ebenfalls erschienen. Es fehlte auch nicht an jüdischen Delegierten. Wafa fiel auf, dass die zionistische Führung nur eine kleine Abordnung entsandt hatte. Anscheinend war sie mit den Vorbereitungen auf die schicksalhafte Abstimmung in New York beschäftigt und hatte keine Zeit für Zeremonien, die der Vergangenheit angehörten.

Die größte jüdische Delegation bestand aus Ultraorthodoxen, die aus der Altstadt und aus frommen Stadtvierteln wie Mea Schearim kamen. Sie waren schwarz gekleidet und trugen breitkrempige schwarze Hüte, unter denen sich die beiden Schläfenlocken hervorringelten, und dreiviertellange Hosen, die in weißen oder schwarzen Kniestrümpfen steckten. Wafa fiel auf, dass keine Frauen in der Gruppe vertreten waren. Die Ultraorthodoxen trugen im Allgemeinen in der Öffentlichkeit ernste Mienen zur Schau und ließen ihrer Freude nur unter ihresgleichen freien Lauf. Doch diesmal sah man viele lächelnde Gesichter unter ihnen.

Wafa sprach einen der zionistischen Offiziellen an. »Wissen Sie, weshalb die Ultraorthodoxen in so guter Stimmung sind?, fragte sie.

»Der Teilungsplan der Vereinten Nationen enthält einen interessanten Passus über Jerusalem«, entgegnete der Mann. »Die Stadt soll weder den Juden noch den Arabern gehören, sondern unter internationale Verwaltung gestellt werden, was den Ultraorthodoxen ganz recht ist. Sie hassen niemanden mehr als die Zionisten, die, wie sie sagen, in ihrem Hochmut die Wiedergeburt des jüdischen Volkes im eigenen Staat mit Gewalt vorantreiben, anstatt still und demütig das Kommen des Messias zu erwarten.«

Wafa musste lachen, als sie diese Erklärung hörte. »Wie gut, dass wir Muslime dieses Problem nicht haben. Mohammed ist der Messias, und nach ihm wird es keinen zweiten geben. Eine ideale Lösung«, fügte sie spöttisch hinzu.

Doch der zionistische Beamte stimmte nicht in ihr Gelächter ein.

Bei ihrer Rückkehr nach Tel Aviv legte Wafa den Artikel in der Redaktion vor. »In diesen schicksalsschweren Tagen können wir ruhig ein bisschen Humor vertragen«, sagte sie.

»Eigentlich ist das kein Humor, sondern Sarkasmus«, bemerkte Juval, nachdem er das Manuskript gelesen hatte. »Aber ich habe nichts dagegen. Das passt zum Niedergang der britischen Herrschaft.«

»Ich kann auch einen Witz erzählen«, bot Wafa an. »Möchtest du einen?«

»Was für einen?«

»Also bitte: In der Kleinstadt Naharija, in der, wie du weißt, fast nur deutschsprachige Flüchtlinge leben, geht das Gerücht um, dass die Stadt nach dem Teilungsplan der Vereinten Nationen nicht in den zukünftigen jüdischen Staat integriert werden kann. Die zionistische Führung fordert die Stadtväter auf, eine Bürgerversammlung einzuberufen, damit sie den Einwohnern die Lage erklären können. Da es keinen Festsaal gibt, versammeln sich die Bürger im einzigen Kino der Stadt. Die Zionisten erklären ihnen mit ernster Miene, warum es ihnen bei den Verhandlungen in New York nicht gelungen ist, Naharija in den jüdischen Staat einzubeziehen, der jetzt geschaffen werden soll. Sie rechnen mit Protestgeschrei und womöglich mit Schlimmerem. Stattdessen tritt eine tiefe Stille ein. Die Zionisten fragen das Publikum: ›Ist es euch denn egal, ob eure Stadt zu einem jüdischen oder einem arabischen Staat gehört?‹ Daraufhin steht einer der Einwohner auf und ruft: ›So oder so, Naharija bleibt deutsch!‹«

Juval musste lachen, war aber nicht bereit, diesen Witz zu veröffentlichen. Wafa verzichtete denn auch darauf, revanchierte sich jedoch mit der Bemerkung: »Da sieht man wieder, dass du die Jeckes nicht kennst. Ich bin mit einem verheiratet und weiß, wovon ich rede!«

Am 29. November 1947 erreichte die Spannung im Land den Höhepunkt. Alle fieberten der Abstimmung in New York entgegen.

Juval rief Sa'ad in Jaffa an. »Wie siehst du die Lage?«, fragte er ihn.

Sa'ad klang besorgt. »Die Stimmung in der arabischen Bevölkerung beunruhigt mich«, sagte er.

»Ich würde gern mit dir darüber reden«, sagte Juval.

Die beiden Männer trafen sich in Jaffa in einem Café, das nicht weit von Sa'ads Haus entfernt lag. Es war ein klarer, sonniger Tag und noch warm genug, um auf der Außenterrasse zu sitzen.

»Vielleicht kommen die Spannungen nur daher, dass die Entscheidung noch nicht gefallen ist«, sagte Juval. »Man kämpft bis zum letzten Moment um die bessere Position, aber wenn die Sache einmal entschieden ist, beruhigt die Stimmung sich wieder. Man freut sich über das Erreichte und findet sich ab mit dem, was man nicht erreicht hat. Auch bei uns sind nicht alle zufrieden. Manche glauben sogar, dass nicht nur ganz Palästina, sondern auch noch das Land auf der anderen Seite des Jordan den Juden gehört. Aber sie werden irgendwann zur Vernunft kommen.«

»Bei uns ist es extremer«, erwiderte Sa'ad. »Alle sind der Meinung, dass uns das ganze Land gehört. Manche, und darunter auch ich, sehen ein, dass wir keine andere Wahl haben, als einen Kompromiss einzugehen. Aber das denken nur wenige. Bei euch gibt die pragmatische Mehrheit den Ton an. Bei uns herrschen Chaos und Wut. Und die Staaten der arabischen Welt sind auch nicht gerade hilfreich. Sie schüren die Wut noch.«

»Im Moment ist die Lage tatsächlich schwierig«, gab Juval zu. »Aber nichts wird so heiß gegessen, wie es gekocht wird. Am Ende werden alle versuchen, das Beste aus der Situation zu machen. Der Teilungsbeschluss gibt jedem der beiden Völker nicht nur Souveränität, sondern auch eine enge wirtschaftliche Zusammenarbeit zwischen den beiden Staaten, eine einheitliche Währung, offene Grenzen und andere Vorteile. Wir können großzügige internationale Hilfe erwarten. Unser Erfolg wird auch der Erfolg der Vereinten Nationen und damit der ganzen Welt sein.«

Sa'ad sah seinen Freund lange an, ohne ein Wort zu sagen. Schließlich murmelte er: »Inschallah.«

»Unter der englischen Herrschaft konnte man noch auf allen Hochzeiten tanzen«, sagte Josef zu Wafa, die sich auf dem Sofa ausgestreckt hatte. »Die Übergänge zwischen den Kollektiven waren fließender. Aber wir leben nun einmal in der größten jüdischen Stadt des Landes. Unser Sohn und die Kinder, die uns hoffentlich noch geboren werden, sollen als integraler Teil der hiesigen Gesellschaft aufwachsen. Trotzdem können sie eine enge Beziehung zu ihren Verwandten im arabischen Nachbarstaat aufrechterhalten.«

Wafa nickte. Sie hatte sich seit Langem in die Tel Aviver Gesellschaft integriert und sprach im Alltag mehr Hebräisch als Arabisch, Französisch und Deutsch. Sie kraulte die Katze, die sich auf ihrem Bauch zusammengerollt hatte, hinter den Ohren, und das kleine Tier schnurrte laut.

»Du hast recht«, sagte Wafa. »Lass uns Amir auf eine säkulare jüdische Schule schicken. Es hat keinen Sinn, ihn in einem Zwiespalt zwischen unseren unterschiedlichen Identitäten aufwachsen zu lassen. Selbst wenn die beiden zukünftigen Staaten lernen, in Frieden miteinander zu leben, so wird es sich doch um Nationalstaaten handeln, in denen sich jeder für eine Identität entscheiden muss.«

Am 30. November 1947 stand Amir wie gewöhnlich auf, um zu Fuß zur Schule zu gehen, die etwa einen Kilometer von seinem

Elternhaus entfernt war. Wafa und Josef waren noch nicht ganz wach. Sie hatten kaum geschlafen, weil sie in der Nacht die Abstimmung in den Vereinten Nationen am Radio verfolgt hatten, und waren erst zu Bett gegangen, als bekannt wurde, dass eine große Mehrheit, mit Ausnahme der arabischen und muslimischen sowie einiger anderer Staaten, für den Teilungsplan gestimmt hatte.

»Geh zur Schule«, sagte Wafa zu Amir. »Wir kommen nach. Heute ist kein gewöhnlicher Schultag. Die Lehrer wollen sicher, dass auch die Eltern kommen.«

Amir verstand nicht ganz, was seine Mutter meinte, aber er machte sich auf den Weg. Nach wenigen Schritten wurde er durch eine feiernde Menschenmenge aufgehalten. Der Verkehr war stillgelegt, die Leute strömten auf die Straßen, sie sangen und tanzten. Amir starrte mit großen Augen auf die wirbelnden Tanzgruppen. Aus allen Kehlen drangen jubelnde Stimmen.

Der Junge bahnte sich mit Mühe einen Weg durch das Gedränge. Als er in der Schule ankam, erfuhr er, dass an diesem Tag kein Unterricht stattfinden würde. Stattdessen versammelten sich die Schüler im Turnsaal. Die Direktorin und die Lehrer erklärten den Kindern die Bedeutung dieses historischen Tages.

Noch halb verschlafen rief Juval seinen Freund Sa'ad an. »Herzlichen Glückwunsch uns beiden!«, sagte er. »Du hast einen arabischen Staat, und ich habe einen jüdischen. Deine und meine Familie, die immer schon brüderlich zusammengelebt und gearbeitet haben, sind die Vorboten für eine gemeinsame Zukunft. Lass uns dieses Ereignis zusammen feiern!«, rief er begeistert. »Sollen wir unsere Familien mit allen Anverwandten zu einem großen Festessen einladen?«

»Ja, natürlich«, entgegnete Sa'ad feierlich. »Am besten gleich heute Abend.«

Als er auflegte, wich das Lächeln aus seinem Gesicht. »Inschallah«, sagte er leise. »Inschallah. So Gott will.«

Personenverzeichnis

– Die handelnden Figuren –

Familie Zemach –
aschkenasische Juden aus Odessa in Jerusalem/Tel Aviv

David Zemach (Dimitrij Baum, †1936)

Neta (Nadja), seine Frau (*1849, †1936)

Rachel, ihre Tochter (*1867, †1872)

Sarah, ihre Tochter (*1876)

Juval, ihr Sohn (*1881)

Juval ∞ Miriam Zemach, geb. Benvisti (1902)

Familie Simon –
Protestanten aus Württemberg in Haifa/Jerusalem

Oswald Simon (*1827, †1914)

Gertrud, seine Frau

Franz, ihr ältester Sohn (*1860)

Johanna, ihre Tochter

Christoph, ihr Sohn

Werner, ihr jüngster Sohn (*1871, †1942)

Werner ∞ Sarah Simon, geb. Zemach (Hochzeit 1894)

Josef und Iris (* Anfang 1915), Michael, ihre Kinder

Josef ∞ Wafa Simon, geb. Samara (Hochzeit 1932)

Amir, ihr Sohn (*1942)

Herbert Simon, ein Verwandter

Pinchas Goren –
aschkenasischer Jude aus Odessa in Jerusalem
(* 1819, † 1900)

Familie Samara –
Muslime in Jaffa/Jerusalem

Mustafa Samara (* 1828, † 1915)

Raissa, seine Frau (* 1837, † 1915)

Sa'ad, ihr Sohn (* 1871)

Sa'ad und Lubna Samara

Achmed, ihr Sohn

Fatma, ihre Tochter

Wafa, ihre Tochter (* 1915)

Historische Persönlichkeiten

Franz Joseph I. (1830–1916), österreichischer Kaiser

Wilhelm II. (1859–1941), deutscher Kaiser

Friedrich III. (1831–1888), im Todesjahr 99 Tage deutscher Kaiser und König von Preußen (als Kronprinz: Friedrich Wilhelm)

Faisal I. (1883–1933), König von Syrien und König des Irak

al-Gailani, Rashid Ali (1892–1965), Ministerpräsident des Königreiches Irak

Allenby, Edmund (1861–1936), britischer Feldmarschall

Arlosoroff, Viktor Chaim (1899–1933), zionistischer Politiker

Balfour, Arthur James (1848–1930), britischer Politiker

Ben Yehuda, Elieser (1858–1922),
russischstämmiger, zionistischer Journalist

Borochov, Shoshana (1912–2004),
Tochter des Zionisten Ber Borochov

Buber, Martin (1878–1965), jüdischer Religionsphilosoph

Cemal Pascha (1872–1922), jungtürkischer Nationalist

Churchill, Winston (1874–1965), britischer Staatsmann

Cunningham, Alan (1887–1983),
letzter britischer Hochkommissar in Palästina

Dizengoff, Meir (1861–1936), Bürgermeister von Tel Aviv

Einstein, Albert (1879–1955), jüdischer theoretischer Physiker

Falkenhayn, Erich von (1861–1922), preußischer General

Herzl, Theodor (1860–1904), Hauptbegründer des Zionismus

Kemal Atatürk (eig. Kemal Mustafa Pascha; 1881–1938),
Begründer der Republik Türkei

Kœnig, Marie-Pierre (1898–1970), französischer General

Montgomery, Bernard (1887–1976), britischer General

Navon, Joseph (1858–1934),
sephardischer Geschäftsmann in Jerusalem

Neurath, Konstantin von (1873–1956), deutscher Diplomat

Raziel, David (1910–1942),
Gründer der radikalen zionistischen Untergrundorganisation Irgun

Rommel, Erwin (1891–1944), deutscher Generalfeldmarschall

Schamir, Jitzchak (1915–2012),
israelischer Politiker und Premierminister

Stern, Avraham (1907–1942), Gründer und Leiter
der zionistischen Unabhängigkeitsbewegung Lechi

Arthur Wauchope (1874–1947),
britischer Hochkommissar in Palästina

PALÄSTINA
zur Zeit des
Osmanischen Reiches
um 1870
Beirut
LIBANON
Damaskus
SYRIEN
Safed
Haifa
Tiberias
See
Genezareth
MITTELMEER
BEIRUT
Dschenin
Jordan
Jaffa
Amman
Jerusalem
Totes Meer
Gaza
JERUSALEM
ÄGYPTEN
HP
0 10 20 30 40 50 60 km